AF307996

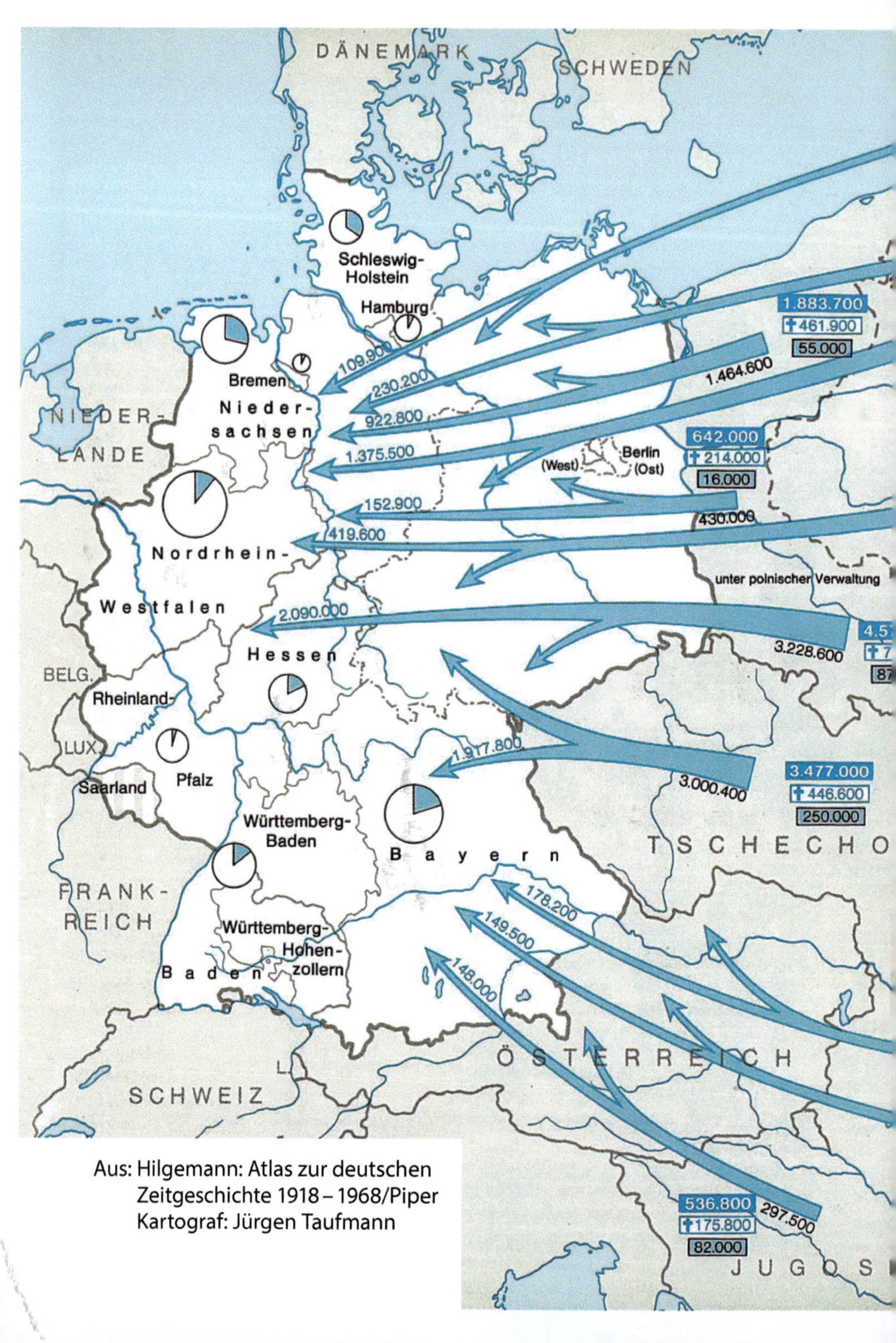

Aus: Hilgemann: Atlas zur deutschen
Zeitgeschichte 1918 – 1968/Piper
Kartograf: Jürgen Taufmann

Das Schicksal der deutschen Bevölkerung in den Ostgebieten des Deutschen Reiches und in den Siedlungsgebieten im Ausland

Deutschland unter den Besatzungsmächten

249.500 Deutsche Bevölkerung (1939)

✝89.000 Kriegs- und Nachkriegsverluste der deutschen Bevölkerung (Wehrmachtssterbefälle und Verluste der Zivilbevölkerung)

169.500 Vertriebene insgesamt (1950)

174.200 Vertriebene in die Bundesrepublik Deutschland (1950, ohne Saarland, aber einschließlich Berlin-West)

160.000 Zurückgehaltene bzw. zurückgebliebene deutsche Bevölkerung (1950)

Verteilung der Heimatvertriebenen auf die Länder der Bundesrepublik Deutschland.

Nach der Flucht vieler Deutscher aus den deutschen Ostgebieten vor der Roten Armee und den »wilden« Vertreibungen aus den von der Roten Armee befreiten Staaten – vor allem aus Polen und aus der Tschechoslowakei – wurde auf der Potsdamer Konferenz eine »geregelte und humane« Umsiedlung der Deutschen aus Polen, der Tschechoslowakei und Ungarn in die vier Besatzungszonen beschlossen. Weitere Ausweisungen sollten aber vorerst unterbleiben, bis die alliierten Mächte Maßnahmen für eine geregelte Aufnahme der Vertriebenen in ihren Zonen getroffen hätten. Bis Ende 1945 wurden aber die nicht organisierten Ausweisungen – auch aus Jugoslawien – trotz der am 20. 11. 1945 vom Alliierten Kontrollrat erlassenen Richtlinien mit großer Schonungslosigkeit fortgesetzt. Erst ab 1946 wurden »organisierte« Transporte zusammengestellt.

Bibliografische Information der Deutschen Nationalbibliothek:
Die Deutsche Nationalbibliothek verzeichnet diese Publikation
in der Deutschen Nationalbibliografie; detaillierte bibliografische
Daten sind im Internet über dnb.dnb.de abrufbar

Herstellung und Verlag
BoD – Books on Demand, Norderstedt
Layout: Kerstin Liebelt-Krowas
Druckerei Wolf, Ingelheim

Titelfoto: Flucht aus Danzig, 30. März 1945
Arkadi Samoilowitsch Schaichet

ISBN: 9 783839136461

Ekkehard Kuhn

Flucht, Vertreibung, Integration

Über das Schicksal der Deutschen nach dem
Zweiten Weltkrieg

Gewidmet allen Opfern
von Flucht und Vertreibung
und allen,
die sich in schlimmer Zeit
menschlich verhalten haben

Inhaltsverzeichnis

Zeitzeugenfilme des Autors über die Vertreibungsgebiete
Die einzelnen Filme und ihre Kapitel

Anhang:

Vorwort – Erika Steinbach

Erinnerung ist eine existenzielle Frage. „In Erinnerung bleiben" bedeutet das Gedenken an den, der körperlich nicht mehr da ist. Die Erinnerung an das vormals Gewesene ist Ursprung unserer Kultur, ist wesentlicher Bestandteil unserer Zivilisation. Wer als Volk keine eigene Geschichte mehr hat, wird zum Strandgut der Gegenwart.

Wer aus der Geschichte und der Erinnerung daran herausfällt, verblasst in ein nebeliges Grau, verschwindet. In der römischen Antike gab es die Bestrafung der „damnatio memoriae", die „Verdammung des Andenkens". Unsere Vorfahren haben es nicht verdient, dass die viel-hundert-jährige Geschichte des deutschen Ostens und darüber hinaus der Deutschen im Osten vergessen werden. Die anderen, zumeist kleineren europäischen Völker, denen ihre übermächtigen und überheblichen Nachbarn die Auslöschung, die Tilgung als Tort angetan haben oder dies versuchten, haben es nicht verdient, dass diese Verbrechen, dass Flucht und Vertreibung vertuscht werden. Die größte dieser Opfergruppen ist die der Deutschen nach dem zweiten Weltkrieg. Aus den heutigen Generationen kann sich kaum noch jemand die Millionenströme vorstellen, die direktes Ergebnis des Verbrechens der Vertreibung waren. Die Grausamkeit der Begleitverbrechen wie Massenmord, Massentotschlag, massenhafte Folterungen, Massenvergewaltigungen, flächendeckende Plünderungen und Erniedrigungen aller Art übersteigen das heutige mitteleuropäische Vorstellungsvermögen.

Geht es uns allen besser, wenn wir die unangenehme Erinnerung ruhen, verschwinden lassen? Das Gegenteil ist der Fall. Ein Pflaster des Vergessens auf eine unverheilte Wunde hat immer traumatische Folgen. Lassen Sie uns die Opfer und ihre Nachkommen in die Arme schließen. Lassen Sie uns die liebevolle Erinnerung an die vergangene, alte Heimat wach halten. Sie ist unverzichtbarer Baustein unserer aller, altehrwürdigen europäischen Kultur. Lasst uns alle daran arbeiten, dass auch den heutigen Verbrechen der Vertreibung und den zukünftigen entschlossen entgegengetreten wird. Das geht nur, wenn wir das eigene, deutsche

Schicksal der Zeit nach dem Zweiten Weltkrieg nicht vergessen. Dieses Buch ist ein wertvoller Beitrag dazu.

Erika Steinbach
Vorsitzende des Zentrums gegen Vertreibungen

Vorwort – Horst Milde

Die völkerrechtswidrige Vertreibung von Millionen Deutschen nach dem 2. Weltkrieg aus ihrer angestammten Heimat ist nach wie vor die größte Tragödie in der Geschichte unseres Volkes. Dennoch hat sie in seinem kollektiven Gedächtnis keinen angemessenen Platz gefunden. Hieran ändern auch anderslautende demoskopische Umfragen mit ihrer ihnen eigenen Gesetzmäßigkeit nichts. Wenn in unserer Gesellschaft die Vertreibung überhaupt ein Thema ist, dann zeigt sich oft genug mangelhaftes Wissen. Dafür gibt es Beweise genug. So die immer noch in der Gegenwart vielfach falsch benutzte Bezeichnung „Flüchtlinge" anstatt „Vertriebene", die voller Unkenntnis noch in jüngster Zeit öffentlich gemachte Aussage: „Zum Kriegsende folgten Flucht und Vertreibung der Deutschen aus „Polen" nach Westdeutschland" bis hin zu der langanhaltenden zähen Diskussion mit allen ihren beschämenden Begleitumständen um das „Zentrum gegen Vertreibungen" und die Stiftung „Flucht, Vertreibung, Versöhnung".

Dem steht gegenüber, dass es durchaus Interesse an der tragischen Thematik gibt. Vorwiegend junge Menschen wollen näheres über die Vertreibung erfahren, aber leider lassen die Lehrpläne der meisten Bundesländer dafür viel zu wenig Raum. Dankbar soll auch vermerkt werden, dass es Historiker, Publizisten, Heimatblätter, Museen bis hin zu ehrenamtlich geleitete und um ihre Existenz kämpfende ostdeutsche Heimatstuben gibt. Das aber alles in einem dieses bedeutenden Themas entsprechend viel zu geringen Maße. Alle, einschließlich der Landsmannschaften, die sich der, ich sage bewusst patriotischen Aufgabe stellen, die Erinnerung an Flucht, Vertreibung, an die verlorene Heimat und die damit verbundene Vernichtung deutscher Volksstämme mit ihrer Kultur nicht in Vergessenheit geraten zu lassen, sind verdienstvolle Sachwalter dieses unverzichtbaren Anliegens.

Ekkehard Kuhn, mit dem ich seit der Milleniumsfeier der Stadt Breslau im Jahre 2000 verbunden bin, widmet sich in überzeugender Weise dieser bedeutenden Aufgabe. Schon vorher verfolgte ich mit großer Sympathie seine publizistische Arbeit, seine Filme zur Zeitgeschichte und die dazugehörigen Begleitbücher. Dazu gehören „Schlesische Reise – 1000 Jahre

Breslau" sowie „Böhmen und Mähren – Im Herzen Europas". Sie sind herausragende Beispiele. Mit dem jetzt vorliegenden Buch beweist er erneut, dass er zu den wenigen Journalisten gehört, die im Umgang mit der Vergangenheit und Gegenwart der ehemaligen deutschen Ostprovinzen und Siedlungsgebiete das was notwendig ist in einer realistischen, objektiven Weise sagt, was andere – aus welchen Gründen auch immer – nicht wissen, nicht wagen oder verschweigen. So ist auch dieses mit dem Herzen geschriebene Buch ein unverzichtbares Lehrbuch und kann in seiner Bedeutung nicht hoch genug eingeschätzt werden. Ein besseres Werk, das nicht nur zum Verstehen, sondern auch zur Verständigung und Versöhnung aufruft, kann man sich nicht vorstellen.

Ich wünsche dem Buch eine weite öffentliche Aufmerksamkeit und eine große Verbreitung. Alle, die die Liebe zur deutschen und europäischen Geschichte nicht verloren haben, sind dazu aufgerufen.

Horst Milde
Landtagspräsident a. D.

Einführung

Nach der Niederlage des Hitlerreiches im Zweiten Weltkrieg wurden rund 15 Millionen Deutsche aus ihrer Heimat vertrieben: aus Ostdeutschland, der Tschechoslowakei, Osteuropa und Südosteuropa – in dieser Größenordnung ein Vorgang ohne Beispiel in der Geschichte.

Mehr als zwei Millionen Menschen, vor allem Frauen und Kinder, verloren bei diesem tragischen Geschehen ihr Leben – durch Hunger und Kälte, durch Krankheit und Mord. Die Rache der Sieger traf vor allem Unschuldige, die jetzt wegen des Unrechts und der Verbrechen des Hitler-Reiches leiden mussten. In das geschlagene und zerstörte Restdeutschland – die vier Besatzungszonen – strömten nach Kriegsende Millionen ohne Heimat und Habe. Stalin, der Hauptakteur der Vertreibung der Deutschen, hatte erwartet, dass die Entwurzelten im Westen zu einem sozialen und politischen Sprengsatz würden, der das Land ins Chaos stürzen und den Westen schwächen sollte.

Doch der Weg der vertriebenen Deutschen führte nicht in Aufruhr und Radikalität. Für das ihnen zugefügte Unrecht unternahmen sie keine Terrorakte wie z.B. die von den Israelis vertriebenen Palästinenser. Hätten sich die deutschen Vertriebenen wie sie verhalten, wäre in Mitteleuropa tatsächlich ein politisches Chaos entstanden. Aber die vertriebenen Deutschen durchbrachen die Kette der Gewalt. Sie verzichteten 1950 in der „Charta der Heimatvertriebenen" feierlich auf Rache und Vergeltung. Ihr Leid trieb sie nicht in Radikalität oder Resignation, sondern es war ihnen Ansporn beim Wiederaufbau des Landes und ihrer eigenen Existenz. Dass die Politik Hitlers letztendlich die Ursache der Vertreibung und des Elends der Vertriebenen war, ist allein keine ausreichende Erklärung für das würdige und bewundernswerte Verhalten der deutschen Vertriebenen. Eine aus ihrem Leid entstehende Frustration hätte sich auch zu einem anarchischen Hass gegen das eigene Volk, gegen die Nicht-Vertriebenen auswachsen können. Warum sollten sie denn allein so hart für die Politik Hitlers büßen? Andere Bürger sollten da gefälligst mit bezahlen! Wenn nicht durch eigene Einsicht, dann durch Gewalt! Dass aber die soziale, wirtschaftliche und politische Eingliederung von mehr als zehn Millionen Menschen in einem notleidenden Land gelang, ist das eigentliche Nachkriegswunder, neben dem so häufig zitierten und gepriesenen deutschen Wirtschaftswunder. Es sind die zwei Seiten einer Medaille, die sich gegenseitig bedingen: ohne die Mithilfe der Vertriebenen kein Wirtschaftswunder – ohne Wirtschaftswunder keine Lösung des Vertriebenenproblems. Hinter allen „Wundern" stand jedoch die enorme Leistung der gesamten Bevölkerung.

Die „Wunder" entstanden und bestanden vor allem aus unermüdlicher Arbeit, aus Fleiß, aus Energie, aus Einfallsreichtum, aus seelischer Größe, aus Stolz, aus Ehrgeiz, aus der Sorgekraft für Kinder – und nicht zuletzt auch aus kluger Politik. Die Eingliederung war aber vor allem die Leistung der Vertriebenen. Das kann nicht deutlich genug gesagt werden. Dies schmälert freilich nicht die Hilfe der Einheimischen, der einzelnen Menschen, der freien Wohlfahrtsverbände, der Kirchen, der Gemeinden, der Parteien.

Das Problem der Eingliederung der Vertriebenen bestand natürlich nicht nur in den westlichen Besatzungszonen – der späteren Bundesrepublik Deutschland. 1947 waren in der sowjetischen Besatzungszone – der späteren DDR – 3,9 Millionen Vertriebene registriert. Bezogen auf die ursprüngliche Bevölkerungszahl lag hier der Prozentsatz der Vertriebenen sogar noch höher. Freilich flohen sehr viele von ihnen später weiter nach Westen und vergrößerten hier die Schwierigkeiten der Aufnahme. In der sowjetischen Besatzungszone – später in der DDR – durfte das Schicksal der Vertriebenen nicht einmal beim richtigen Namen genannt werden, das Wort Vertreibung gab es offiziell nicht. Man sprach von Umsiedlung und Umsiedlern. Von Seiten der Besatzungsmächte war das freilich auch im Westen der offizielle Sprachgebrauch. Amerikaner und Briten hatten der Vertreibungsaktion Stalins zugestimmt. Das negative Wort Vertreibung hätte ihre Mitverantwortung nur noch stärker betont. Bei den Deutschen im Westen sprach man zunächst von Flüchtlingen, später von Heimatvertriebenen oder Vertriebenen. Auch wenn das Buch die Eingliederung der Vertriebenen als insgesamt große Leistung würdigt, so soll schon an dieser Stelle daran erinnert werden, dass – gleich in welcher Besatzungszone, ob später in der Bundesrepublik oder in der DDR – einige Menschen mit ihrem Los nicht fertig wurden und seelisch und körperlich verkümmerten. Manche setzten ihrem Leben sogar selbst ein Ende wie z.B. mein Onkel Reinhard Kuhn, ein ehemals reicher schlesischer Bauer, der nach Niedersachsen verschlagen wurde und in seinem Abschiedsbrief schrieb: „Seit dem Zusammenbruch bin ich ein wackliger Mann an Leib und Seele geworden. Leider gibt es keine

Rettung für mich mehr, obgleich ich es in meinem Innern immer erhofft hatte: ein Zurück nach meiner lieben Heimat."

Er hatte sich 1955 das Leben genommen, als es klar geworden war, dass man den Rückkehrbeteuerungen der Politiker nicht mehr Glauben schenken konnte.

Das Leid, das diese Deutschen in ihrer Heimat durch die Rache der Sieger und später in der Fremde erfahren mussten, ist heute kaum noch zu ermessen: der Verlust von Angehörigen durch Terror- und Mordakte, das Verlassenmüssen ihrer Heimat, das Nichtgelitten sein in ihrer neuen Umgebung, das häufige Unverständnis ihrer deutschen Landsleute im Westen, die sie „Polen", „Zigeuner" und dergleichen nannten.

An den Folgen von Vergewaltigungen und anderen Misshandlungen litten die Opfer körperlich und seelisch. Wer kann ermessen, was junge Frauen, selbst fast noch Kinder, seelisch auszuhalten hatten, die als Folge von Vergewaltigung Säuglinge zur Welt brachten, deren Väter die Notzuchttäter waren.

Die vielen Opfer dieser grausamen Zeit von Flucht und Vertreibung dürfen nicht vergessen werden – ebenso wie alle anderen Opfer des Krieges.

Wenn ihr Tod, ihr Leiden einen Sinn erhalten und behalten soll, dann muss die Erinnerung daran Ansporn zu Verständigung und zu Versöhnung, zur Bewahrung und zum Bau eines wirklichen Friedens sein. Die Erinnerung an das Vergangene soll zwischen den Völkern nicht alte Narben und Wunden aufreißen. Aber die wirkliche Geschichte, die Wahrheit muss genannt werden. Gerade heute, da nunmehr im Osten und bei uns neue Generationen herangewachsen sind, die das, was die Alten erleben und erleiden mussten, nicht wissen und begreifen können, ist eine saubere, faire Aufarbeitung dieser zeitgeschichtlichen Abläufe notwendig, auch zur Beurteilung politischer Vorgänge der Gegenwart.

Den Anlass zur Entstehung dieses Buches gab mir der Auftrag des „Zentrums gegen Vertreibungen" Zeitzeugenfilme über das Schicksal von Vertriebenen zusammenzustellen. So sind mehr als 20 Filme über die verschiedenen Gebiete entstanden, aus denen Deutsche nach dem Zweiten Weltkrieg vertrieben wurden. Die Filmdokumente mit den Erzählungen der Betroffenen sollen an das bittere Schicksal der Vertreibung, des Heimatverlustes, der Entwurzelung und an die Schwierigkeiten des Neuanfangs im Westen erinnern. Die Herstellung der Filme, die für heutige und kommende Generationen diese Geschehnisse der deutschen Geschichte bewahren, war für mich eine besondere Aufgabe, der ich mich mit Engagement und Anteilnahme für das Los der betroffenen Menschen gewidmet habe. In den Filmen kommen – mit Ausnahme der Einleitung „Die Situation 1945" – die Betroffenen ohne erklärenden Kommentar zu Wort. Ihre Erzählungen – mit ordnenden Zwischentiteln chronologisch gegliedert – stehen mit ihrem persönlichen Schicksal jeweils für sich und vermitteln ein berührendes Bild.

Für Interessierte, die mehr über die geschichtlichen Zusammenhänge und die Gebiete wissen wollen, aus denen Deutsche vertrieben wurden, schrieb ich dieses Buch.

Orientierung

Die Vertreibung der Deutschen aus ihren Herkunftsgebieten und ihre Eingliederung in den Besatzungszonen, in der Bundesrepublik Deutschland und in der DDR sind Kapitel der deutschen Geschichte, die nicht isoliert zu betrachten sind. Die Tragödie der Vertreibung hat ihre Ursachen, die primär in der Geschichte des „Dritten Reiches" zu suchen sind, deren historische Wurzeln aber viel weiter zurückreichen. Der Schlüssel zum Verständnis der Vorgänge, die zu beschreiben sind, liegt also in der Geschichte. Doch nach der Katastrophe des Hitler-Reiches haben sich die Deutschen mit ihrer Geschichte schwer getan. Vergangenheitsbewältigung fand vielfach in Form von Geschichtsverdrängung statt. Aber die Geschichte eines Volkes ist immer zugleich Auftrag für die Gestaltung der Zukunft und wer Zukunft gestalten will, darf sich der Geschichte nicht verschließen. Der Philosoph Karl Jaspers schreibt in seinem Buch „Vom Ursprung und Ziel der Geschichte:"Wohin ich gehöre, wofür ich lebe, das erfahre ich erst im Spiegel der Geschichte." In einer freien Gesellschaft ist die Beschäftigung mit den Wahrheiten der Geschichte – ihren positiven wie negativen Seiten – eine der edelsten und wichtigsten Tätigkeiten. Denn: „Es gibt keinen Weg um die Welt herum, sondern nur durch die Welt, keinen Weg um die Geschichte herum, sondern nur durch die Geschichte." (Karl Jaspers)

Eine der wichtigsten Anforderungen der deutschen Geschichte an die Deutschen ist im Hinblick auf das nationale Selbstverständnis: *Maß und Mitte* zu finden. Entweder hat sich unser Volk über andere Völker erhoben und ist in seiner Mehrheit der Hybris eines „Führers" gefolgt (siehe „Drittes Reich") oder es besitzt überhaupt keinen Nationalstolz mehr, wie es heute bei vielen Deutschen der Fall ist. Ein gesundes Nationalbewusstsein, das den Eigenwert seines Volkes ganz natürlich begreift, ist fernab von allem übersteigerten Nationalismus. Ein Mensch, der sich nicht selbst achtet, ist zu keiner echten Partnerschaft fähig. Ein Volks, das kein Selbstwertgefühl besitzt, ist für andere Völker ebenso ein fragwürdiger Bundesgenosse. Ein nationalbewusster Deutscher steht nicht gegen die europäische Einigung. Ein überzeugter Europäer steht nicht gegen die Interessen seiner eigenen

Nation. Das eine braucht das andere nicht auszuschließen, wie oft kurzsichtig behauptet wird. Die Zeiten nur nationalstaatlichen Denkens und Handels sind freilich vorbei. Nationale Selbstverleugnung – wie sie die Deutschen nach dem Zweiten Weltkrieg übten – ist ebenso abwegig wie der nationalistische Größenwahn in Adolf Hitlers „Drittem Reich", der die Deutschen in ihre größte Katastrophe stürzte. Selbstverleugnung und Selbstüberhebung – beides ist eine Form von Hybris, nur mit verändertem Vorzeichen.

Richtig verstandenes Nationalbewusstsein heißt Wissen um die Geschichte seiner Nation, die Höhen und Tiefen mit einschließt, heißt Stolz und Trauer zugleich. Nationalbewusstsein heißt Interesse an Vergangenheit, Gegenwart und Zukunft der Nation.

Dass die Deutschen sich wieder mehr ihren nationalen Symbolen zuwenden, dass zum Beispiel die Hymne wieder mehr gespielt und gesungen wird, ist nicht zu beargwöhnen. Es zeigt, dass das Pendel aus dem Extrem der unglaubwürdigen Geschichtslosigkeit zurückschlägt. Wenn sich der Patriotismus der Deutschen mit dem Wissen um die Ideale der Demokratie und ihre historische Tradition verknüpft, besteht keine Gefahr, dass ein neu empfundenes Nationalbewusstsein wieder in das andere Extrem eines übersteigerten Nationalismus ausschlägt. Gerade ein aus dem Wissen um die Geschichte und Tradition des eigenen Landes gebildetes Nationalbewusstsein ist der beste Schutz gegen alle Verlockungen einer nationalistischen Überheblichkeit, gegen alle Verführungen von „Führern".

Die deutschen Vertriebenen, die durch den Ausgang des Zweiten Weltkrieges und durch die Hybris zweier Führer wie Hitler und Stalin am meisten zu leiden hatten, haben den Atem der Geschichte am deutlichsten gespürt. Die Auswirkungen reichen bis zu ihren Nachkommen in die Gegenwart und weiter in die Zukunft. Die Vertriebenen und ihre Nachkommen waren und sind von der großen Politik direkt betroffen. Keine Gruppe hat so wie sie die Lehren aus der Geschichte gezogen. Sie waren die größten Verlierer und sind vielleicht, was ihre politische Reife angeht, die größten Gewinner. Ihr Verhalten ist für die deutsche und europäische Geschichte unschätzbar. Die Auswirkungen daraus dauern noch an.

Kurzrückblick

Der deutsche Osten und andere Vertreibungsgebiete

Dieses Kapitel soll einen Überblick über alle Gebiete geben, aus denen Deutsche nach dem Zweiten Weltkrieg vertrieben wurden. Alle Zahlenangaben entsprechen, soweit nichts anderes vermerkt ist, dem Stand von 1937 (vor dem Krieg).

Die deutschen Ostprovinzen

Die deutschen Gebiete östlich von Oder und Neiße, also Ostpreußen, Ostpommern, Ostbrandenburg und Schlesien, umfassten ungefähr 110.000 Quadratkilometer, d.h. sie bildeten zusammen etwa ein Viertel der Fläche Deutschlands. Mit einer Bevölkerung von 9,5 Millionen (1939) waren diese Gebiete im Durchschnitt dünner besiedelt als andere deutsche Regionen. Teile Schlesiens bildeten hier die Ausnahme.

Ostpreußen

Ostpreußen war der nordöstlichste Teil des Deutschen Reiches. Seit dem Versailler Vertrag von 1919/20 war diese Provinz vom übrigen Reichsgebiet durch den sogenannten „Polnischen Korridor" getrennt. Westpreußen war bis auf einen Rest dem polnischen Staat zugeteilt, der damals neu gegründet worden war. Mit einer Fläche von ca. 39.000 Quadratkilometern war Ostpreußen größer als das heutige Bundesland Nordrhein-Westfalen, hatte aber nur rund 2,5 Millionen Einwohner. Hauptstadt der Provinz war Königsberg, das seit 1701 Krönungsstadt der preußischen Könige war und vor dem Zweiten Weltkrieg etwa 350.000 Einwohner zählte. Das Gesicht der Landschaft ist von der Eiszeit geprägt. Das „Ostpreußenlied" nennt es „das Land der dunklen Wälder und kristallnen Seen". Die ostpreußische Küstenlandschaft ist, wie auch die von Pommern, von besonderem Reiz. Lange schmale Landzungen (Nehrungen) liegen zwischen der offenen Ostsee und dem

Festland. Sie begrenzen das „Frische" und das „Kurische Haff", die wie große Binnenseen erscheinen.

Ursprünglich war Ostpreußen von den baltischen Stämmen der Pruzzen besiedelt, einem sesshaften Bauernvolk. Von ihnen ist der Name des späteren Preußen abgeleitet. Als zwischen Pruzzen und Polen immer heftigere Fehden entbrannten, rief im Jahre 1225 Herzog Konrad von Masowien den Deutschen Orden um Hilfe an und trat ihn für den Schutz seiner Nordgrenze das Kulmer Land östlich des Weichselbogens ab. Nachdem der Orden von Kaiser und Papst das Recht erhalten hatte, erobertes Land in seinen Besitz zu nehmen, war der Anreiz zur Unterwerfung der Pruzzen gegeben. Die Ordensritter schufen sich ihren eigenen Staat. Nach dem Übertritt von Albrecht von Hohenzollern zum evangelischen Glauben verwandelte der letzte Hochmeister des Deutschen Ordens das geistliche Staatswesen in ein weltliches Herzogtum. Mit der Krönung Friedrich I. zum König in Preußen 1701 in Königsberg wurde der Name Preußen auf den gesamten brandenburgisch-preußischen Staat der Hohenzollern-Dynastie übertragen.

Der 1918 wieder gegründete polnische Staat behauptete, der südliche Teil Ostpreußens sei polnisch besiedelt. Die Volksabstimmung von 1920 brachte aber den Polen eine große Niederlage bei: 97,8 % stimmten für einen Verbleib bei Deutschland.

Das Memelgebiet, das sich nordöstlich um Ostpreußen anschloss, war seit 1919 dem Völkerbund unterstellt, ein französischer Präfekt übte die Obergewalt aus. Im Januar 1923 unternahm Litauen einen bewaffneten Einfall. Das 1924 von der Botschafterkonferenz in Paris geschaffene Memelstatut anerkannte die litauische Souveränität über dieses Land.

Pommern

Mit rund 38.000 Quadratkilometern war Pommern größer als die heutigen Bundesländer Baden-Württemberg oder Nordrhein-Westfalen. Die Oder trennte das westliche Vorpommern vom östlichen Hinterpommern, das flächenmäßig etwas größer als Belgien war. Ostpommern hatte 1937 etwa 1,9 Millionen Einwohner. Der Name Pommern stammt vom slawischen „po morje" ab und bedeutet „am Meer".

Das Land besaß mit 465 km die größte Küstenlänge aller deutschen Länder. Moränen der Eiszeit haben das Land geprägt. Viele Seen und bewaldete Berge, aber vor allem die vielen Badeorte an der Küste waren beliebte Ausflugsziele. Pommern ist im wesentlichen ein Land des Ackerbaus, der Viehzucht und der Fortwirtschaft. Hauptstadt des Landes war Stettin mit 380.000 Einwohnern (1939). Bis 1945 war Stettin auch der wichtigste deutsche Ostseehafen. Die Deutschen wanderten mit Beginn des 13. Jahrhunderts aus Niedersachsen, Westfalen, Friesland und dem Niederrhein in Pommern ein und vermischten sich mit der slawischen Bevölkerung. 1637 starb mit Herzog Bogislaw XIV. schließlich das alte Herzoggeschlecht aus. Vorpommern gehörte nach dem Dreißigjährigen Krieg längere Zeit zu Schweden. 1815 wurde auf dem Wiener Kongress das letzte schwedisch gebliebene Stück Pommerns, „Schwedisch Vorpommern", dem preußischen Staat zugesprochen. 1816 wurde dann die preußische Provinz Pommern geschaffen.

Ostbrandenburg

Etwa ein Drittel der preußischen Provinz Brandenburg lag östlich der Oder. Ostbrandenburg, mit 12.000 Quadratkilometer fast so groß wie heute das Bundesland Schleswig Holstein, hatte 1937 etwa 640.000 Einwohner.

An der Oder, der Görlitzer Neiße und an der Warthe liegen die wichtigsten Städte: Frankfurt an der Oder, Guben, Forst, Landsberg und Küstrin. Im wesentlichen ist Ostbrandenburg ein Bauernland. Die wichtigste industrielle Erwerbsquelle war die Textilindustrie, in Guben war vor allem die Hutherstellung bedeutsam.

Schlesien

Schlesien, Nieder- und Oberschlesien, ist mit 33.000 Quadratkilometern ungefähr so groß wie die Niederlande oder das Bundesland Nordrhein-Westfalen. Mit 4,6 Millionen Einwohnern (1939) war es die bevölkerungsreichste deutsche Ostprovinz.

Die schlesische Tieflandbucht rechts und links der Oder bildet den Kern des Landes. Im Südwesten und Süden liegt ein Kranz von Mittelgebirgen, der sich im Riesengebirge mit der Schneekoppe bis zu einer Höhe von 1603 Metern erhebt. Die Hauptstadt Breslau war mit 630.000 Einwohnern (1939) neben Berlin die größte deutsche Stadt östlich der Elbe.

Schlesien hat seinen Namen nach der hauptsächlich in Deutschland bekannten Theorie vom wandalischen Stamm der Silinger, die um die Zeitenwende das Land rund 500 Jahre im Besitz hatten. Eine andere Theorie führt den Namen Schlesien auf das slawische Wort „zleza" für feucht zurück. Ab Ende des 6. Jahrhunderts drangen von Süden und Osten Slawen in das

Land. Sie kamen im 9. Jahrhundert unter die Herrschaft von Böhmen. Lange Zeit war das Oderland Zankapfel zwischen Böhmen und Polen. Im Jahre 1146 wurde der erste schlesische Herzog aus dem polnischen Piastenhause Wladislaw von seinem Bruder vertrieben. 1163 kehrten seine Söhne mit Unterstützung des deutschen Kaisers Friedrich Barbarossa zurück. Sie heirateten deutsche Frauen und zogen deutsche Ritter und Mönche, Kaufleute, Handwerker und Bauern in ihr Land.

Aus eingewanderten Deutschen und eingesessenen Slawen entwickelte sich der ostdeutsche Stamm der Schlesier. (Auch die Stämme der Ost- und Westpreußen und der Pommern waren aus einer Verbindung der einheimischen Bevölkerung mit den eingewanderten Deutschen entstanden.) Im Vertrag von Trentschin verzichtete im Jahre 1335 der polnische König Kasimir III. für „ewige Zeiten" auf Schlesien, das fortan zur böhmischen Krone gehörte. 1526 erbten die Habsburger die Herrschaft über Schlesien.

Mit drei Angriffskriegen gelang es Friedrich II. von Preußen, Schlesien, das damals die bestentwickelte und industriereichste Provinz der Habsburger Monarchie war, der Hoheit Wiens zu entreißen. Damit ging gleichzeitig die deutsche Bevölkerungsmehrheit in Böhmen verloren.

Nach dem Ersten Weltkrieg musste Deutschland trotz einer für das Reich positiv ausgefallenen Volksabstimmung 1922 den wertvollsten Teil des oberschlesischen Industriegebiets an Polen abtreten.

Hauptstadt der Provinz Oberschlesiens war seit 1922 Oppeln.

Grenzmark Posen-Westpreußen

Mit einer Fläche von rund 8.000 Quadratkilometern und einer Einwohnerzahl von rund 350.000 (1939) war die Grenzmark Posen-Westpreußen die kleinste und am dünnsten besiedelte preußische Provinz. Sie ist 1922 aus den restlichen beim Deutschen Reich verbliebenen Gebieten der an Polen abgetretenen Provinzen Posen und Westpreußen gebildet worden.

Sie umfasste keinen geschlossenen geographischen Raum. Die Haupterwerbsquelle war die Land- und Forstwirtschaft. Die einzige größere Stadt war Schneidemühl mit 46.000 Einwohnern (1939). Sie galt als eine der modernsten Städte des deutschen Ostens.

Gebiete, die 1937 nicht zum Deutschen Reich gehörten

Deutsche in Polen

Westpreußen, zwischen Pommern und Ostpreußen links und rechts der unteren Weichsel gelegen, war bis 1920 preußische Provinz mit der Hauptstadt Danzig. 1920 wurde es auf Geheiß der Siegermächte des Ersten Weltkriegs aufgeteilt. Der östliche Teil kam an Ostpreußen. Der größte Teil – das Mittelstück – wurde als „Korridor" Teil der Republik Polen. Bis 1929 flohen aus dem nun polnischen Westpreußen rund 500.000 Deutsche, die mit ihrer starken Benachteiligung unter der polnischen Verwaltung nicht einverstanden waren.

Danzig – die bisherige Hauptstadt der Provinz Westpreußen – wurde mit einem kleinen Hinterland „Freie Stadt" unter dem Schutz des Völkerbundes. 1939 hatte es 380.000 Einwohner.

Geschichtlich gab es in der Entwicklung zunächst keine Unterschiede zwischen West- und Ostpreußen. Eingewanderte Deutsche und Einheimische wuchsen hier wie dort zu einem neuen Stamm der Preußen zusammen.

Nach den Aufständen des preußischen Landadels und der meisten Städte gegen den Deutschen Orden wurde Mitte des 16. Jahrhunderts Preußen zerrissen. Während der östliche Teil beim Orden blieb (Ostpreußen), kam der westliche Teil (Westpreußen) unter die Oberhoheit des Königs von Polen. 1772 wurde Westpreußen durch Friedrich den Großen wieder mit Ostpreußen im brandenburgisch-preußischen Staat vereinigt. Das Diktat von Versailles zerriss das Preußenland und sprach den größten Teil Westpreußens Polen zu. Westpreußen war der Bevölkerung nach in weiten Teilen durch das Streu-Deutschtum gekennzeichnet – deutsche Sprachinseln in einem von Polen besiedelten Raum.

Im polnischen Teil Oberschlesiens, im Teschener Gebiet, in Mittel- und Ostpolen, in Galizien und im Olsagebiet zur tschechischen Grenze lebte 1939 etwa eine Million Deutsche.

Deutsche im Baltikum

In den baltischen Staaten Estland, Lettland und Litauen, die nach dem Ersten Weltkrieg als selbständige Staaten entstanden, und im Memelland, das ab 1924 zu Litauen gehörte, lebten 1939 etwa 250.000 Deutsche. Als mit dem

Hitler-Stalin-Pakt die baltischen Staaten in den Herrschaftsbereich der Sowjetunion übergingen, wurden ca. 130.000 Deutsche aus diesen Staaten nach Westen umgesiedelt.

Deutsche in der Sowjetunion

Vor Ausbruch des Zweiten Weltkrieges schätzte man den Anteil der Deutschen in der Sowjetunion auf eineinhalb bis zwei Millionen. Im 18. Jahrhundert vor allem sind Deutsche in Russland eingewandert. Ein „Wolgadeutsches Autonomes Gebiet" hatte bis 1941 – bis zum Einmarsch der deutschen Wehrmacht in die Sowjetunion – eine gewisse Selbständigkeit. Deutsche Volkstumsinseln gab es bis zur Verfolgung durch Stalin auch auf der Krim, in Bessarabien, im Kaukasus, am Bug, am Schwarzen Meer und anderswo. Das Los der Russlanddeutschen war nach dem Überfall des Hitler-Reiches auf die Sowjetunion besonders schlimm. Sie wurden auf Befehl Stalins nach Sibirien, Kasachstan und in andere Gebiete umgesiedelt und zerstreut. Viele von ihnen fielen dem Stalin-Terror zum Opfer.

Deutsche in der Tschechoslowakei

In der Tschechoslowakei lebten 1937 ca. 3,5 Millionen Deutsche. Die sogenannten „Sudetendeutschen" waren die größte Gruppe der außerhalb des Reiches lebenden Deutschen. Sie bildeten keinen geschlossenen Volksstamm, sondern waren jeweils stammesverwandt mit ihren reichsdeutschen oder österreichischen Nachbarn und hatten auch ihren Dialekt. So sprachen die Deutschen im Egerland nordbayerisch, die Deutschen in der Gegend um Reichenberg oder Gablonz ein Schlesisch, wie es in der Oberlausitz jenseits des Gebirgskammes gesprochen wurde. Neben den durchgehend deutsch besiedelten Randgebieten gab es in der Tschechoslowakei noch deutsche Volkstumsinseln, so die von Iglau, von Zwittau, Inseln um Brünn, Pilsen und andere. Auch in der Slowakei gab es alte deutsche Siedlungsinseln wie z.B. die Zips und das Hauerland.

In den sudetendeutschen Gebieten blühten hochentwickelte Industrien, die Weltruf hatten. Solange Böhmen zur österreichisch-ungarischen Monarchie gehörte, empfanden die deutschen Einwohner mehr „gesamtdeutsch" als „böhmisch" oder „sudetendeutsch". Erst nach der Errichtung der Tschechoslowakischen Republik, die ohne Beteiligung der Deutschen erfolgte, begannen Schwierigkeiten und Auseinandersetzungen mit dem tschechischen nationalstaatlichen Zentralismus. Jetzt erst setzte sich der Sammelbegriff „Sudetendeutsche" durch. Das Modell einer „neuen Schweiz", wie es die tschechischen Politiker Masaryk und Benesch angekündigt hatten, wurde niemals verwirklicht. Im Münchner Abkommen 1938 billigten die Westmächte auf Hitlers Drängen und Drohen die erzwungene Abtretung des Sudetenlandes an das Deutsche Reich.

Deutsche in Ungarn, Rumänien und Jugoslawien

In Ungarn lebten vor dem Zweiten Weltkrieg ca. 620.000, in Rumänien ca. 780.000, in Jugoslawien 530.000 Deutsche. Die Donauschwaben bildeten mit mehr als einer Million, verteilt auf die obengenannten Länder, die größte deutsche Volksgruppe in Südosteuropa.

Nach der Befreiung des Ungarnlandes von der Türkenherrschaft strömten deutsche Bauern vor allem aus Süddeutschland nach Südosten. Sie „strömten" im wahren Sinn des Wortes, denn sie fuhren die Donau hinab auf Schiffen, den „Ulmer Schachteln" oder „Kehlheimer Plätten". Die „Schwaben" ließen sich in geschlossenen Siedlungsgebieten nieder. Die bekanntesten: das Gebiet im südwestlichen Ungarischen Mittelgebirge zwischen Raab, Plattensee und Donauknie (1941 ca. 68.000 Deutsche). Die sogenannte Schwäbische Türkei südlich des Plattensees zählte ca. 130.000 Deutsche, Slawonien zwischen Save und Drau 70.000, östlich davon Syrmien ebenfalls 70.000. Die größten Siedlungsgebiete waren die Batschka mit ca. 200.000 und das Banat mit ca. 400.000 Deutschen, das sich westlich und östlich der jugoslawisch-rumänischen Grenze erstreckte.

Das älteste Siedlungsgebiet der Deutschen in Südosteuropa war Siebenbürgen (1941 250.000 Deutsche). Auf Wunsch des ungarischen Königs siedelten die Siebenbürger Sachsen hier schon ab dem Jahre 1141 auf sogenannten „Königsboden", d.h. sie erhielten vom ungarischen König Ackerland mit besonderen Rechten zu Lehen. Ein anderes altes Siedlungsgebiet war die Bukowina oder „Buchenland" mit 80.000 Deutschen. Ein kleines Gebiet war die Dobrudscha mit rund 15.000 Deutschstämmigen südlich der Donaumündung am Schwarzen Meer. Im Nordwesten Siebenbürgens siedelten um die Stadt Sathmar die Sathmarer Schwaben (1920 ca. 47.000).

Vorgeschichte

Ursachen und Ergebnisse des Zweiten Weltkriegs

Mehr als zehn Millionen Deutsche in Ostdeutschland und mehr als sieben Millionen Deutsche in Staaten Ost-, Mittel- und Südosteuropa würden noch ihre seit Jahrhunderten angestammte Heimat bewohnen können ohne den Aufstieg Adolf Hitlers und dessen rücksichtslose Politik, die unter dem Schlagwort „Volk ohne Raum" auf gewaltsame Eroberung zu Lasten der Nachbarvölker ausging.

Auch wenn Stalin im besonderen und mit ihm die Amerikaner und Briten als Mitschuldige die Vertreibung der Deutschen besorgten – ohne die Vorgeschichte der Hitler-Diktatur und des Zweiten Weltkrieges wäre es nicht zu dieser Tragödie gekommen. Ohne Hitlers Polenfeldzug nach dem Hitler-Stalin-Pakt, der einen Interessenausgleich zwischen den Diktatoren in Polen und im Baltikum brachte, hätte Stalin wohl kaum Ostpolen an sich gerissen. Die spätere Vertreibung der Polen aus dem von den Sowjets okkupierten Ostgebieten in die wiederum von den Deutschen zu räumenden Ostgebiete Deutschlands ist ein Ergebnis des Zweiten Weltkriegs. Nutznießer der Westverschiebung Polens war vor allem die Sowjetunion, die es den Polen gestattete, sich als Ausgleich für ihre Gebietsansprüche auf Kosten Deutschlands schadlos zu halten. Der kriegerischen Ausdehnung nach Osten folgte nun sogar die Verkleinerung der Fläche, die dem deutschen Volk als Siedlungsraum zur Verfügung stand.

Trauer und Empörung über den Verlust des deutschen Ostens, der Heimat für so viele Menschen in anderen Ländern, verlangen aber eine gerechte Beurteilung der Ursachen. Schon 1946 sage Theodor Heuss, der spätere erste Bundespräsident der Bundesrepublik: „Mit kalter Klarheit muss ausgesprochen werden, dass dieser Krieg von Deutschland verursacht und in seiner Führungsschicht gewollt worden ist; ohne dieses deutliche Aussprechen verlieren wir die Basis unter uns selber."

Aber so wie die Vertreibung der Deutschen ihre Vorgeschichte vor allem in Hitler hat, so hat auch Hitler seine Vorgeschichte. Verkürzt darf festgestellt werden, dass Hitler ohne zwei von außen kommende Ereignisse wohl kaum an die Macht gekommen wäre: den Vertrag von Versailles und die Weltwirtschaftskrise. Treffend schrieb Theodor Heuss schon 1932 in seinem Buch „Hitlers Weg": „Die Geburtsstunde der nationalsozialistischen Bewegung ist nicht München sondern Versailles." Das Friedensdiktat von Versailles stand am Ende eines Krieges, an dem Deutschland die Alleinschuld zugewiesen wurde. In Wahrheit war die Vorgeschichte dieser Katastrophe viel zu kompliziert, als dass man sie mit einer derart banalen Schuldzuweisung hätte erklären können.

Es gibt keinen Zweifel, dass der Erste Weltkrieg zwar von keiner der beteiligten Mächte wirklich gewollt, aber von allen Seiten in Kauf genommen wurde. Später erklärte der britische Kriegsminister und Premier Lloyd George: „Wir sind alle in den Krieg hineingeschlittert."

Auch der australische Historiker Christopher Clark hebt in seinem aktuell erschienenen Buch „Die Schlafwandler" keinen besonderen Schuldigen des Ersten Weltkrieges hervor. Vielmehr hätten sich alle damals verantwortlichen Politiker wie Schlafwandler verhalten, die auf einem Seil über den Abgrund balancierten bis ihr Gleichgewicht jäh zusammen brach. Über den anteiligen Grad der Kriegsschuld ließe sich trotz aller neuen Erkenntnisse noch debattieren. Fest steht, dass die vertragliche Fixierung der deutschen Alleinschuld am Ersten Weltkrieg in erster Linie dem Zweck diente, die harten Friedensbedingungen zu rechtfertigen. Von der deutschen Öffentlichkeit wurde sie als nationale Demütigung empfunden, die dem nationalistischen Radikalismus in verhängnisvoller Weise die Türen öffnete.

Neben der Zahlung von riesigen Reparationen, der Besetzung des Rheinlandes und dem Verlust der Kolonien musste Deutschland Gebiete mit einer Gesamtfläche von rund 70.000 Quadratkilometern abtreten – eine Fläche von der heutigen Größe des Freistaates Bayern. Elsass-Lothringen wurde wieder französisch, Posen und Westpreußen gingen an Polen verloren. Danzig wurde „Freie Stadt" unter dem Schutz des Völkerbundes. Das Memelgebiet wurde der Kontrolle der alliierten Mächte unterstellt. In Oberschlesien, im südlichen und westlichen Ostpreußen und in Teilen Westpreußens sollten Abstimmungen über die staatliche Zugehörigkeit der Gebiete entscheiden. Die Abstimmungen am 11. Juli 1920 ergaben in Ostpreußen 97,8 in Westpreußen 92,5 für Deutschland. Am 16. August 1920 wurden diese Abstimmungsgebiete bis auf einen Teil am Weichselufer an Deutschland zurückgegeben.

In Oberschlesien stimmten am 20. März 1921 59,64 % für das Verbleiben bei Deutschland 40,36 % für den Anschluss an Polen. Über das Ergebnis enttäuschte Polen begannen am 2. Mai 1921 einen blutigen Aufstand für ein polnisches Oberschlesien, der nur unter großen Verlusten von deutschen Selbstschutzverbänden niedergeschlagen werden konnte. Ostoberschlesien wurde 1922 trotz des Votums dem polnischen Staat zugeschlagen.

Durch die Grenzziehungen des Versailler Vertrages bzw. deren Folgewirkungen entstanden neue Probleme durch nationale Minderheiten. Da die Grenzziehungen der Pariser Verträge so viele Deutsche außerhalb der Grenzen von Deutschland und Österreich beließen, versuchten die Siegermächte im Rahmen des Völkerbundes mögliche Spannungen zwischen den Bevölkerungsgruppen durch Minderheitenschutzverträge zu verhindern. Polen und die Tschechoslowakei fanden an diesen Verträgen jedoch keinen Gefallen, sondern hielten sie für eine unerträgliche Beeinträchtigung ihrer nationalen Souveränität.

Polen und Tschechen empfanden vor allem die deutsche Minderheit als illoyale „Fünfte Kolonne". Die Deutschen wiederum beklagten ihre Benachteiligung und Unterdrückung und richteten fortlaufend Beschwerden an den Völkerbund. Die Benachteiligung der deutschen Minderheiten und ihre mangelnde Staatstreue bildeten einen Teufelskreis, der schließlich das ganze Minderheitenschutzsystem des Völkerbundes vernichtete.

Schon vor Inkrafttreten des Friedensvertrages von St. Germain am 10. September 1919, der die Auflösung des Österreichisch-Ungarischen Staates regelte, kam es zu Spannungen zwischen Tschechen und Deutschen, die sich plötzlich in der Tschechoslowakei in einem neuen Staat befanden, in dem sie nur noch eine Minderheit darstellten. Am 4. März 1919 demonstrierten in allen Bezirksstädten des Sudetenlandes viele Hunderttausende Deutsche für ihr Selbstbestimmungsrecht, das sie im Vertrauen auf die berühmten 14 Punkte des amerikanischen Präsidenten Wilson für sich in Anspruch nahmen. Den äußeren Anlass boten die Wahlen zum deutsch-österreichischen Nationalrat, an denen teilzunehmen ihnen von den Tschechen verwehrt wurde, obwohl bis zum Inkrafttreten des Vertrages von St. Germain Österreich-Ungarn rechtlich noch fortbestand. Die sozialdemokratische Partei hatte deshalb zum Generalstreik aufgerufen und zeichnete als Veranstalterin der Kundgebungen. In einigen Städten wie in Kaaden, Sternberg, Kaplitz schoss das tschechische Militär in die waffenlose Menge: 54 Todesopfer waren zu beklagen.

Die Sudetendeutschen waren vom dominierenden Volk in der Donaumonarchie zur Minderheit in einem von Tschechen beherrschtem Staat abgesunken. Mit der Einbeziehung ihrer Gebiete in die neue Tschechoslowakei wollten und konnten sich die meisten von ihnen nicht abfinden. Ängste machten sich breit, jeder fürchtete, etwas zu verlieren. Die Frage bleibt, warum die Politiker, die 1919 für die Neugründung der Tschechoslowakei verantwortlich waren, nicht eine andere und bessere Lösung getroffen haben. Der amerikanische Präsident Wilson hatte ja vorgeschlagen, Grenzen nach klar definierbarer Volkszugehörigkeit zu ziehen. Im Falle des Sudetenlandes wäre ein Abgrenzung der fast rein deutsch besiedelten Randgebiete mit einer Bevölkerungszahl von etwa drei Millionen ohne weiteres möglich gewesen. Aber es wurde nicht gemäß den Grundsätzen der 14 Punkte Wilsons entschieden. Für die Sieger war es wichtiger, die Tschechenführer Masaryk und Benesch für ihre Kriegsteilnahme auf Seiten der Westalliierten zu belohnen. Mit dieser Entscheidung war zwischen Deutschen und Tschechen, die nur 51 % der Gesamtbevölkerung des Staates ausmachten, ein Dauerkonflikt programmiert.

Die Deutschen zählten sogar eine Million mehr Menschen als die Slowaken, die neben den Tschechen das Staatsvolk bildeten. Aber obwohl die Deutschen etwa ein Viertel der Bevölkerung ausmachten, wurde ihnen weder die Autonomie noch ein ihrer Zahl entsprechendes Mitspracherecht eingeräumt. Aus Enttäuschung darüber wanderten rund 300.000 Sudetendeutsche nach Österreich oder nach Deutschland aus. Die im Land gebliebenen Deutschen kämpften weiter um mehr Rechte.

Aus den Konflikten deutscher Minderheiten mit Tschechen und Polen gelang es später Hitler, politisches Kapital für seine völkische Konflikttheorie zu schlagen. Ein weiterer ideologischer Faktor spielte hier eine wesentliche Rolle: der Panslawismus. Diese Bewegung entstand im 19. Jahrhundert als Folge des nationalen Erwachens der slawischen Völker, deren Nationalismus sich, ähnlich dem deutschen und italienischen, erst sehr spät zu einer politischen Kraft entwickelte.

Der Panslawismus, die Idee von der Einheit aller slawischen Völker, hat nicht nur den Zusammenhalt des Habsburgerreiches untergraben, er diente auch als Richtlinie der russischen Außenpolitik und erlaubte es dem Zaren als Repräsentant der slawischen Vormacht, als Sprecher und Beschützer aller Slawen aufzutreten – eine mitentscheidende Ursache für den Ausbruch des Ersten Weltkrieges.

Die Weimarer Republik und der Aufstieg Hitlers

Die Niederlage des Deutschen Reiches im Ersten Weltkrieg traf die meisten Deutschen wie ein Schock. Hatte man nicht wenige Monate zuvor noch vom Sieg gesprochen und standen die deutschen Armeen nicht tief in Feindesland? Angesichts der revolutionären Ereignisse, die dem Zusammenbruch vorausgegangen waren, glaubten viele, die „Heimat" sei dem „im Feld unbesiegten" Heer in den Rücken gefallen, die Novemberrevolution von 1918 habe die Niederlage erst verursacht. Diese „Dolchstoßlegende" hatte viele Anhänger. Einer, der fest daran glaubte und damit demagogisch agierte, war Adolf Hitler.

Der Versailler Vertrag vom 28. Juni 1919, der den Frieden sichern sollte, wurde zu einer Quelle des Unglücks für die Völker. Die damit bewirkte Demütigung Deutschlands ließ in breitesten Bevölkerungsschichten die Forderung nach einer Revision des Vertrages laut werden.

Über die Entstehung von Kriegen philosophiert Karl Bruno Leder in seinem Buch „Nie wieder Krieg?": „Krieg und Frieden auf der Welt hängen von der subjektiven Gefühlslage der Nationen ab. Fühlt sich eine Nation in ihrem Selbstwertgefühl entscheidend verletzt, so wird sie nicht ruhen, bis diese Kränkung aufgehoben und durch einen Triumph kompensiert ist. Je tiefer die Demütigung geht, je schwerer das Selbstwertgefühl verletzt ist, desto bedingungsloser wird der Drang nach dessen Rehabilitierung. Ein Drang, der offensichtlich blind macht für mögliche Folgen." Man denke hier nur an die Parole, die Goebbels als Frage in den Berliner Sportpalast schleuderte: „Wollt ihr den totalen Krieg?" Der bejahende Aufschrei der Anwesenden gibt einen Beweis, dass mit rationalen Überlegungen dem subjektiven Empfinden der in die Enge getriebenen Menschen dann nicht mehr beizukommen ist.

Hitler hatte dem Versailler Vertrag unmissverständlich den Kampf angesagt, hatte von der Schuld der deutschen „Erfüllungsgehilfen", der „Novemberverbrecher" gesprochen. Mit seiner unbestrittenen Begabung zu reden gelang es ihm, Teile des Volkes für sich und seine Ziele zu gewinnen. In der relativ erfolgreichen Stresemann-Zeit (1925-29) jedoch verloren die Nationalsozialisten wieder an Boden. Doch am 24. Oktober 1929 begann mit dem „Schwarzen Freitag" an der New Yorker Börse eine Weltwirtschaftskrise, die die Zahl der Arbeitslosen in Deutschland wie in anderen Staaten rapide anwachsen ließ. Aus der großen Arbeitslosigkeit speiste sich die Radikalisierung der öffentlichen Meinung; die extremen Parteien, die Kommunisten und vor allem die Nationalsozialisten, hatten weiteren Zulauf. Bei den Neuwahlen im September 1930 kamen die Nationalsozialisten auf 130 Sitze im Reichstag – zuvor waren es zwölf gewesen. Immer mehr Deutsche hörten auf die Parole „Deutschland erwache!"

Bei den Wahlen zum sechsten Reichstag erhält die NSDAP gar 37,8 % der Stimmen, die Partei Hitlers steigert sich auf 230 Mandate und ist damit bei weitem die stärkste Fraktion. Bei den Wahlen zum siebten Reichstag verlieren zwar die Nationalsozialisten zwei Millionen Stimmen, aber nachdem auch der Nachfolger von Papens, Schleicher, keine Mehrheit auf sich vereinen kann, kommt man an Hitler nicht mehr vorbei. Am 30. Januar 1933 beruft Reichspräsident von Hindenburg Adolf Hitler zum Reichskanzler, der ein „Kabinett der nationalen Einigung" bildet. Die Nationalsozialisten feiern mit einem Fackelzug in Berlin Hitlers „Machtergreifung". Einen Tag nach dem Reichstagsbrand am 27. Februar 1933, der den Kommunisten angelastet wird, tritt die Notverordnung „zum Schutz von Volk und Staat" in Kraft. Sie bedeutet die Aufhebung der Grundrechte. Das Deutsche Reich ist kein Rechtsstaat mehr. Am 24. März 33 wird gegen die Stimmen der Sozialdemokraten das Ermächtigungsgesetz angenommen. Die Regierung kann nun Gesetze ohne Zustimmung des Reichstages erlassen. Damit hat Hitler gesetzgebende und ausführende Gewalt, auch gegen die Verfassung. Dieser Tag bedeutete das Ende der parlamentarischen Demokratie. Hitler ist am Ziel, er ist auf legalem Wege an die Macht gelangt. Nach dem Tode des Reichspräsidenten von Hindenburg vereinigt Hitler in seiner Person das Amt des Reichspräsidenten mit dem des Reichskanzlers und hat so auch den Oberbefehl über die Reichswehr.

Viele Gegner Hitlers glaubten anfänglich, dass er sich nicht lange würde halten können, dass er ebenso scheitern würde wie vor ihm andere Reichskanzler. Aber damit hatten sie sich gründlich verrechnet. Hitler war zu klug und skrupellos, um sich wieder die Macht nehmen zu lassen, und Hitler hatte Erfolg. Mit Arbeitsprogrammen gelang es ihm, die Zahl der Arbeitslosen rigoros zu senken.

Allein schon dadurch gewann der „Führer" Ansehen im Volk. Für viele wurde er zu einer Art „Erlöserfigur". Die Deutschen dachten nicht an das mögliche Ende sondern sahen die Erfolge Hitlers, der auch mit der Revision der Pariser Verträge Glück hatte und dabei war, den Traum von einem starken, einigen Deutschland zu erfüllen.

Der Anschluss Österreichs an das Deutsche Reich

Als die Österreicher 1918 die Alliierten um Waffenstillstand bitten mussten, war ihnen bewusst, dass dies das Ende der Donaumonarchie bedeuten musste. Aber sie glaubten auch, dass man ihnen das Selbstbestimmungsrecht zugestehen würde, wie es anderen Nationen auch zugebilligt wurde. Am 6. Oktober 1918 erklärten die deutschen Abgeordneten: „Wir erkennen das Selbstbestimmungsrecht der slawischen und romanischen Nationen Österreichs an und nehmen das gleiche Recht für das deutsche Volk Österreichs in Anspruch."

Am 12.November 1918 erklärte die provisorische Nationalversammlung Deutsch-Österreich zu einem Bestandteil der Deutschen Republik. Diese Willensäußerung, die der Selbstbestimmung der Österreicher entsprach, wurde von den Siegermächten verworfen, ein Anschluss Österreichs an das Deutsche Reich wurde untersagt. Selbst eine 1931 geplante Zollunion zwischen Österreich und Deutschland wurde von Frankreich nicht zugelassen.

Durch den Machtzuwachs des „Dritten Reiches" geriet auch Österreich in den Sog der nationalsozialistischen Propaganda, die an den 1919 gewaltsam unterdrückten Anschlusswillen der Mehrheit des österreichischen Stammes anknüpfen konnte. Am 12. Februar 1938 traf Hitler in Berchtesgaden mit dem österreichischen Bundeskanzler von Schuschnigg zusammen, der ein Verfechter der Unabhängigkeit Österreichs war und dem Sog des Anschlusses widerstehen wollte. Hitler stellte Forderungen und drohte mit der Anwendung militärischer Gewalt. Von Schuschnigg gab nach, es kam zur Unterzeichnung des „Berchtesgadener Abkommens". Darin wurde eine enge außenpolitische Zusammenarbeit mit dem Deutschen Reich vereinbart. Die Nationalsozialisten durften sich in Österreich wieder frei betätigen. Am 9. März 1938 rief Schuschnigg in Innsbruck zu einer Volksabstimmung auf, um die Unabhängigkeit Österreichs doch noch zu retten. Hitler reagierte sofort. Er forderte vom österreichischen Bundespräsidenten Miklas die Entlassung des Kanzlers. Durch ein fingiertes Telegramm – von Seyß-Inquart, dem nationalsozialistischen Innenminister unterzeichnet – ließ dieser um militärische Hilfe bitten. Der Einmarsch der deutschen Truppen wurde von der überwältigenden Mehrheit der Bevölkerung mit großem Jubel begrüßt. Am nächsten Tag, den 13. März 1938, verkündete Hitler die Eingliederung Österreichs in das Deutsche Reich.

Die Sudetenkrise – Das Münchner Abkommen

Das Zusammenleben der einzelnen Volksgruppen in der Tschechoslowakei erwies sich von Anfang an als problematisch, auch wenn es an ernsthaften Bemühungen, eine Normalisierung herbeizuführen, nicht fehlte. So haben sich von 1926 bis 1938 sudetendeutsche Parteien an der Regierung der Tschechoslowakei beteiligt und den Versuch unternommen, eine wirklich demokratische Staatsreform zu erwirken. Durch den Rücktritt des kompromissbereiten Staatspräsidenten Masyryk zugunsten Beneschs wurden die Aussichten auf eine Verständigung zwischen Sudetendeutschen und Tschechen wieder schlechter. Der neue Staatspräsident sperrte sich gegen eine beide Seiten zufriedenstellende Lösung. Nun gerieten die Sudetendeutschen in den Sog des nationalsozialistischen Deutschlands. 1938 forderte die Sudetendeutsche Partei unter Konrad Henlein Autonomie für die Sudetendeutschen. Prag mobilisierte, lenkte aber auf Wunsch der englischen und französischen Regierung ein. Tagelang stand Mitteleuropa am Rande eines Krieges, da gelang es buchstäblich in letzter Minute, Hitler für eine politische Lösung zu gewinnen.

Die Münchner Konferenz am 29. und 30. September 1938 von Hitler, Mussolini, Chamberlain und Daladier regelte die Abtretung des Sudetenlandes an das Deutsche Reich und garantierte den Rumpfstaat der Tschechoslowakei. Sie billigte auch polnische und ungarische Gebietsansprüche. Hitler versprach, die Sudetengebiete seien seine letzte territoriale Forderung. Ein halbes Jahr später wusste die Welt, dass das eine Lüge war.

Die Auflösung der Tschechoslowakei

Das Münchner Abkommen war der Beginn der Auflösung des Vielvölkerstaates Tschechoslowakei. Polen annektierte den Bezirk Teschen. 40.000 Tschechen und Deutsche wurden vertrieben. Die Slowakei und der karpatorussische Teil bildeten eigene Regierungen, denen die Tschechen die bisher vorenthaltene Autonomie gewähren mussten. Ungarn übernahm den überwiegend von Magyaren bewohnten südlichen Teil der Slowakei.

Am 15. März 1939 marschierten deutsche Truppen in das tschechische Gebiet ein. Am nächsten Tag unterzeichnete Hitler auf der Prager Burg den „Erlass über das Protektorat Böhmen und Mähren", das in das Deutsche Reich eingegliedert wurde.

Der Bruch des Münchner Abkommens bewirkte einen Umschwung der Weltmeinung gegenüber Hitler. Dieser hatte der Welt bewiesen, dass es ihm nicht um Wiedergutmachung des Unrechts von Versailles, sondern um brutale Eroberungspolitik ging.

Der Beginn des Zweiten Weltkrieges

Nach dem Einmarsch in Prag verschärfte Hitler seine Politik gegenüber Polen. 1934 hatte er sehr zur Überraschung der Weltöffentlichkeit mit Polen einen Freundschafts- und Nichtangriffspakt abgeschlossen. Er hatte sogar daran gedacht, das Nachbarland an einem Bündnis gegen die Sowjetunion zu beteiligen. Jetzt schlug er eine offene, drohende Sprache an. Am 21. März 1939 forderte Hitler den Wiederanschluss Danzigs an das Deutsche Reich und eine exterritoriale Autobahn und Eisenbahn durch den sogenannten „Korridor".

Hitler glaubte, dass die Polen dem deutschen Druck nachgeben und die Westmächte vor der Konsequenz eines allgemeinen Krieges zurückschrecken würden. Aber er täuschte sich. Am 31. März gab der britische Premierminister Chamberlain eine britisch-französische Garantieerklärung für Polen ab. Vor allem die Briten waren entschlossen, jeder weiteren Aggression Hitlers entgegenzutreten. Zum Beweis dafür führte Großbritannien am 27. April 1939 die allgemeine Wehrpflicht ein.

Am 28. April kündigte Hitler den deutsch-polnischen Nichtangriffspakt von 1934. Großbritannien und Frankreich schlossen daraufhin mit Polen Bündnisse ab, um möglichen Expansionen Hitlers entgegenzutreten. Im Vertrauen auf Unterstützung der beiden Westmächte blieb Warschau den deutschen Forderungen gegenüber unnachgiebig.

Am 23. August 1939 wurde – völlig überraschend – ein sowjetisch-deutscher Nichtangriffspakt unterzeichnet. Hitler und Stalin verständigten sich in einem geheimen Zusatzprotokoll über die Aufteilung ihrer Interessensphären. Die Vereinbarung besagte: Finnland, Estland, Lettland, Bessarabien und Polen ostwärts von Narew, Weichsel und San liegen außerhalb der deutschen Interessensphäre. Die Sowjetunion erklärt sich uninteressiert an Litauen und dem westlichen Hauptteil Polens. Deutschland erklärt sich uninteressiert an Bessarabien.

Durch diesen Pakt erhielt Hitler die Möglichkeit, Polen anzugreifen ohne auf den Widerstand der Russen zu stoßen. Am 25. August 1939 unterbreitete er Großbritannien dann ein „großzügiges Angebot": „Das Deutsche Reich werde den Bestand des Britischen Weltreichs garantieren, wenn dieses sich aus der Auseinandersetzung mit Polen heraushalte. Am 29. August forderte

Hitler den ganzen „Korridor" und das Erscheinen eines polnischen Unterhändlers zum 30. Das Ultimatum verstrich und am 1. September 1939 begann der deutsche Angriff auf Polen. Am 3. September 1939 erfolgte die englische und französische Kriegserklärung an Deutschland, der Australien, Indien, Neuseeland, Südafrika und Kanada folgten. Der Zweite Weltkrieg war entfesselt.

Hitlers Kriegsschuld

Hitlers Schuld am Zweiten Weltkrieg ist nicht anzuzweifeln. Spätestens der Überfall auf die Sowjetunion hätte alle seine frühen Anhänger überzeugen müssen, dass er bereit war, skrupellos um alles oder nichts zu spielen. 1967 schrieb der bekannte und viel gelesene Publizist Klaus Mehnert in seinem Buch „Der deutsche Standort": „Das Ausmaß der Schuld Hitlers – und das heißt eben doch auch der Deutschen, die ihn als Führer annahmen und bestätigten – am Ausbruch des Zweiten Weltkrieges erscheint auch heute, über zwanzig Jahre nach Nürnberg, bedrückend groß. Andere haben durch Taten und Unterlassungen am Verhängnis mitgewirkt: Stalin erwartete, der Ideologie getreu, den großen Selbstvernichtungskrieg der Kapitalisten und ermutigte Hitler durch den Pakt vom August 1939, ihn auszulösen. Die englische, in ihrem Gefolge auch die französische Regierung nährte bei Hitler durch Konzessionen, bis einschließlich München, die Illusion, er würde mit seiner Politik bewaffneter Erpressung weitere Erfolge haben, und ermutigte ab März 1939, in jähem Kurswechsel, die Polen, jede Konzession abzulehnen, die den Frieden, vielleicht, noch hätte bewahren können. Roosevelt, entschlossen, die faschistischen Mächte zu ‚stoppen', trieb die Engländer auf dem Weg des Widerstandes voran und begann mit dem Schießbefehl gegen deutsche U-Boote den Krieg, noch ehe Hitler ihn erklärte... Aber das alles zusammen hätte keinen Zweiten Weltkrieg zustande gebracht, hätte es nicht, in Deutschland, einen Adolf Hitler gegeben. Das deutsche Volk hat den Krieg nicht gewollt (das behauptet kaum jemand), aber in seiner großen Mehrheit hat es Hitler gewollt. Hitler selbst aber hat den Krieg als Mittel seiner expansiven Lebensraumpolitik, falls andere nicht zum Ziel führen sollten, von Anfang an bejaht, vorbereitet und folgerichtig auch ausgelöst, als das Mittel der Drohung beim letzten Versuch versagte."

Kriegsverlauf, Kriegsereignisse

Der Krieg gegen Polen war im wesentlichen nach zwei Wochen beendet. Der Widerstand im belagerten Warschau dauerte noch bis zum 27. September 1939. Am 17. September begannen die sowjetischen Truppen mit ihrem Einmarsch in Ostpolen. Es folgte nun die „Vierte Teilung" Polens (nach 1772, 1793 und 1795). Aus Danzig, Westpreußen und dem Posener Gebiet wurden zwei Reichsgaue gebildet und dem Deutschen Reich angegliedert (Reichsgau Danzig-Westpreußen und Reichsgau Posen – ab 1940 Reichsgau Wartheland, verkürzt „Warthegau"). Ostoberschlesien schlug man mit Randgebieten und dem Olsagebiet der preußischen Provinz Schlesien zu. Ostgalizien und Wolhynien kamen zur Ukrainischen Sozialistischen Sowjetrepublik. Der nördliche Teil Ostpolens wurde in die Weißrussische Sozialistische Sowjetrepublik eingegliedert. Aus dem Gebiet zwischen Warschau und Krakau entstand das „Generalgouvernement".

Am 22. Juni 1941 überschritten deutsche Truppen ohne Kriegserklärung die Grenze der Sowjetunion. Hitlers Ziel: deutschen Lebensraum im Osten zu schaffen – auf Kosten von Millionen Slawen. Vor dem Reichstag in Berlin erklärte er zum Kriegsbeginn mit der Sowjetunion:"...weil ich Russland für die größte Gefahr nicht nur des Deutschen Reiches, sondern für ganz Europa halte, habe ich mich entschlossen, das Signal zum Angriff zu geben...".

Die deutsche Besatzungs- und Germanisierungspolitik im Osten

Am 6. Oktober 1939 erläuterte Hitler „die wichtigste Aufgabe" nach der Zerschlagung des polnischen Staates: „eine neue Ordnung der ethnographischen Verhältnisse, d.h. eine Umsiedlung der Nationalitäten so, dass sich am Abschluss der Entwicklung bessere Trennungslinien ergeben."

Hitler und Stalin machten gemeinsame Sache. Deutsch-sowjetische Verträge regelten die Umsiedlung von Angehörigen der verschiedenen Nationalitäten. Rund 400.000 Deutsche wurden innerhalb von eineinhalb Jahren aus dem neuen sowjetischen Machtbereich Ostpolen, dem Baltikum, Bessarabien und der nördlichen Bukowina ausgesiedelt. Aus den deutsch besetzten polnischen Gebieten gingen nur rund 56.000 Ukrainer, Weißrussen und Litauer in die Sowjetunion. Die große Masse zog das Dasein als Minderheit unter deutscher Herrschaft einer Eingliederung in den Machtbereich Stalins vor.

Die Sowjetunion verschleppte aus den von ihr besetzten Gebieten rund 1,7 Millionen Menschen, vor allem Polen, Ukrainer, Esten, Letten und Litauer. Anders als bei den Deutschen betrafen die Deportationen nicht die gesamte Bevölkerung einer Nationalität, sondern im wesentlichen die bürgerlichen Schichten, die nach Sibirien oder in die zentralasiatischen Republiken der Sowjetunion deportiert wurden.

Nach dem deutschen Überfall auf die Sowjetunion wurden auch die deutschen Siedlungsgebiete in der Sowjetunion zwangsentvölkert, die Deutschen ausnahmslos in kleinen Gruppen auf den asiatischen Teil des Landes verteilt. Wenige Tage nach der Niederschlagung Polens ernannte Hitler den Chef der SS Heinrich Himmler zum „Reichskommissar für die Festigung deutschen Volkstums". Seine Aufgaben waren vor allem die Rückführung und Umsiedlung der Volks- und Reichsdeutschen und die „Ausschaltung des schädigenden Einflusses von solchen Bevölkerungsteilen, die eine Gefahr für das Reich und die deutsche Volksgemeinschaft bedeuten".

In den okkupierten westpolnischen Gebieten, vor allem im Reichsgau Posen (Wartheland), siedelte man bis zum Beginn des Russlandfeldzuges in eindreiviertel Jahren rund 350.000 „Volksdeutsche" und 370.000 „Reichsdeutsche" an. Um für diese Platz zu schaffen, wurden etwa 700.000 Polen und 500.000 Juden in das „Generalgouvernement" deportiert. Es bestand der Plan, die neuen Reichsgaue, deren deutscher Bevölkerungsanteil im Durchschnitt nur etwa zehn Prozent betrug, innerhalb von zehn Jahren vollkommen einzudeutschen.

Dies bedeutete aber nicht eine Integration der acht Millionen Polen und 700.000 Juden, sondern deren Unterdrückung und Vertreibung bzw. Vernichtung. Insgesamt fielen ca. sechs Millionen polnischer Staatsbürger (rund ein Fünftel der Bevölkerung) der deutschen Herrschaft zum Opfer.

Die Überheblichkeit der deutschen „Herrenmenschen" gegenüber den „rassisch Minderwertigen" wurde z.B. durch die Haltung zur Schulfrage im Generalgouvernement deutlich. Hierzu schrieb Heinrich Himmler: „Für die nichtdeutsche Bevölkerung des Ostens darf es keine höhere Schule geben als die vierklassige Volksschule."

Das verstiegenste Projekt der rücksichtslosen Germanisierungspolitik, der sogenannte „Generalplan Ost" entstand 1941/42. Danach sollten in den eroberten Gebieten „Siedlungsmarken" eingerichtet werden. Unter der Leitung eines Markhauptmannes sollte Siedlungspolitik und Planung, Siedlerauslese und Siedlungspolitik betrieben werden. Für die Finanzierung des Projekts, das innerhalb von 25 Jahren abgeschlossen sein sollte, wurden rund 50 Milliarden Reichsmark vorgesehen.

Von diesem Germanisierungswahn wich die SS-Führung auch dann nicht ab, als die Rote Armee immer weiter nach Westen vorrückte. Auf einer Gauleitertagung in Posen am 3. August 1944 sagte Himmler größenwahnsinnig: „Über das Problem, dass wir die Hunderttausende von Quadratkilometern oder die Million Quadratkilometer, die wir im Osten verloren haben, im Osten wieder holen, brauchen wir uns überhaupt gar nicht zu unterhalten. Das ist ganz selbstverständlich. Das Problem ist unverrückbar. Es ist unverrückbar, dass wir die Volkstumsgrenze um 500 km herausschieben, dass wir hier siedeln. Es ist unverrückbar, dass wir ein germanisches Reich gründen werden. Es ist unverrückbar, dass zu den 90 Millionen die 30 übrigen Germanen dazukommen werden, dass wir unsere Blutbasis auf 120 Millionen Germanen vermehren. Es ist unverrückbar, dass wir die Ordnungsmacht auf dem Balkan und sonst in Europa sein werden, dass wir dieses ganze Volk wirtschaftlich, politisch und militärisch ausrichten und ordnen werden. Es ist unverrückbar, dass wir diesen Siedlungsraum erfüllen, dass wir hier den Pflanzgarten germanischen Blutes im Osten errichten, und es ist unverrückbar, dass wir eine Wehrgrenze weit nach dem Osten hinausschieben." Himmler hatte von Hitler die Anweisung zur „Ausrottung aller ideologischen Gegner und Rassenfeinde" erhalten. In Hitlers Kommissarbefehl vom 6. Juni 1941 hieß es deutlich: „Dies ist ein Vernichtungskrieg...wir führen nicht Krieg, den Feind zu erhalten. Russische Soldaten sind keine Kombattanten, sondern Bestien. Kommissare sind – ob schuldig oder unschuldig – umzubringen." Mit rund 20 Millionen Toten hatte die Sowjetunion dann auch den höchsten Blutzoll aller kriegsführenden Staaten zu entrichten. Dieser verbrecherische Vernichtungsbefehl erwies sich auch unter militärischen Gesichtspunkten als verhängnisvoll. Denn während die vorrückenden Truppen der Wehrmacht zunächst vielerorts als Befreier vom Stalinismus begrüßt wurden, sorgte das Wüten der nachfolgenden „Einsatzgruppen" für eine Versteifung des Widerstands und eine rege Partisanentätigkeit hinter den Fronten. Die Verteufelung der Russen als „Untermenschen" ist dann auch bei Kriegsende in schrecklicher Weise auf das deutsche Volk zurückgefallen.

Flucht und Vertreibung

Der Leidensweg der deutschen Bevölkerung

Mit der verlorenen Schlacht von Stalingrad hatte sich das Blatt für die deutsche Wehrmacht gewendet. Nun rollten die sowjetischen Panzer nach Westen, die Ostfront wich ständig zurück. Am 22. Juni 1944 begann eine sowjetische Großoffensive. Innerhalb weniger Wochen überwanden die zahlenmäßig weit überlegenen sowjetischen Armeen den weiten Raum zwischen Dnjepr und Weichsel, zerschlugen 30 deutsche Divisionen und gelangten in die unmittelbare Nähe von Ostpreußen.

Die sowjetischen Soldaten hatten ihr von den Deutschen verwüstetes Land erlebt, wussten von den Gräueln der Einsatzgruppen des Sicherheitsdienstes der SS, und die meisten hatten selbst Angehörige verloren. Der sowjetische Schriftsteller Ilja Ehrenburg und andere forderten zur Rache an den Deutschen auf. So lasen die Rotarmisten Flugblätter mit folgendem Text: „Die Deutschen sind keine Menschen. Von jetzt ab ist das Wort ‚Deutscher‘ für uns der allerschlimmste Fluch...wir werden töten...wenn du einen Deutschen getötet hast, so töte einen zweiten – für uns gibt es nichts Lustigeres als deutsche Leichen... Töte den Deutschen!...Töte!"

Der durch solche Artikel eingesäte Hass holte sich seine Opfer: Am 21. Oktober 1944 kam es in dem ostpreußischen Ort Nemmersdorf zum ersten sowjetischen Massaker auf deutschem Boden. (Im Ostpreußenfilm wird in einem eigenen Kapitel darüber berichtet). Der Name Nemmersdorf wurde für die Ostpreußen zum Inbegriff ihrer Angst vor der Rache der Roten Armee. Im Januar 1945 begann in Ostpreußen die sowjetische Großoffensive. Die Deutschen flüchteten trotz anfänglichen Verbotes durch NS-Gauleiter Erich Koch. Der schnelle Vormarsch der Roten Armee schnitt bald die Landverbindung zwischen Ostpreußen und dem Westen ab und kesselte die Bevölkerung von drei Seiten ein. Flucht war jetzt nur noch mit Schiffen über die Ostsee möglich. Auf dem Weg zur Küste drängten sich die Trecks. Wer zu den Häfen gelangen wollte, musste vorher das Eis des zugefrorenen Frischen Haffs überwinden. Mit Schlitten, Wagen oder zu Fuß versuchten die Menschen, einen Ostseehafen zu erreichen – ein Schiff, das sie nach Westen bringen konnte. Die bittere Kälte forderte viele Opfer, vor allem unter Kleinkindern und Alten. Als das Eis später brüchig wurde, versanken ganze Wagen in den Fluten. Viele wurden auf dem Eis auch Opfer sowjetischer Tiefflieger.

Im Januar und Februar 1945 ist etwa eine halbe Million Menschen – vor allem Frauen, Kinder und Alte – über das Eis des Frischen Haffs geflohen. Der größte Teil der Menschen, die das Eis überwunden hatten, flüchtete auf der Nehrungsstraße nach Westen in Richtung Danzig. Ein kleinerer Teil schlug den Weg nach Osten zur Hafenstadt Pillau ein, um von dort mit einem Schiff nach Westen zu gelangen. Ende Februar begann die Eisdecke zu schmelzen. Die Flüchtlinge durften nicht mehr auf die Nehrung, die schmale Halbinsel, weil dort Einheiten der deutschen Wehrmacht standen und sie noch gefährdeter gewesen wären.

Was die deutschen Zivilisten, die nicht rechtzeitig flüchten konnten, von den sowjetischen Truppen anfangs erleiden mussten, übersteigt jedes vorstellbare Maß. Viele hatten solche Grausamkeiten gar nicht für denkbar gehalten. Die Schilderungen von Nemmersdorf, mit denen die Nationalsozialisten die letzten Kräfte des deutschen Widerstandes mobilisieren wollten, wurden von vielen für übertrieben gehalten. Auch Angehörige der Roten Armee fanden die Gewalttaten ihrer Truppe verabscheuungswürdig und versuchten solche grausamen Handlungen zu verhindern, wie der Schriftsteller Lew Kopelew in seinem Buch „Aufbewahren für alle Zeit" beschreibt; der Dichter Solschenizyn wurde wegen seiner Kritik an diesen Ausschreitungen jahrelang verbannt.

Die Flucht über die Ostsee

Die Verluste unter der Zivilbevölkerung in Ostpreußen wären wohl nicht so hoch gewesen, hätte nicht der Gauleiter Erich Koch die rechtzeitige Evakuierung der Menschen sabotiert. Der rechtzeitig ausgearbeitete „Räumungsplan Ostpreußen" wurde auf seine Anweisung nicht zur Ausführung weitergegeben.

Dass der Vorstoß der Russen in Ostpreußen so schnell vorankam und zur Einkesselung der Bevölkerung führte, hatte Hitler, der nicht an die Stärke der Roten Armee im Norden glauben wollte, selbst zu verantworten. In der Nacht vom 9. zum 10. Januar 1945 hatten die kommandierenden Generäle der Ostfront Hitler dringend um Verstärkung gebeten. Doch Hitler entschied:

„Keine Verstärkung für den Osten! Dort kann ich noch Boden verlieren, im Westen nicht. Der Osten muss sich allein helfen!"

Am 13. Januar – drei Tage später – zeigte der Beginn der sowjetischen Großoffensive wie recht die Generäle mit ihren Warnungen hatten. Nach dem schnellen Vormarsch der Roten Armee wurde im Führerhauptquartier, beim Oberkommando der Wehrmacht und beim Oberbefehlshaber der deutschen Kriegsmarine deutlich, dass die Russen nicht länger aufgehalten werden konnten und dass man den im ostpreußischen Kessel von drei Seiten eingeschlossenen Menschen die Flucht ermöglichen musste. Dabei kam als Rettung für Hundertausende nur noch der Weg über die Ostsee in Frage. Großadmiral Dönitz setzte die Freigabe aller verfügbaren Schiffe durch. Die größte Evakuierungsaktion der Seefahrtsgeschichte begann. 1081 Schiffe waren an der Aktion beteiligt: 672 Handelsschiffe und 409 Kriegsschiffe. 2,4 Millionen Menschen wurden über die Ostsee gerettet. Von der Halbinsel Hela brachte man 495.810 Menschen in Sicherheit. Die Seestadt Pillau nimmt in der Transportliste den zweiten Platz ein. Von hier wurden 441.230 Menschen über die Ostsee in den Westen befördert. Über Gotenhafen verließen 406.817 Menschen mit Schiffen die Danziger Bucht, über den Hafen von Danzig konnten 181.310 Menschen das Land verlassen. Da auch viele kleine, nicht erfasste Schiffe an der Rettung von Flüchtlingen aus den Ostseehäfen beteiligt waren, kann man davon ausgehen, dass die Zahl der Geretteten noch größer ist. Sie darf wohl auf rund 2,5 Millionen geschätzt werden. Die Bedeutung dieser Leistung des Seetransports wird umso größer, wenn man bedenkt, dass sich aus den gleichen Gebieten (Ostpreußen, Danzig-Westpreußen und Hinterpommern) auf dem Landwege nur 500.000 Menschen retten konnten.

Aber auch wenn die Flüchtlinge schließlich an Bord der meist völlig überfüllten Schiffe waren, konnten sie sich noch nicht sicher fühlen. Alliierte Flugzeuge und sowjetische U- und Torpedoboote verfolgten die deutschen Schiffe. Auch gab es in der Ostsee viele Minen. Insgesamt fanden mehr als 30.000 Menschen bei Schiffsuntergängen in der Ostsee den Tod. Verglichen mit der Zahl der Geretteten entsprach das aber einem Satz von weniger als 1,3 %. Die größten Schiffkatastrophen mit den meisten Opfern waren der Untergang der „Wilhelm Gustloff" mit mehr als 9.000 Toten, der Untergang der „Goya" mit ca. 7.000 Opfern, der „Steuben" mit mehr als 4.200 Menschen und der Untergang der „Cap Arcona" mit ca. 4.200 Menschen.

Die Flucht war im Rahmen des Gesamtschicksals der ostdeutschen Bevölkerung nach 1945 noch das geringere Übel. Unzählige Menschen sind dadurch vor Schlimmeren bewahrt geblieben, denn die Verluste, die während der Flucht entstanden, reichten – so schmerzlich sie waren – nicht an die prozentual viel höheren Verluste und Schädigungen heran, die als Folge der russisch-polnischen Herrschaft über Ostdeutschland für diejenigen entstanden, die in diesen Gebieten zurückgeblieben waren.

Die Leiden der nicht geflohenen Deutschen beim Einmarsch der Roten Armee

Die hohe Zahl von Verzweiflungstaten und Selbstmorden in der ersten Zeit der russischen Besatzung, aber auch schon vor dem Eintreffen der sowjetischen Truppen, verdeutlicht die verzweifelte Lage der ostdeutschen Bevölkerung in ihrer Furcht vor der Roten Armee. Unter den Schandtaten der sowjetischen Truppen hatten vor allem die Frauen zu leiden. Die ausgestreuten Hass- und Vernichtungsparolen erklären auch, warum es in vielen Fällen nicht bei den Vergewaltigungen blieb, sondern Frauen anschließend getötet und mitunter auf sadistische Weise entstellt wurden. Die Vergewaltigungen gehörten zu den furchtbarsten Vorgängen innerhalb des Gesamtprozesses der Vertreibung.

Die Russen nahmen nun Rache für den unmenschlichen „Kommissarbefehl" und die Verbrechen, die im Namen Deutschlands in ihrem Land verübt worden waren. Die sowjetischen Kommissare verrichteten ganze Arbeit: Man exekutierte nicht nur Nazi-Funktionäre, sondern auch einfache Parteigenossen. Jeder, der in Uniform angetroffen wurde – egal ob in Militär-, Post- oder Eisenbahnuniform – war ein Todeskandidat. Es reichte aus, in den Häusern Hitlerbilder, Uniformteile oder Soldatenbilder zu entdecken, um den Besitzer zu erschießen. Das Schicksal jedes „Kapitalisten" war besiegelt, und „Kapitalisten" waren alle, die Haus, Hof oder eine größere Wohnung besaßen.

Fast immer wurden Männer, die der Vergewaltigung ihrer Ehefrauen oder Mütter, die der Schändung ihrer Töchter Widerstand leisten wollten, einfach niedergeschossen. Groß war auch die ungebremste Zerstörungswut der sowjetischen Soldaten. Wohnungen, Häuser, ja ganze Ortschaften, Stadtteile wurden angezündet, niedergebrannt. Da praktisch kein Deutscher zu Löschaktionen in der Lage war, konnte sich das Feuer ungehindert ausbreiten. Brandstiftungen gab es in allen deutschen Ostprovinzen. Unbestritten ist, dass durch Zerstörungen und Brandstiftungen von Seiten der Roten Armee in Ostdeutschland mehr Schaden verursacht wurde als durch Bombenangriffe und Kampfhandlungen.

Die Flucht der schlesischen Bevölkerung

Die Flucht der schlesischen Bevölkerung vollzog sich im allgemeinen unter etwas besseren Bedingungen als die der übrigen Ostdeutschen. Anders als Ostpreußen, die westpreußischen Gebiete, als Ostpommern und Ostbrandenburg konnte Schlesien von den Sowjets nicht so schnell überrollt werden. 1,6 Millionen der 4,7 Millionen Schlesier waren in das Gebiet der Tschechoslowakei, nach Böhmen und Mähren geflohen, das noch fest in deutscher Hand war. Hier jedoch mussten sie beim Einmarsch der Russen im Mai 1945 nicht nur deren Gewalttaten, sondern auch die Rache der Tschechen an den Deutschen erleben. Das Schlimmste waren die öffentlichen Marktplatzerschießungen bei denen alle Deutschen jeden Alters zusehen mussten, wie ihre eigenen deutschen Brüder als Geiseln erschossen wurden.

Die Verluste

Ermittlungen des Statistischen Bundesamtes haben ergeben, dass bei der Flucht, dem Zusammentreffen mit den Siegern und bei der Vertreibung ca. 2.280.000 Deutsche umgekommen sind. Dabei war die prozentuale Todesrate am höchsten in: Ostbrandenburg 35 % Tote, in Jugoslawien 25 % Tote, in Ostpommern 20 % Tote, in Danzig 20 % Tote, in Ostpreußen 14 % Tote, in Schlesien 10 % Tote, im Sudetenland 7 % Tote. Da die Bevölkerungszahlen sehr unterschiedlich waren, bedeutete die „relativ geringere" Todesrate bei den Schlesiern aber eine hohe Zahl von 466.000 Toten. Bei den Sudetendeutschen stand die „relativ geringe" Verlustrate für 210.000 Tote. Das bevölkerungsmäßig kleine Ostbrandenburg mit 600.000 Einwohnern hatte durch die sehr hohe Rate von 35 % so viele Tote zu beklagen wie das bevölkerungsreiche Sudetenland. Vor allem weil die Ostbrandenburger zum größten Teil nicht rechtzeitig fliehen konnten und die Kampfhandlungen hier besonders schwer waren. Vergleicht man diese Zahlen mit den 500.000 Ziviltoten (vor allem Bombenopfer) des übrigen gesamten Deutschen Reiches wird der grausame Blutzoll deutlich, den vor allem die Ostdeutschen und die Sudetendeutschen dem Zweiten Weltkrieg zahlen mussten.

Rückkehr von Teilen der geflohenen Bevölkerung nach den Kämpfen

Viele Flüchtlingstrecks sind allein aus dem Grund nicht weit genug nach Westen geflohen, weil sie hofften, auf diese Weise schneller und einfacher zurückkehren zu können. Manche von ihnen wurden deshalb von der Front eingeholt und überrollt. Als der Krieg im Mai 1945 beendet und ganz Deutschland in der Gewalt der Sieger war, setzte eine Rückkehrbewegung der Ostdeutschen in ihre Heimatgebiete ein. Obwohl sie von den Vorkommnissen im Osten wussten und vieles gegen eine Rückkehr sprach, war ihr Wunsch, wieder in die Heimat zu gelangen, stärker als alle rationalen Einwände.

Die Haltung der sowjetischen Kommandanturen zur Rückkehr der versprengten Ostdeutschen in ihre Heimat war sehr uneinheitlich; so gab es oft Verbote und Genehmigungen, die einander widersprachen. An den Übergängen an der Oder und an der Neiße wurden die Rückkehrenden abgewiesen. Die größte Verwirrung entstand hierbei im Raum Görlitz. Hier wurden schon Ende Mai durch polnische Militärkommandos die Neiße-Übergänge gesperrt, so dass sich am westlichen Ufer und in der Stadt Görlitz die Rückwanderer stauten. Gleichzeitig erfolgte aber die erste Austreibungswelle aus den Gebieten östlich der Neiße.

Ehe die Sperrmaßnahmen der Polen ab Ende Juni den Massenstrom der Rückwanderer stoppten, waren schätzungsweise 300.000 bis 400.000 Flüchtlinge aus der sowjetischen Besatzungszone wieder in ihre Heimat östlich von Oder und Neiße zurückgekehrt. Etwa 800.000 Schlesier kamen bis Ende Juni aus Böhmen und Mähren über die tschechisch-schlesische Grenze. In Schlesien lebten im Sommer 1945 wieder rund 2,5 Millionen Deutsche, in Ostpreußen waren es etwa 800.000, in Ostpommern eine Million, in Ostbrandenburg 350.000, in Danzig 200.000. Insgesamt waren es schätzungsweise 5,7 Millionen Deutsche, die damals östlich von Oder und Neiße lebten.

Zur gleichen Zeit täuschte und belog Stalin die Westmächte auf der Potsdamer Konferenz, als er behauptete, es gäbe östlich von Oder und Neiße schon fast keine Deutschen mehr, da diese bereits alle geflohen seien.

Das Schicksal der Deutschen im sowjetisch verwalteten Teil Ostpreußens

Auf der Konferenz von Jalta im Februar 1945 hatten sich die Westalliierten damit einverstanden erklärt, dass ein Teil Ostpreußens der Sowjetunion zugesprochen werden sollte. Auf der Potsdamer Konferenz wurde diese Übereinkunft bestätigt, der nördliche Teil Ostpreußens der Verwaltung der UdSSR unterstellt. Die Grenzlinie verlief von der Mitte des Frischen Haffs in west-östlicher Richtung bis zur russischen Grenze.

Auch nach Ostpreußen kehrten nach dem Ende der Kampfhandlungen Deutsche zurück. Im sowjetisch verwalteten Teil waren es im Sommer 1945 jedoch nur mehr schätzungsweise 250.000 bis 300.000 Menschen. Der östlichste Teil Nordostpreußens blieb fast menschenleer. In Königsberg, früher eine Großstadt mit 370.000 Einwohnern lebten nur noch 60.000 Deutsche. Die Menschen, sie sich hier befanden, mussten Schwerstes erleiden, viele wurden noch in die Sowjetunion verschleppt, viele interniert. Im Lager Deutsch-Eylau starben von 10.000 Insassen über die Hälfte an Unterernährung oder Typhus. Die nicht verhafteten Menschen mussten auf Kolchosen Zwangsarbeit verrichten. Noch monatelang wurden sie von Banden überfallen und schikaniert.

Ostpreußen war im Frieden die Kornkammer des Reiches und 1945 verhungerten die dort gebliebenen Deutschen.

Die Verschleppung von Deutschen aus Ostdeutschland, Rumänien, Jugoslawien und Ungarn in die Sowjetunion

Etwa 500.000 Deutsche wurden von Ende 1944 bis Sommer 1945 in die Sowjetunion verschleppt. Rund 400.000 dieser Menschen stammten aus Ostdeutschland, etwa 115.000 waren Volksdeutsche aus Südosteuropa (aus Rumänien, Jugoslawien, Ungarn).

Nach den Erhebungen des Suchdienstes des Roten Kreuzes kamen bis zu 45 % dieser Deutschen auf dem Transport oder in den Lagern um. Von den Millionen der deutschen Vertriebenen haben die nach Osten verschleppten wohl am meisten gelitten. Sie verloren nicht nur ihre Heimat, sondern mussten auch jahrelang wie Sklaven härteste Arbeit verrichten. Freilich mussten auch deutsche Kriegsgefangene hart für die Sowjets arbeiten; hier aber handelte es sich um einen Personenkreis, dem auch Frauen und Jugendliche, selbst Kinder und Greise angehörten.

Auf der Konferenz von Jalta hatte Stalin die Zustimmung der Amerikaner und Briten für Zwangsdeportationen von deutschen Arbeitskräften als Teil der deutschen Reparationen an die Sowjetunion erhalten.

Vertreibung und Bevölkerungsumsiedlung als politisches Prinzip

Die Vertreibung der Deutschen aus ihren seit Jahrhunderten angestammten Gebieten war kein einmaliger Willkürakt der Sieger des Zweiten Weltkrieges. Doch zahlenmäßig war die Vertreibung der Deutschen die größte derartige Terrormaßnahme gegenüber der Zivilbevölkerung eines militärisch besiegten Landes. Tatsächlich ist das 20. Jahrhundert geradezu das Zeitalter der Massenvertreibungen geworden – hier in Europa wie auch in anderen Erdteilen.

In Zeiten von Kriegen, die in diesem Jahrhundert nicht mehr nur Auseinandersetzungen von Regierungen und Staaten, sondern von Völkern waren, wurde die Vermischung von Nationalitäten ein großes Problem. Denn Menschen, die eine andere Sprache sprechen, einer anderen Kultur angehören, werden in solchen Situationen bevorzugt als Feinde angesehen und als „Verräter" verdächtigt. So kam es schon während der beiden Balkankriege 1912/13 und im Ersten Weltkrieg zu den ersten großen Massenvertreibungen und Zwangsumsiedlungen, die Hunderttausende ihrer Heimat beraubten. Türken mussten Griechenland und Bulgarien verlassen, Bulgaren die Türkei und Griechenland, Griechen wurden aus Bulgarien und der Türkei vertrieben.

Die gewaltsame Entmischung von Nationalitäten erschien vielen Politikern als eine Art Allheilmittel für Nationalitäten-Probleme. Der Vertrag von Lausanne vom 30. Januar 1923 regelte das infolge des Ersten Weltkrieges entstandene Nationalitäten-Problem zwischen Griechenland und der Türkei. Dieser Vertrag galt fortan als Muster für ähnliche Lösungen. 1,2 Millionen Griechen mussten das türkische Kleinasien, das Pontus-Gebiet und Ost-Thrazien verlassen – Gebiete, in denen die Griechen schon fast drei Jahrtausende ansässig waren. 330.000 Türken mussten im Gegenzug Griechenland verlassen.

Durch den angeblich so reibungslosen Ablauf dieses Bevölkerungsaustausches waren auch die Führer der westlichen Demokratien für derartige Regelungen aufgeschlossen. Als Beispiel dafür ein Ausschnitt aus der wichtigen Rede Winston Churchills vor dem britischen Unterhaus am

15. Dezember 1944, in der er die Umsiedlung, besser gesagt die Vertreibung von Deutschen und Polen empfiehlt: „Damit habe ich dem Hause in großen Zügen das Angebot dargelegt, das die Russen, auf die noch immer die Hauptlast der Befreiung fällt, dem polnischen Volke machen (gemeint ist der Vorschlag der Sowjets, die Polen für das Land, das sie im Osten Polens beanspruchen, mit deutschen Gebieten zu entschädigen – Anmerkung des Autors). Ich kann nicht glauben, dass ein derartiges Angebot von Polen verworfen werden wird. Natürlich würde ein Bevölkerungsaustausch im Osten und Norden die Folge sein. Die Umsiedlung von mehreren Millionen Menschen müsste vom Osten nach dem Westen oder Norden durchgeführt werden, ebenso die Vertreibung der Deutschen – denn das wurde vorgeschlagen: völlige Vertreibung der Deutschen – aus den Gebieten, die Polen im Westen und Norden gewinnt. Denn die Vertreibung ist, soweit wir in der Lage sind, es zu überschauen, das befriedigendste und dauerhafteste Mittel. Es wird keine Mischung der Bevölkerung geben... Reiner Tisch wird gemacht werden. Mich beunruhigt die Aussicht des Bevölkerungsaustausches ebenso wenig wie die großen Umsiedlungen, die unter modernen Bedingungen viel leichter möglich sind als je zuvor."

Diese euphorische Haltung Churchills hinsichtlich der Durchführbarkeit von Vertreibungen derartigen Ausmaßes wich später einer Ernüchterung, noch später – zu spät – sogar einem Entsetzen über das, was die Vertreibungen an menschlichem Elend ausgelöst hatten. Aber da war Churchill schon nicht mehr Premierminister.

Aber es gab im Westen auch Politiker, die vor den Folgen von Bevölkerungsumsiedlungen und Vertreibungen warnten, wie Lord Curzon, der von 1919 bis 1924 britischer Außenminister war und schon bei der Konferenz von Lausanne zur Vorsicht gemahnt hatte. Vertreibung von Volkgruppen nannte er eine „durch und durch schlechte, verwerfliche Lösung, für welche die Welt in den nächsten 100 Jahren schwer büßen wird". Aber trotz solcher Warnungen setzte sich die Idee der Umsiedlungen bzw. der Vertreibung von Bevölkerungsgruppen vor dem Kriege, vor allem aber während des Zweiten Weltkrieges immer mehr durch. Das Umsiedlungsprinzip nahm in den Köpfen der Politiker unheilvolle Dimensionen an, die mit der ursprünglichen Absicht, umstrittene Gebiete zu befrieden, bald nichts mehr zu tun hatten. Die Mehrzahl der ausgewiesenen Deutschen waren später nicht „Volksdeutsche", sondern „Reichsdeutsche": also Vertriebene aus rein deutschen Gebieten wie Ostpreußen, Pommern, Ostbrandenburg und Schlesien.

Die Konferenz von Teheran

Vom 28. November bis 1. Dezember 1943 konferierten in Teheran die Großen Drei: Amerikas Präsident Roosevelt, Englands Premierminister Churchill und der sowjetische Diktator Stalin. Hauptthema der Begegnung war die militärische Zusammenarbeit, aber es ging auch um die künftige Gestaltung der Grenzen nach einer deutschen Kapitulation. Stalin brachte den Gedanken auf, dass Polens Westgrenze bis an die Oder vorgeschoben werden sollte. Das war der bisher radikalste Vorschlag. Vorher waren nur Ostpreußen, Danzig und Oberschlesien als Gebietsaustausch für Polen im Gespräch. Anstatt sich für die Erhaltung der polnischen Grenzen einzusetzen – für die Unversehrtheit der polnischen Grenzen hatte Großbritannien schließlich zu den Waffen gegriffen – gerieten die Westalliierten völlig ins Fahrwasser Stalins. Mit drei Streichhölzern, die symbolisch die Sowjetunion, Polen und Deutschland darstellten, demonstrierte Churchill die Verlagerung Polens nach Westen. Er bewegte das rechte Streichholz nach links und verschob dann das mittlere und das linke ebenfalls in diese Richtung.

Nach der Ansicht der Polen wurde bei diesem makabren Spiel nicht gefragt – ein anschauliches Beispiel für die Hybris der Mächtigen, die das „Land", das sie zwischen den Nationen hin- und herschoben, nur als eine Art Ware ansahen. Dass zwischen dem Land und den Menschen, die es bewohnen, tiefe Beziehungen bestanden, wurde nicht bedacht. Der amerikanische Historiker Alfred de Zayas schreibt über die polnische Position: „Es gibt überhaupt keinen Zweifel daran, dass die Polen lieber ihre eigenen östlichen Provinzen behalten hätten, statt sie zwangsweise gegen deutsche Gebiete im Westen einzutauschen. Seit je waren den Polen die Städte Lemberg und Wilna besonders ans Herz gewachsen, sie wollten sie um jeden Preis behalten."

Die Potsdamer Konferenz

Die bedingungslose Kapitulation der deutschen Wehrmacht erfolgte am 7. Mai in Reims und am 8. Mai in Berlin-Karlshorst. Die Alliierten teilten Deutschland in vier Besatzungszonen auf. Am 17. Juli wurde in Potsdam die Konferenz der Großen Drei eröffnet: Stalin, Churchill und der Nachfolger des verstorbenen amerikanischen Präsidenten Roosevelt, Harry Truman.

Wie schon auf der letzten Konferenz in Jalta Anfang Februar versuchte Stalin, die Westalliierten zu täuschen. Er behauptete, die Deutschen seien bereits alle geflohen, nicht ein einziger Deutscher lebe noch in den Gebieten, die Polen übergeben worden seien. Die polnische Regierung, die eingeladen war, ihre Ansichten zur westlichen Grenze vorzutragen, nannte ihrerseits eineinhalb Millionen Deutsche, und diese würden „freiwillig" ziehen, sobald die Ernte vorbei ist.

Polen wie Russen gingen davon aus, dass alle Deutschen östlich von Oder und Neiße ihre Heimat zu verlassen hätten. Die Westalliierten rechneten nur mit einer begrenzten Zahl der Vertriebenen. Auf der fünften Sitzung verlangte Churchill sogar ausdrücklich, dass die Umsiedlung begrenzt bleiben müsse, und er schlug sogar vor, dass einige der deutschen Flüchtlinge die Erlaubnis zur Rückkehr in ihre Wohnorte östlich von Oder und Neiße erhalten sollten. Auf der sechsten Sitzung am 22. Juli begründete Churchill seine Haltung: „Die Briten hätten schwere moralische Bedenken gegen umfangreiche Bevölkerungsumsiedlungen. Wir konnten eine Ausweisung von ebenso vielen Deutschen akzeptieren, wie Polen aus Ostpolen östlich der Curzon-Linie übersiedelten, sagen wir, zwei bis drei Millionen; doch eine Ausweisung von acht oder neun Millionen Deutschen, wie sie die polnischen Forderungen mit sich brachte, war zu viel und völlig falsch."

Schließlich einigten sich die drei Verhandlungsführer – Churchill war inzwischen durch seinen Nachfolger Attlee ersetzt worden – im Artikel XIII des Potsdamer Protokolls: „Die drei Regierungen haben die Frage unter allen Gesichtspunkten beraten und erkennen an, dass die Überführung der deutschen Bevölkerung oder Bestandteile derselben, die in Polen, der Tschechoslowakei und Ungarn zurückgeblieben sind, nach Deutschland durchgeführt werden muss. Sie stimmen darin überein, dass jede derartige Überführung, die stattfinden wird, in ordnungsgemäßer und humaner Weise erfolgen soll. Da der Zustrom einer großen Zahl Deutscher nach Deutschland die Lasten vergrößern würde, die bereits auf den Besatzungsbehörden ruhen, halten sie es für wünschenswert, dass der Alliierte Kontrollrat in Deutschland zunächst das Problem unter besonderer Berücksichtigung der Frage einer gerechten Verteilung dieser Deutschen auf die einzelnen Besatzungszonen prüfen soll. Sie beauftragen demgemäß ihre jeweiligen Vertreter beim Kontrollrat, ihren Regierungen so bald wie möglich über den Umfang zu berichten, in dem derartige Personen schon aus Polen, der Tschechoslowakei und Ungarn nach Deutschland gekommen sind, und eine Schätzung über Zeitpunkt und Ausmaß vorzulegen, zu dem weitere Überführungen durchgeführt werden könnten, wobei die gegenwärtige Lage in Deutschland zu berücksichtigen ist. Die tschechoslowakische Regierung, die Polnische

Provisorische Regierung und der Alliierte Kontrollrat in Ungarn werden gleichzeitig von obigem in Kenntnis gesetzt und ersucht werden, inzwischen weitere Ausweisungen der deutschen Bevölkerung einzustellen, bis die betroffenen Regierungen die Berichte ihrer Vertreter an den Kontrollausschuss geprüft haben."

Mit diesem Artikel XIII des Potsdamer Abkommens wurde die Aussiedlung von Deutschen aus Polen, der Tschechoslowakei und Ungarn offiziell verfügt. Doch die einschlägigen Passagen waren ziemlich unklar formuliert. Über die Deutschen im sowjetisch verwalteten Teil Ostpreußens sagte der Artikel XIII beispielsweise gar nichts aus. Auch eine Definition, was man unter „Polen" zu verstehen habe, fehlte. Die polnischen und sowjetischen Politiker gingen in der Praxis davon aus, dass damit auch die ostdeutschen Gebiete einbezogen waren, die das Potsdamer Abkommen unter polnische Administration gestellt hatte. Die Durchführung der weiteren Vertreibung der Deutschen machte dies völlig deutlich. Es war sicher ein – absichtliches oder unabsichtliches – Versäumnis der Westalliierten, diese Unklarheit im Artikel XIII nicht ausgeräumt zu haben.

Der Artikel enthielt in seinem dritten Absatz die Aufforderung, weitere Ausweisungen der deutschen Bevölkerung einzustellen, „bis die betroffenen Regierungen die Berichte ihrer Vertreter an den Kontrollausschuss geprüft haben." Briten und Amerikaner hofften, Zeit für einen genauen Plan zu gewinnen, der die Aussiedlungen in „geordneter und humaner Weise" (in an oderly and humane manner) zulassen würde. Sie glaubten, die Aussiedlungen lenken und die Zahl der Auszusiedelnden begrenzen zu können.

Obwohl der Ausweisungsplan des Kontrollrats erst am 17. Oktober 1945 unterzeichnet wurde, setzten die polnischen Behörden nach der Potsdamer Konferenz im August und September ihre Ausweisungen fort. Die Vertriebenen wurden in geschlossenen Transporten in die sowjetische Besatzungszone befördert. Da für diese Ausweisungen noch keine interalliierten Abmachungen vorlagen, deklarierten sie die Polen als „freiwillige Ausreisen". Die Deutschen mussten eine in polnischer Sprache abgefasste Erklärung unterschreiben, in der sie bestätigten, dass sie freiwillig das Land verließen und dass sie auf eine Rückkehr verzichteten.

Die unklaren Formulierungen im Artikel XIII führten jedenfalls zu einer verworrenen Lage, die die Westmächte so nie vorhergesehen hatten und bitter beklagten. Churchill, der wegen des Wahlsiegs der Labour Party auf den letzten Sitzungen in Potsdam nicht mehr anwesend war, formulierte in seinem Buch „Der Zweite Weltkrieg": „Diese letzte Konferenz der ‚Drei' endete mit einer großen Enttäuschung." Und er räsonierte: „Vielleicht hätte man in Potsdam noch etwas retten können, aber die Auflösung der britischen Nationalen Regierung und meine Entfernung vom Schauplatz zu einem Zeitpunkt, da ich immer noch großen Einfluss und große Macht besaß, vereitelte jede befriedigende Lösung."

Tatsächlich überstiegen die Vertreibungen der Deutschen alles, was Churchill oder Truman zuzugestehen bereit gewesen wäre. In einer Ansprache in den USA beklagte ersterer: „Die von den Russen gegängelte polnische Regierung ist ermutigt worden, sehr umfassende und widerrechtliche Übergriffe gegen Deutschland zu unternehmen, und jetzt finden Massenvertreibungen von Deutschen in einem bedrückenden und ungeahnten Ausmaß statt."

Die Vertreibung der Deutschen aus den Gebieten östlich von
Oder und Görlitzer Neiße und dem Raum von Stettin

Vertreibungen von Deutschen gab es schon vor der Potsdamer Konferenz, auf der ihnen erst eine gewisse Art von Rechtmäßigkeit im Sinne der Siegermächte nachträglich zuerkannt wurde. Die Polen hatten Eile, die Zusicherungen Stalins, dass die polnische Verwaltung der deutschen Gebiete bis zur Oder und der Görlitzer Neiße gehen sollte, sofort in die Praxis umzusetzen. Deshalb warteten sie die Beschlüsse von Potsdam gar nicht erst ab, sondern schufen unter stillschweigender Duldung der Sowjets vollendete Tatsachen. Bereits im März wurden in den von der Roten Armee eroberten Ostgebieten fünf polnische Woiwodschaften eingerichtet: Masuren, Pommern, Danzig, Niederschlesien und Oberschlesien, und Ende Juni begann eine umfassende und radikale Austreibungsaktion, von der ganz Ostbrandenburg und die westlichen Teile Pommerns und Schlesiens betroffen waren. Es handelte sich dabei um eine von höchster Stelle zentral geleitete Aktion: Das unmittelbare Hinterland der Oder-Neiße-Linie sollte von Deutschen freigemacht werden, um diese von Polen geforderte Grenzlinie schon vor der Potsdamer Konferenz als solche zu markieren. Anordnungen und Befehle des polnischen Militärs aus dieser Zeit geben Zeugnis von der geplanten und gesteuerten Vertreibungsaktion. In einer Anordnung des Befehlshabers der 5. Infanteriedivision vom 21. Juni 1945 hieß es: „Nun ist in der Geschichte Polens der historische Tag angebrochen, um den deutschen Unflat (plugastwo) aus diesen ewig polnischen Gebieten hinauszuwerfen."

Die jetzt von den Polen aus Ostbrandenburg, Pommern und Niederschlesien heraus gejagten Menschen befanden sich in einer anderen Situation als diejenigen Ostdeutschen, die einige Wochen und Monate zuvor vor der Roten Armee geflohen waren. Damals glaubten fast alle an eine Rückkehr in ihre Heimat. Jetzt war das Ergebnis, endgültig aus der Heimat gestoßen zu werden, ungleich bedrückender. Hinzu kamen neben den physischen und psychischen Strapazen auch alle möglichen Verbrechen, die an den Ausgewiesenen begangen wurden.

Die Hoffnungen der Westmächte, durch die Vereinbarungen des Artikels XIII des Potsdamer Protokolls würde sich eine Pause in der Vertreibung ergeben, um diese dann in „ordentlicher und humaner" Weise durchführen zu können, hatten sich bitter zerschlagen. Die Polen scherten sich nicht darum. Die Schilderungen der Zeugen dieser Zeit beweisen deutlich, dass Gewalttaten, Plünderungen und Willküratke aller Art fortdauerten. Die von Oder und Neiße entfernter wohnenden Ostdeutschen wurden auf den Bahnhöfen zusammengetrieben und in Viehwaggons verfrachtet, in denen sie oft wochenlang von einem Abstellgleis auf andere rangiert wurden. Viele starben, alle hungerten.

Über die katastrophale Situation hinter Oder und Neiße berichtete die „Züricher Weltwoche" am 15. November 1945. Die Reportage von Robert Jungk – selbst Jude – unter der Überschrift „Aus einem Totenland" ist ein einmaliges, bedrückendes Dokument dieser Zeit: „...hinter der Oder-Neiße-Linie beginnt das Land ohne Sicherheit, das Land ohne Gesetz, das Land der Vogelfreien, das Totenland. Während in der von den Russen okkupierten Zone heute doch eine gewisse Ordnung herrscht und Unrecht mehr zufällig als planmäßig geschieht, regiert in den weiten Gebieten zwischen der früheren deutsch-polnischen Grenze und der Oder die Willkür und Gewalt. Als dieses Gebiet den Polen nach den Potsdamer Vereinbarungen zugesprochen worden war, glaubte die ansässige deutsche Bevölkerung zuerst, sie werde sich mit den Polen nicht schlechter oder sogar besser vertragen als mit den Russen. Heute aber ist es so, dass die Bewohner sich an die kleinen durchziehenden oder da und dort zur Nachschubsicherung stationierten Abteilungen wenden müssen, um Schutz vor den Übergriffen der Polen zu finden. Wer die polnische Zone verlassen hat und in Russisch okkupiertes Gebiet gelangt, atmet geradezu auf. Hinter ihm liegen leergeplünderte Städte, Pestdörfer, Konzentrationslager, öde unbestellte Felder, leichenbesäte Straßen, an denen Wegelagerer lauern und Flüchtenden die letzte Habe rauben. All das und alles, was in den kommenden Zeilen beschrieben werden wird, ist leider wahr. Man mache es sich nicht leicht und tue es als ‚Gräuelpropaganda' ab. Zu oft schon hat man in den letzten Jahren dem unvorstellbaren Entsetzlichen nicht glauben wollen, zu oft haben diejenigen, denen die Enthüllungen unangenehm sein mussten, sie als ‚Lügen' oder ‚Propaganda' abgetan...

Und warum geschieht das alles? Nun, es ist furchtbar genug: Diese Welle barbarischer Misshandlungen wurde ausgelöst durch das Bemühen der ‚großen Drei', das Schicksal der Deutschen im Osten zu mildern. Jawohl, zu *mildern*! Die Berichte, die damals über das durch die zwangsweise Evakuation verursachte Elend an die Weltöffentlichkeit gedrungen waren, hatten die Großmächte veranlasst, der polnischen und tschechoslowakischen Regierung die Einstellung der übereilten Zwangsdeportationen zu empfehlen. Die Tschechen haben diesen Appel befolgt, und die Umsiedlung der Deutschen aus der Tschechoslowakei nach Deutschland und Österreich geht jetzt in geordneter, wenn irgend möglich menschlicher Weise vor sich. Anders in Polen. Auch sie stoppten zunächst die Evakuierungen. Aber zugleich taten sie alles, um die deutsche Bevölkerung, die sie los sein wollten, zum ‚freiwilligen' Verlassen des neuen polnischen Territorium zu veranlassen...Dass bei solchen Raubzügen auch gerade solche Deutsche leiden mussten, die erwiesener weise im Kampf gegen die Nazis ihre engsten Verwandten verloren, dass Juden, die in stillen Landkreisen hatten untertauchen können, nun da sie wähnten gerettet zu sein, von den Polen umgebracht werden, das sind besonders dunkle Schatten auf einem ohnehin schon düsteren Bilde...Denn da dieses Territorium erst von der kommenden Friedenkonferenz endgültig als polnisch anerkannt werden kann, tun die Polen alles, um in möglichster Eile und Rücksichtslosigkeit ihre ‚Zone' im Hinblick auf die endgültige Grenzziehung zu entgermanisieren. Diejenigen, die vor Hunger, Seuche, Misshandlungen und Plünderungen aus den von Polen besetzten Regionen fliehen, haben vor dem Verlassen der polnischen Zone einen Schein zu unterzeichnen, in dem sie erklären, sie seien selbstverständlich aus freiem Willen gegangen. Es soll doch niemand später am grünen Tisch sagen können, dass nicht alles korrekt zugegangen sei!

...es geht hier um noch viel mehr als ‚nur' um das Leben einiger Millionen Deutscher, es geht um die moralische Reinheit und Stärke der antifaschistischen Bewegung in der Welt. Wenn alle diejenigen, die Hitler und Mussolini unter großen Opfern bekämpften, um eine bessere Welt aufzubauen, es zulassen, dass ihr Kampf jetzt von Rowdies und Chauvinisten ausgenützt und beschmutzt wird, dann sehen wir keine große Hoffnung für die Zukunft. Man hat mit Recht den Deutschen vorgeworfen, dass sie in ihrem Glauben an die Mission ihres Vaterlandes solange die Augen vor den Gräueltaten des Nazismus verschlossen hätten. Sollen die Vorkämpfer der Demokratie später einmal den gleichen Vorwurf auf sich sitzen lassen müssen? Auch wir alle werden ‚Mitschuldige‘ sein, wenn wir nicht täglich und stündlich die Schandtaten, die heute im Namen der Demokratie und der Freiheit begangen werden, enthüllen. Nichts anderes wollten diese ersten Zeilen aus dem Land der Vogelfreien, aus dem Totenland jenseits der Oder.“

Die Leiden der Deutschen nach dem Zusammenbruch in der Tschechoslowakei

Anfang Mai 1945 war fast ganz Deutschland von den alliierten Truppen besetzt. Größere zusammenhängende Landstriche, in denen sich die deutsche Wehrmacht noch behaupten konnte, gab es nur noch in Sachsen südlich von Dresden, über fast ganz Böhmen und Mähren und in Österreich westlich von Wien und Graz bis nach Tirol. So konnte der größte Teil der Sudetenländer von der Roten Armee kampflos besetzt werden. Nur die östlichen Kreise von Mähren-Schlesien und einige Orte im Nordsudetenland mussten im Kampf erobert werden. Seit März waren in der sowjetischen Armee die Aufrufe zu Rache und Vergeltung an den Deutschen eingestellt und durch Appelle an die Disziplin ersetzt worden. Auch wenn es dadurch nicht mehr zu so entsetzlichen Exzessen wie in Ostdeutschland kam, war der Einmarsch der Roten Armee für die Deutschen, die sich in Böhmen und Mähren aufhielten, schlimm genug. Um Vergewaltigungen und Ausschreitungen der Rotarmisten zu entgehen, setzten viele ihrem Leben selbst ein Ende, gingen ganze Familien zusammen in den Tod. Im Gegensatz zu den deutschen Ostgebieten, Ungarn, Rumänien und Jugoslawien gab es in Böhmen und Mähren keine systematischen Verschleppungen von Deutschen zur Zwangsarbeit in die Sowjetunion. Dennoch gab es Verhaftungen von Deutschen, die über das ehemalige KZ Auschwitz in die Sowjetunion gebracht wurden. Dabei handelte es sich aber um Personen, gegen die eine Beschuldigung vorlag, während bei den eigentlichen Deportationen zur Zwangsarbeit die Frage der persönlichen Schuld keine Rolle gespielt hatte und bei allen Gewalttaten, die Rotarmisten auch in Böhmen und Mähren verübten, gab es auch viele Fälle, wo sich Angehörige der Roten Armee schützend vor Deutsche gestellt haben, um den Wüten der Tschechen Einhalt zu gebieten.

Am 5. Mai 1945 brach in Prag der tschechische Aufstand gegen die Herrschaft der Deutschen los, ein Aufstand, der aber nicht nur gegen Militär und

Verwaltung der Deutschen gerichtet war, sondern auch zu furchtbaren Ausschreitungen gegen wehrlose Zivilisten führte. Es ging nicht nur gegen das verhasste nationalsozialistische Regime, sondern schlichtweg gegen alles Deutsche. Der amerikanische Angriff auf die deutschen Stellungen in Böhmen am 4. Mai mag die Tschechen zum Losschlagen ermuntert haben, hofften sie doch, Prag in die Hand zu bekommen, bevor amerikanische oder sowjetische Truppen dort einmarschierten. In Prag waren damals etwa 200.000 Deutsche, darunter viele Flüchtlinge aus Schlesien. Am ersten Tag des Aufstandes gelang es den Tschechen bereits, den Sender Prag II in Besitz zu nehmen. Über die an ihn gekoppelten Lautsprecher in den Straßen der Stadt riefen die Aufständischen unter der Parole „Tod den deutschen Okkupanten" (Smrt nemeckym occupantum!) zum Kampf auf. Daraufhin wurde die Stadt zum Hexenkessel. Als in den darauffolgenden Tagen sowjetische Truppen in Prag einrückten, kam es zu Massenausschreitungen von Tschechen gegen die Deutschen.

Schon zu Beginn des Aufstandes wurden Gross-Razzien auf Deutsche durchgeführt. Diese wurden ohne Rücksicht auf ihre politische Haltung oder ihre Einstellung gegenüber den Tschechen aus ihren Wohnungen geholt und in Schulen, Kinos oder in Kasernen interniert. Die sadistische Behandlung trieb manchen in den Selbstmord. Grausam war vor allem die Behandlung der Inhaftierten in den Gefängnissen, unter denen die Strafanstalt Pankrac am berüchtigtsten wurde. Nach den Tagen des Aufstandes begann die ‚Säuberung Prags von Deutschen'. Sie wurden entweder als Zwangsarbeiter auf Land gebracht, in Lager am Stadtrand verfrachtet oder in das schon aus NS-Zeit bekannte Lager Theresienstadt transportiert. Hier, wo vorher jüdische Gefangene unter nationalsozialistischem System leiden mussten, wurden jetzt Deutsche misshandelt.

Auch wenn der Prager Aufstand das blutigste Ereignis war und die meisten Todesopfer forderte, so waren doch auch die Deutschen in anderen Orten Böhmens und Mährens der Wut der Tschechen ausgesetzt, gab es Misshandlungen und Morde, in einigen Orten öffentliche Hinrichtungen, denen die Deutschen beiwohnen mussten.

Der „Brünner Todesmarsch" und der Massenmord von Aussig waren grausame Höhepunkte von Vergeltung und Rache. Ausschreitungen mit Todesfolge oder schweren und schwersten Verletzungen gab es in vielen Orten, aber es gab auch eine Flut von demütigenden und diskriminierenden Maßnahmen, die alle Deutsche betrafen. Dazu gehörte z.B. die befohlene Kennzeichnung der Deutschen durch weiße oder gelbe Armbinden oder weiße

Stoffflecken mit einem aufgezeichneten N (Nemec = Deutscher), das Verbot der Benutzung von öffentlichen Verkehrsmitteln und Einrichtungen, die Behinderung der Bewegungsfreiheit durch Sperrstunden und anderes mehr.

Den tiefsten Eingriff in die Lebensverhältnisse von mehr als drei Millionen Deutschen in der Tschechoslowakei bildete aber eine Reihe von Dekreten, die deren völlige und entschädigungslose Enteignung verfügten. Schon vor den Enteignungsmaßnahmen, die schließlich die Lebensgrundlage der Sudetendeutschen in der Tschechoslowakei zerstörten, strömten Zehntausende von Tschechen in das Sudetenland und ließen sich von Ausschüssen als Nationalverwalter in deutschen Besitz einweisen. Da die Nationalverwalter, tschechisch „narodni spravce", oft keine Ahnung von Landwirtschaft, Viehzucht oder der entsprechenden Betriebsführung hatten oder auch nicht gewillt waren zu arbeiten, verkamen die Anwesen. Oftmals verkauften sie das ihnen zugeteilte Gut und kehrten in ihren Heimatort zurück, um das gleiche Verfahren nochmals zu wiederholen.

Alle Sudetendeutschen waren in einem Zwangsarbeitersystem erfasst. Am schlimmsten traf es diejenigen, die in das inner-tschechische Gebiet zur Zwangsarbeit mussten. Hier erlebten sie die meisten Schikanen. Bei allem Leid, das die Tschechen den Deutschen nach dem Kriege zugefügt haben, muss aber auch erwähnt werden, dass es Ausnahmen gab, dass Tschechen vielerorts ihr Leben aufs Spiel setzten, um Deutschen in ihrer Not zu helfen. Denn auf Kollaboration mit den Deutschen stand lange Zeit die Todesstrafe.

Die Vertreibung der Sudetendeutschen aus der Tschechoslowakei

Das Münchner Abkommen, das die sudetendeutschen Gebiete der Tschechoslowakei dem Deutschen Reich zugeschlagen hatte, wurde durch den Zweiten Weltkrieg in den Augen der Tschechen null und nichtig. Schließlich hatte Hitler den Vertrag schon vorher durch die Besetzung der Resttschechei gebrochen. Für die Auslöschung und die Besetzung ihres Staates wollten die Tschechen Rache nehmen. Benesch, der Führer der Exiltschechen, war schon früh mit seiner Idee der Vertreibung der Deutschen auf den Plan getreten. Er sah in ihnen „Verräter" am tschechoslowakischen Staat und erklärte deshalb in London: „Wir müssen uns all jener Deutschen entledigen, die 1938 dem tschechoslowakischen Staat den Dolch in den Rücken gestoßen haben."

Die Zustimmung für sein Vertreibungsprogramm, um die er die Alliierten anging, hat Benesch verhältnismäßig früh bekommen und ohne dass es größerer Anstrengungen bedurfte: Schon 1942 stimmten die Briten der Vertreibung der Sudetendeutschen zu, 1943 folgen die USA und die Sowjetunion. Dass die Westmächte so rasch zustimmten, war auch der Versicherung Beneschs zu verdanken, dass die Umsiedlung allmählich und unter internationaler Kontrolle „human" durchgeführt werden sollte.

Vertreibungsaktionen in der Tschechoslowakei begannen schon gleich nach der Kapitulation der Deutschen. Am Anfang konnte man sie noch als spontane Handlungen von einzelnen besonders radikalen Gruppen auffassen. Aber im Laufe des Sommers wurde deutlich, dass es sich um geplante Aktionen handelte. An ihnen waren neben dem örtlichen Nationalausschüssen vor allem die Revolutionsgarden und die Svoboda-Armee beteiligt.

Grausam war auch das Los jener Sudetendeutschen, die von den Tschechen über die Grenze nach Schlesien gejagt wurden. In ihrem Bestreben, ihr Land zu „reinigen", war es den Vertreibern völlig gleichgültig, was mit den Vertriebenen jenseits ihrer Grenzen geschah. Da die Deutschen wiederum von den Polen zurückgewiesen wurden und die Tschechen sie nicht zurück ließen, irrten die Unglücklichen tage- und wochenlang in den Grenzgebieten umher und schlugen sich unter furchtbaren Entbehrungen und Bedrängnissen zu Fuß nach Sachsen durch. Viele gingen dabei vor Hunger und Entkräftung zugrunde. Aus den östlichen und nördlichen Teilen des Sudetenlandes wurden Deutsche auch mit offenen Waggons abgeschoben, die meist bis zur sächsischen Grenze gefahren wurden.

Die ersten „wilden" Austreibungsaktionen vor der Potsdamer Konferenz errichten ihren Höhepunkt in den Monaten Juni und Juli. In der ersten Austreibungswelle wurden etwa 700.000 bis 800.000 Sudetendeutsche vertrieben, vor allem aus dem Ostsudetenland, den Industriebezirken des Nordsudetenlandes, der Iglauer Sprachinsel, den südmährischen Kreisen und aus Brünn. 150.000 davon wurden nach Österreich abgeschoben. Für die erste Welle der Austreibungen gab es zwar keine zentrale Stelle, die damit betraut war, aber ohne Weisung oder zumindest Billigung der Russen wäre sie nicht möglich gewesen. Dies geht schon daraus hervor, dass es in den westlichen Gebieten Böhmens, die von den Amerikanern besetzt waren, keine Vertreibungen gab.

Am 20. November 1945 wurde im Gesamtplan des Kontrollrats die Quote der aus der Tschechoslowakei auszusiedelnden Deutschen mit 2,5 Millionen aufgeschlüsselt. Danach sollten 1.750.000 Sudetendeutsche in die amerikanische und 750.000 Sudetendeutsche in die sowjetische Besatzungszone gebracht werden. Am 8. und 9. Januar 1946 wurden zwischen Amerikanern und Tschechen die Bestimmungen für die Ausweisung in die amerikanische Zone festgelegt. Danach sollten die Deutschen ausreichend mit Kleidung versehen sein, Gepäck durfte bis zu einem Gewicht von 30-50 kg und Geld bis zu 1.000 Reichsmark mitgenommen werden.

Der erste Zug traf, aus Budweis kommend, am 25. Januar 1946 im Grenzdurchgangslager Furth im Wald ein. Von da an rollten nun täglich mehrere Züge über die tschechische Grenze. Die ausgehandelten Bestimmungen wurden jedoch zum großen Teil nicht eingehalten. So gab es unbeheizte Züge in der kalten Jahreszeit, und die Versorgung mit Lebensmitteln sowie die sanitären Bedingungen waren äußerst unterschiedlich. Bis Mai 1946 wurde die Mitnahme von Gepäck auf 25 kg beschränkt.

Die Missstände führten zu Protesten der Amerikaner bei der tschechoslowakischen Regierung. Im April 1946 wurden daraufhin neue Vereinbarungen getroffen. Die Ausgewiesenen durften jetzt wieder 50 kg Gepäck mitnehmen, dafür aber nur noch bis zu 500 Reichsmark. Insgesamt begannen sich ab Mai 1946 die Bedingungen der Ausweisung zu bessern. Dennoch gab es weiter alle möglichen Unregelmäßigkeiten und Schikanen.

Durch die Entrechtung der Deutschen in der Tschechoslowakei wurden vielen der Augenblick ihrer Ausweisung nicht in seiner ganzen Bedeutung bewusst, vielmehr oft geradezu als Befreiung von einem schweren, unerträglichen Druck empfunden. Das tschechische Verfolgungssystem hatte den Deutschen die Heimat zerstört, bevor sie sie verlassen mussten. Ende 1946 war das Sudetenland weitgehend von den Deutschen geräumt. 2.909.400 Menschen waren allein von der Vertreibung aus Böhmen und Mähren betroffen.

Die Vertreibung der Deutschen aus der Slowakei

Das Schicksal der Karpatendeutschen, wie die in der Slowakei lebenden Deutschen bezeichnet wurden, unterschied sich in mancher Hinsicht von dem der Sudetendeutschen. Denn das Verhältnis zwischen Slowaken und Karpatendeutschen war im allgemeinen weniger belastet als das zwischen Tschechen und Sudetendeutschen. Die insgesamt 155.000 Deutschen in der Slowakei lebten in einzelnen Streusiedlungen inmitten der slowakischen Umgebung. Die drei bedeutendsten Sprachinseln waren die Zips, das Hauerland und der Preßburger Raum.

Im August 1944 kam es zum slowakischen Aufstand, der bis Oktober andauerte. Vor allem in den letzten Wochen und Tagen entwickelte sich das

Partisanenregime zu einer wahren Schreckensherrschaft. Deutsche Männer, deren man habhaft werden konnte, wurden entweder in Zwangsarbeitslager interniert oder zum Teil in Massenexekutionen umgebracht. Die Massenmorde von Glaserhau, Prievidza und die Ermordung der geistigen Führungsschicht Deutsch-Probens waren die furchtbarsten Exzesse dieser Art.

Als die sowjetischen Truppen in Rumänien und Ungarn immer weiter vordrangen, wurden im Winter 1944/45 etwa 120.000 Karpatendeutsche nach Westen evakuiert. Im Sommer 1945 kehrten viele von ihnen wieder in ihre Heimat zurück, wo sie sich dank ihrer Sprachkenntnisse als Slowaken ausgeben konnten. Wer aber als Deutscher erkannt wurde, musste um sein Leben fürchten. So wurden am 18. Juni 1945 in Prerau in Mähren 247 Karpatendeutsche aus einem Zug geholt und erschossen.

Die in die Slowakei zurückgekehrten Deutschen hatten dort die gleiche Entrechtung zu erleiden wie im Westen des tschechoslowakischen Staates. Die Heimkehrer fanden ihre Häuser und Höfe versiegelt, von Slowaken bewohnt oder ausgeplündert vor. Sie mussten Zwangsarbeit leisten und wurden in Lagern interniert. Dennoch wuchs den Deutschen in der Slowakei im allgemeinen nicht so viel Hass entgegen wie in Böhmen und Mähren.

Die Aussiedlungsaktion der Karpatendeutschen begann Ende Juli und endete im September. Die Züge fuhren abwechselnd nach Westdeutschland und in die sowjetische Besatzungszone. Es kam weder zu wilden Austreibungsaktionen vor der Potsdamer Konferenz noch zu den sonst überall beklagenswerten Begleiterscheinungen der Vertreibung. Für die Slowaken war die Ausweisung der Deutschen kein „erstrangiges" Problem wie für die Tschechen.

Die Vertreibung von Deutschen aus Ungarn

Nach der Niederlage der österreichisch-ungarischen Monarchie im Ersten Weltkrieg wurde das alte Königreich Ungarn, das mit seinen Nebenländern rund 20 Millionen Einwohner hatte, durch den Vertrag von Trianon am 4. Juni 1920 auf ein Kernland zurechtgestutzt. Bei der Volkszählung 1930 ergab sich eine Bevölkerung von rund 8,7 Millionen. Der Anteil der Deutschstämmigen betrug etwa sieben Prozent.

Die Deutschen in Ungarn bewohnten keinen geschlossenen Siedlungsraum, sondern verteilten sich über den ganzen Süden und Westen des Staates. Ihre größte Siedlungsdichte hatten sie in der „Schwäbischen Türkei". Eine zweite größere Gruppe siedelte in der Umgebung von Budapest. Von den rund 500.000 Deutschen in Ungarn wurden rund 240.000 ausgewiesen. Grundlage hierfür war der Artikel XIII des Potsdamer Abkommens, der Ungarn nach Polen und der Tschechoslowakei als drittes Ausweisungsland nennt. Dabei überrascht, dass Ungarn in die Austreibungsaktion mit einbezogen wurde, während die Deutschen in Rumänien und Jugoslawien im Potsdamer Protokoll unerwähnt bleiben.

Im Beschluss des Kontrollrats vom 20. November 1945 war vereinbart worden, dass 500.000 Deutsche aus Ungarn in die amerikanische Zone „überführt" werden sollten. Die ungarische Regierung versuchte demgegenüber die Zahl der Auszuweisenden gegen den Druck der Sowjets zu drücken. Aber es gab zwischen den verschiedenen Ministerien dabei sehr unterschiedliche Auffassungen. Tatsächlich blieb die Zahl der Ausgewiesenen stark unter der vorgesehenen Quote. Ein erster Ausweisungsschub – von Januar 1946 bis zum Ende des Jahres – ging in die amerikanische Zone. Ein zweiter Ausweisungsschub führte ab August 1947 in die sowjetische Zone.

Das Schicksal der Deutschen in Rumänien

Infolge des von den Mittelmächten verlorenen Ersten Weltkrieges erwarb das Königreich Rumänien bedeutende Gebiete der aufgelösten österreichisch-ungarischen Monarchie. So unter anderem Siebenbürgen und die Bukowina. Rumänische Truppen besetzten im Osten außerdem das vordem russische Bessarabien.

In „Groß-Rumänien" lebten 1930 rund 18 Millionen Menschen. Etwa 745.000 davon waren Deutsche. Nach der Volkszählung von 1930 ergab sich für die einzelnen Siedlungsräume folgende Verteilung:

Banat	275.000
Siebenbürgen	237.000
Bessarabien	81.000
Bukowina	75.000
Alt-Rumänien (Moldau, Große und Kleine Walachei	32.000
Sathmar-Gebiet	31.000
Dobrudscha	12.000

Am 27. Juni 1940 beugte sich Rumänien – auf Anraten der deutschen Reichsregierung – einer ultimativen Forderung der Sowjetunion nach Abtretung Bessarabiens und der nördlichen Bukowina. Für die Umsiedlung der Deutschen wurde am 5. September 1940 in Moskau mit der Sowjetunion ein Vertrag ausgehandelt. Die Aufgabe ihrer Heimat fiel diesen Volksdeutschen, die hier seit Jahrhunderten gelebt hatten, schwer, aber sie rettete sie später vor russischen Deportationen. Nach ihrer Ankunft auf dem Boden des damaligen Deutschen Reiches wurden diese Umsiedler zunächst in Lager der Volksdeutschen Mittelstelle eingewiesen und nach ihrer Einbürgerung in den neuen Ostgebieten angesiedelt: in den „Reichsgauen" Wartheland und Danzig-Westpreußen. Die vorher dort ansässigen Polen waren zuvor enteignet und in das Generalgouvernement evakuiert worden. Rund 166.000 Deutsche aus Rumänien wurden in diese Umsiedlungsaktionen in die neuen Reichsgebiete einbezogen. Wie alle Neuansiedler mussten sie später wieder fliehen oder wurden unter grausamen Racheakten wieder vertrieben.

Als die Rote Armee in Rumänien einmarschierte, wurden etwa 75.000 Volksdeutsche nach Russland verschleppt. Dort teilten sie das Los ihrer Leidensgenossen aus den deutschen Ostgebieten, aus Ungarn und Jugoslawien. Die Politik der Kommunisten in Rumänien war in den ersten Jahren nach dem Krieg offen gegen die Volksdeutschen gerichtet, aber anders als in der Tschechoslowakei, in den östlichen Reichsgebieten und in Ungarn gab es in Rumänien keine geschlossene Aussiedlung der Volksdeutschen. Wegen der zum großen Teil unerträglichen Lebensbedingungen nach dem Kriege flohen jedoch viele Deutsche aus dem rumänischen Staat. 1948 lebten in Rumänien nur noch etwa 340.000 Deutsche. Von diesen stellten später noch viele Anträge auf Aussiedlung in die Bundesrepublik – vor allen wegen der drückenden wirtschaftlichen Bedingungen und der in Rumänien herrschenden Unfreiheit.

Leid und Vertreibung der Deutschen in Jugoslawien

Nach den Ostbrandenburgern hatten die Deutschen in Jugoslawien im Verhältnis zu ihrer Anzahl die höchste Todesrate zu beklagen. Im Ostbrandenburg waren es 35 %, in Jugoslawien 25 %. 1931 lebten im Vielvölkerstaat Jugoslawien mit seinen ca. 14 Millionen Einwohnern rund 500.000 Menschen deutscher Volkszugehörigkeit. Sie waren auf folgende Gebiete verteilt:

Batschka	173.000
Banat	120.000
Kroatien-Slawonien	80.000
Ost-Syrmien	49.000
Slowenien	29.000
Baranja	16.000
Bosnien-Herzegowina	15.000
Stadt Belgrad	10.000

Am 5. April 1941 eröffnete Hitler den Feldzug gegen Jugoslawien. Als am 6. April Belgrad massiv bombardiert wurde, fielen auch Volksdeutsche dem Angriff zum Opfer. Am 18. April trat bereits der Vertrag über die bedingungslose Kapitulation der jugoslawischen Armee in Kraft.

Am 10. April 1941 rief der Führer der halbfaschistischen kroatischen Ustascha-Bewegung den „Unabhängigen Staat Kroatien" aus, und im Sommer 1941 trat ein bis dahin unbekannter serbischer Kommunist auf den Plan: Jossip Broz, Tito genannt, der bald als Partisanenführer von sich reden machte. Der Partisanenkrieg, der aus diesem Gegensatz entbrannte, wurde zwischen Serben einerseits, Kroaten und der deutschen Wehrmacht andererseits mit ungeheurer Grausamkeit geführt.

Nach der Besetzung Jugoslawiens kam es zu einigen Umsiedlungsaktionen von Deutschen. Der anfängliche Plan Himmlers, alle Deutschen aus Jugoslawien auszusiedeln, wurde aber nicht in die Tat umgesetzt. Als die sowjetische Armee und die Partisanen Titos immer mehr Gebiete unter ihre Kontrolle brachten, flohen viele Deutsche vor der drohenden Gefahr.

Die Zahl der Jugoslawiendeutschen, die unter der Besatzung der Russen und Partisanen zurückblieben, wurde auf etwa 200.000 geschätzt, davon kamen rund 68.000 Menschen um – mehr als ein Viertel. Die Deutschen wurden in Lager interniert und es gab zahlreiche Erschießungsaktionen, die häufig den Charakter von Massenliquidationen trugen. Das Leben der Deutschen spielte sich in Jugoslawien fast nur noch in Lagern ab. Etwa 30.000 Deutsche wurden zur Zwangsarbeit in die Sowjetunion verschleppt. In Slowenien und in Teilen Slawonien begannen systematische Vertreibungen.

Eines der traurigsten Kapitel in der Geschichte der Lager in Jugoslawien ist die Behandlung der Kinder. In den Ortslagern wurden diese rigoros von ihren Angehörigen getrennt und in große Konzentrationslager für Arbeitsunfähige überführt. Ab dem Sommer 1946 kamen sie in Kinderheime und wurden gut versorgt. Der Grund: Man wollte sie „umvolken". d.h. sie sollten ihre deutsche Herkunft vergessen und zu Jugoslawen werden.

Seit der Gründung der Bundesrepublik Deutschland bemühten sich die meisten der noch in Jugoslawien befindlichen Deutschen um eine Ausreisegenehmigung. 1953 wurden in der Volksrepublik Jugoslawien nur noch rund 62.000 Volksdeutsche gezählt. Die völlige Entwurzelung und Heimatlosigkeit im Lande war einer der wesentlichen Gründe, weshalb die Volksdeutschen unter Ausnutzung aller Möglichkeiten dem Leben in Jugoslawien zu entrinnen suchten.

Anfang im Westen

Der Sturz ins Bodenlose und die Bitternis des Anfangs

Die Vertreibung der Deutschen hat Millionen Menschen betroffen. Niemand, weder Frauen noch Männer, weder Alte noch Junge, konnte ihr entgehen; es war höchstens ein Aufschub möglich. Aber auch ein Aufschub war nur solange sinnvoll, wie noch allgemein Anlass zur Hoffnung bestand, die Vertreibungen seien nur ein Irrtum der Politik, den die Großmächte noch rückgängig machen könnten. Vor der Potsdamer Konferenz waren solche Hoffnungen weit verbreitet. Man klammerte sich daran.

Nach den Potsdamer Beschlüssen mit ihrer Legalisierung des Geschehens durch die Siegerstaaten war eine Korrektur der einmal eingeleiteten Entwicklung unwahrscheinlich geworden. Aber selbst dann noch haben die aus ihrer Heimat getriebenen Menschen zu einem guten Teil an eine mögliche Rückkehr geglaubt. Aus heutiger Sicht erscheint eine solche Haltung leicht als bloßes Wunschdenken, aber damals bedeutete es für viele Menschen fast eine Notwendigkeit, um der Unerbittlichkeit ihres Schicksals etwas hoffnungsvoller gegenüberstehen zu können. Hätte den Menschen die Unmöglichkeit ihrer Rückkehr deutlich vor Augen gestanden, so würden manche nicht die Kraft besessen haben, auch nur den Anfang zu überstehen.

Hoffnungen auf eine mögliche Rückkehr wurden von den Politikern im Westen absichtlich oder zumindest unbewusst immer genährt. Viele der Vertriebenen haben sich an solchen Sätze der Zuversicht aufgerichtet. Die spätere Enttäuschung darüber, dass sie von manchen Politikern „genasführt" worden waren, war groß, aber diese Einsicht kam zu einer Zeit, in der viele schon wieder einen Platz in der Gesellschaft gefunden hatten.

Ein nicht zu unterschätzender Faktor, der zwar nicht den Verlust der Heimat ersetzen konnte, der aber das Schicksal etwas versöhnlicher erscheinen ließ, war der Gewinn der Freiheit im Westen. Selbst für die Vertriebenen, die in die sowjetische Besatzungszone kamen, war das dortige Leben eine Verbesserung – verglichen mit dem Dasein in ihrer Heimat. Sie waren zwar mittellos und stießen bei den Einheimischen zum großen Teil auf Unverständnis oder auf Ablehnung, aber sie waren nicht mehr in einem Zustand der völligen Rechtlosigkeit, waren nicht mehr den Schikanen und der Willkür von Polen, Tschechen, Russen oder anderen neuen Herren ausgeliefert. Sie lebten wieder als Deutsche unter Deutschen.

Wer das gesellschaftliche System der sowjetischen Besatzungszone ablehnte, konnte sich nochmals auf den Weg machen und weiter nach Westen ziehen. Die „grüne Grenze" war kein Hindernis und für denjenigen, der durch die Vertreibung schon einmal den Zustand der Entwurzelung erlitten hatte, war ein nochmaliger Wohnortwechsel nicht mehr so schwer, auch wenn dieser noch einmal Kraft und Initiative verlangte.

Die Vertreibung war zwar ein Massenschicksal, aber jeder erlitt es persönlich. Außerdem war nicht jeder gleichermaßen betroffen. Hatte der eine fast alle seine nächsten Angehörigen verloren, so waren andere wenigstens ohne familiären Verluste davon gekommen. Auch die materiellen Einbußen waren höchst unterschiedlich.

Aber nicht nur der Verlust von Heimat, Angehörigen, Besitz oder Gesundheit war zu verkraften, sondern auch die politische Ernüchterung, die alle Deutschen gleichermaßen betraf. Der nationalen Euphorie angesichts der außenpolitischen und militärischen Erfolge Hitlerdeutschlands folgte der Absturz ins Bodenlose, ins Chaos einer totalen Niederlage, in einen Zustand der völligen Perspektivlosigkeit. Hinzu kam die für manchen erst jetzt klare Erkenntnis, von einem Führer geleitet worden zu sein, der sich der größten Verbrechen wie der systematischen Judenvernichtung schuldig gemacht hatte, für die nun das ganze Volk und besonders die Vertriebenen zu bezahlen hatten. Dabei war das ganze Ausmaß des unerhörten Geschehens nicht einmal den Menschen, die mitten in dieser Tragödie standen, vollends begreifbar. Obwohl sie das Unglück der Vertreibung am eigenen Leibe erfuhren und ihnen das Schicksal ihrer Landsleute vor Augen stand, war das, was sich in der Gesamtheit da abspielte, für sie einstweilen nicht in seiner vollen Tragweite zu erfassen. So wie der Verlust eines lieben Angehörigen nicht sofort in seinen Auswirkungen zu ermessen ist, das tiefste Leid erst nach einiger Zeit zu tragen ist, so erfuhren auch die Menschen, die aus ihrer Heimat gestoßen wurden, erst nach einiger Zeit das wahre Ausmaß ihres Verlustes. Die seelische Aufarbeitung ihres Unglücks – die Trauerarbeit, wie es heute im psychologischen Sprachgebrauch heißt – brauchte nicht nur Monate, sondern Jahre.

Die Ankunft im Westen

Die ersten Begegnungen und Erlebnisse mit Deutschen im Westen bedeuteten für die Vertriebenen oft eine zusätzliche Belastung. Von den Einheimischen wurden sie meist nur als unerwünschte Eindringlinge betrachtet. Sie waren das sichtbare Ergebnis des verlorenen Krieges. Sich um sie zu kümmern, war nicht mitmenschliches Bedürfnis, sondern lästige Pflicht. Von der großen Volkssolidarität – im Hitlerreich noch gerade groß propagiert – war mancherorts nicht viel zu spüren. Oft hatten gerade Mütter mit mehreren Kindern die größten Probleme bei der Aufnahme. Die Bauern auf dem Lande verfuhren auch hier nach dem Nützlichkeitsprinzip, und so waren sie nicht gerade begehrt.

Dass die meisten Vertriebenen kein Geld besaßen, weil ihnen alles abgenommen worden war, konnten viele Einheimische nicht verstehen und hielten diese Menschen daher für „Bettler".

Die bedrückende Wohnungsnot, die im Lande herrschte, war in erster Linie die Folge der furchbaren Kriegszerstörungen, vor allem der Bombardements der Westalliierten. Von den 16 Millionen Wohnungen, die es in Deutschland 1939 gab, waren fünf Millionen völlig zerstört. Drei Millionen waren so schwer beschädigt, dass sie unbewohnbar waren. Es fehlte also die Hälfte des Wohnraums der Vorkriegszeit. In dieses zerstörte Land strömten nun zusätzlich noch die Millionen der Vertriebenen. Auf die Einheimischen kamen damit Probleme zu, die ihnen anfangs fast unlösbar schienen.

Der Landrat des Landkreises Bruchsal in Nordbaden, Werner Middelmann, schilderte mir 1985 in einem Interview für die ZDF-Sendung „Das deutsche Nachkriegswunder – Leid und Leistung der Vertriebenen" die chaotische Situation des Neubeginns: „Als die Vertriebenen mit Güterzügen ankamen, war die Lage nahezu unbeschreiblich. Es wurde uns gegen November 1945 mitgeteilt – allen deutschen provisorischen Verwaltungsstellen –, dass binnen Kürze Millionen Menschen kommen müssten. Sie würden in Zügen transportiert. Für den reinen Bahntransport übernahmen die Alliierten die Verantwortung. Das Übrige war unsere Angelegenheit. Unsere Angelegenheit – das ist ein milder Ausdruck, denn nichts war vorhanden. Ich erfuhr, dass am nächsten Morgen der erste Zug mit 1.200 Personen in Karlsruhe am Güterbahnhof stehen würde. Diese Personen seien sofort unterzubringen und zu versorgen. Darüber hinaus sollte ich vormerken, dass in den nächsten 180 Tagen weitere 150 Züge mit je 1.200 Personen ankommen würden. Also hieß es sofort Lager einrichten, die Lager ausstatten. Also Vorbereitungen zu treffen, um 200.000 Menschen in einem Gebiet aufzunehmen, das selbst etwa eine Million Einwohner zählte. Erstes allgemeines Erschrecken: ‚Das ist doch nicht möglich! Das ist doch unmenschlich!' Ja, sicher war das unmenschlich, aber der ganze vorhergehende Zeitablauf war zwölf Jahre lang unmenschlich gewesen und hier waren die Konsequenzen zu tragen. Man kann sich das heute kaum noch vorstellen, mit welchem Entsetzen die Bevölkerung von dieser Welle, von der sie überrascht wurde, gepackt war. Gott sei Dank, war die allgemeine Erschütterung des bisher sozusagen geordneten Lebens so groß gewesen, dass hier jeder einsah: Hier konnte kein Widerstand geleistet werden, hier musste jeder nach bestem Vermögen einspringen. Es gelang aber ein Chaos, ein absolutes Chaos zu verhindern, es gelang, Mord und Totschlag zu verhindern, denn diese Gefahr bestand ja."

Nach einem achttägigen Aufenthalt in den Lagern mussten die Vertriebenen auf den vorhandenen Wohnraum verteilt werden, weil ja die Lager bereits wieder für die nächsten Ankömmlinge gebraucht wurden. Der allgemeine Grundsatz war damals: zwei Personen auf ein Zimmer. So gab es bald keinen Raum mehr, der nicht mit Menschen belegt war – mit mindestens zwei Personen. Wenn sich Wohnungsinhaber oder Hauseigentümer weigerten, Flüchtlinge aufzunehmen, musste oft mit der Polizei oder mit dem Eingreifen der Besatzungsmacht gedroht werden. Aber die Einweisung der Vertriebenen stieß nicht nur bei der einheimischen Bevölkerung häufig auf Ablehnung, sondern auch bei Bürgermeistern, die hofften ihrer Gemeinde einen Dienst zu erweisen, wenn sie sich sträubten.

Die Bitternis des Anfangs

Auch wenn es unter den Einheimischen im Westen Männer und Frauen gab, die mit Tatkraft halfen, das Los der Ankommenden zu lindern, so muss doch festgehalten werden, dass das Zusammentreffen der Vertriebenen mit den Einheimischen in der Regel enttäuschend war. Von einer Welle der Sympathie zu den Betroffenen konnte wahrlich nicht die Rede sein. Es war schon bestürzend, wie gleichgültig und ablehnend sich Deutsche ihren Landsleuten gegenüber verhielten.

In konfessionell einheitlichen Gemeinden gab es anfangs meist die größten Schwierigkeiten. Es gab beschämende Vorkommnisse und Handlungen. So konnte etwa ein Lehrer die ihm schon zugesagte Stelle nicht antreten, weil die Bevölkerung keinen katholischen Pädagogen dulden wollte. Über eine katholische Gemeinde wurde berichtet, dass der Pfarrer von den Flüchtlingen als einer Strafe Gottes sprach.

Auch wenn die Vertriebenen meist als lästige Eindringlinge empfunden wurden und man sie mit Schimpf- und Spottnamen heimlich oder auch öffentlich titulierte – so gab es doch auch viele Ausnahmen: Begegnungen zwischen Einheimischen und Flüchtlingen, in denen Herzlichkeit den Ton angab. Vor allem für diejenigen Vertriebenen, die am Anfang sehr schlechte Erfahrungen machen mussten, war die allmähliche Besserung von ungeheurer Bedeutung – ein „Lichtblick", der eine erträgliche Zukunft verhieß.

Die politischen Bedingungen für das Leben im Westen

Der amerikanische Finanzminister Henry Morgenthau jr. hatte noch während des Krieges einen Plan ausgearbeitet, wonach Deutschland zu einem reinen Agrarstaat werden sollte. Dieser „Morgenthau-Plan" wurde von den Amerikanern und Briten zwar nicht zur Ausführung gebracht, aber seine Geisteshaltung spiegelte sich in JCS/1067 wieder, einer Weisung der Joint Chiefs of Staff an den Oberbefehlshaber der US-Besatzungstruppen General Eisenhower. Sie befahl gegenüber den Deutschen eine äußerst harte Haltung. Am 1. April 1945 wurde die Direktive ausgegeben, die den Deutschen ein Dasein nahe dem Existenzminimum verordnete. Eine Haltung, die vielen Deutschen 1945 und Anfang 1946 das Leben kostete. In diesem Sinne wurden die frühen Angebote des Internationalen Roten Kreuzes, der hungernden deutschen Bevölkerung zu helfen, strikt abgelehnt, was für viele den sicheren Tod bedeutete.

Während es in der britischen Zone im Oktober 1945 und in der französischen im Dezember dem Internationalen Roten Kreuz gestattet war, Hilfslieferungen zu senden, blieben die Amerikaner und Sowjets hart und wiesen im strengen Winter 1945/46 alle Spenden zurück, die vor allem von Iren und Schweizern gesammelt worden waren.

Die Dreiklassengesellschaft: Angehörige der Besatzungsmacht, Displaced Persons – Einheimische – Vertriebene

1945 befanden sich auf deutschem Gebiet in den vier Besatzungszonen rund 11,3 Millionen Menschen, die nicht dem deutschen Volk angehörten. In den drei Westzonen waren es etwa 6,4 Millionen. Die Amerikaner fassten sie mit dem Begriff „DP" – Displaced Persons – zusammen, obwohl sie völlig unterschiedlicher Herkunft waren. Die „entheimateten" Ausländer waren z.B. ehemalige „Fremdarbeiter", KZ-Häftlinge, Kriegsgefangene oder Angehörige der Wlassow-Armee, die auf deutscher Seite gekämpft hatten. Die Sammelbezeichnung verwischte im Bewusstsein der Öffentlichkeit die gravierenden Unterschiede. So wie die Politik der Siegermächte darauf angelegt war, die Deutschen für das Hitler-Reich zu bestrafen, so betrieben sie jetzt für die DPs eine Art Wiedergutmachungspolitik, die eine wesentliche Besserstellung gegenüber den Deutschen bewirken sollte.

Während Millionen deutscher Vertriebener gewaltsam ihre Heimat hatten verlassen müssen, sträubten sich umgekehrt Zehntausende von Ausländern dagegen, wieder in ihre Heimat zurückgebracht zu werden, weil sie wussten, dass es ihr Todesurteil bedeutete. Es ist eines der traurigsten Kapitel in der Geschichte der westlichen Demokratien, dass sie diese Menschen größtenteils der Rache Stalins auslieferten. Die Angehörigen der Wlassow-Armee und die Kosaken mit ihren Familien wurden meist sofort erschossen oder zu langjähriger Haft in sibirische Lager eingewiesen. Ganze Kosakenfamilien verübten lieber gemeinsam Selbstmord als dem Schicksal ausgeliefert zu sein, das in der Sowjetunion auf sie wartete.

Das Elend im Nachkriegsdeutschland war sehr ungleich verteilt. Während die Alliierten und in ihrem Schlepptau die Organisationen der Vereinten Nationen für eine Zweiklassengesellschaft – Deutsche und Nichtdeutsche – sorgten, gab es ohne ihr Zutun in Wirklichkeit eine Dreiklassengesellschaft. Die dritte Klasse bildeten die Flüchtlinge und die Vertriebenen, die zwar nicht durch gesetzliche Diskriminierung schlechter gestellt waren als andere Deutsche, die aber einfach kein Geld besaßen, weil ihnen Sparbücher oder Bargeld von den Vertreibern geraubt worden waren. Viele konnten selbst die ihnen zustehenden Kalorienzuteilungen nicht in Anspruch nehmen, weil ihnen zum Kauf der Lebensmittel das nötige Geld fehlte. Die materielle Armut und die Herabsetzung der Vertriebenen durch die überwiegende Mehrzahl der Einheimischen machte sie zur untersten Schicht bei ihrem Neuanfang im Westen.

Die Anfänge der Flüchtlingsverwaltung

Der Zustrom der Vertriebenen erfolgte 1945 schnell, weithin ungeregelt und ohne jede Möglichkeit einer deutschen Einflussnahme, weil die Besatzungsmächte sich in diese Angelegenheit nicht hineinreden lassen wollten. Eine riesige Flut entwurzelter und verstörter Deutscher wälzte sich von Ost nach

West, suchte Zuflucht, gab sie wieder auf und kam erst nach Monaten, oft erst nach Jahren irgendwo zur Ruhe. Durch die ohne deutsche Mitsprache durchgeführten Aktionen der Alliierten kam es anfangs zu großen Fehlverteilungen der Vertriebenen. Obwohl die Überlegung, die Menschen zunächst in weniger zerstörten Gebieten – also auf dem Land – unterzubringen, sicher richtig war, häuften sich bald die Ungereimtheiten. Dabei mussten in allen Zonen die gleichen Aufgaben gelöst werden, nämlich die Verteilung, die Unterbringung und die ersten Nothilfen. In den Kreisen setzte man hierfür Sonderbeauftragte ein. In den kleinen Landgemeinden lag die Last meist beim Bürgermeister. Sonderbeauftragte und Bürgermeister mussten versuchen, die ihnen meist täglich überstellten Vertriebenen in die Wohnungen der Ortsansässigen einzuquartieren. Die Schwierigkeiten waren gewaltig, die Flüchtlingsbeauftragten und vor allem die Bürgermeister standen sowohl den Ressentiments der Einheimischen als auch den berechtigten Klagen der Eingewiesenen gegenüber, die nichts besaßen, weder Kochtopf noch Teller, weder Tisch noch Bett.

Am 25. Oktober 1945 bestellte als erstes Land Hessen einen Staatskommissar für das Flüchtlingswesen, am 2. November 1945 folgte Bayern, am 10. November 1945 Württemberg-Baden. Daraus ergab sich gegenüber den anderen Zonen bald ein weit größeres Mitspracherecht und eine größere Eigenverantwortlichkeit der deutschen Stellen in Flüchtlingsfragen.

Am 11. November wurde in Stuttgart beim Länderrat, in dem die drei Länder der amerikanischen Zone zusammenarbeiteten, der „Länderausschuss Flüchtlingsfürsorge" gegründet. Dieser Flüchtlingsausschuss, zu dem regelmäßig die drei Staatskommissare zusammentraten, konnte durch seine Arbeit wesentliche Verbesserungen für die Vertriebenen erreichen. Er kämpfte auch gegen Ungereimtheiten wie zum Beispiel die Verweigerung der Aufnahme von Vertriebenen in der französischen Besatzungszone.

Am 15. Februar 1946 sprach sich der Flüchtlingsausschuss des Länderrates gegen die Trennung der Familien bei ihrer Ausweisung und gegen die beabsichtigte Zwangsrückführung der in der amerikanischen Zone befindlichen Evakuierten aus anderen Teilen Deutschlands aus. Er verlangte die Klärung des Begriffes „Flüchtling" und beschloss, einen für alle Länder gültigen Ausweis für die Vertriebenen einzuführen.

Am 11. August 1947 wurde die „Arbeitsgemeinschaft der deutschen Flüchtlingsverwaltungen" (ADFV) mit Sitz in Stuttgart errichtet. Die erste Ministerpräsidentenkonferenz der deutschen Länder in München im Juni 1947 hatte beschlossen, eine solche gemeinsame Institution zu schaffen.

Generalsekretär der Arbeitsgemeinschaft wurde Werner Middelmann, dessen geistiges Kind dieser Zusammenschluss war. Er hatte schon 1946 in einem Rundbrief eine solche Zusammenarbeit angeregt.

Die Arbeitsgemeinschaft verfügte zwar nicht über eigene Weisungsbefugnisse, sondern war vor allem zur Koordinierung aller Maßnahmen in den Ländern verpflichtet. Aber sie trug durch ihren Einfluss beträchtlich zur einheitlichen Förderung der wirtschaftlichen, sozialen, finanziellen und politischen Eingliederung der Vertriebenen in allen Ländern der britischen und amerikanischen Zone bei. Der verwaltungstechnische Nachteil der Zersplitterung Westdeutschlands in drei Besatzungszonen und mehrere Länder wurde durch diese Initiative wesentlich gemildert. Für die Lösung der Probleme, die durch die Vertreibung von Millionen Deutschen und deren Zusammenballung im Westen entstanden, hat die Arbeitsgemeinschaft unschätzbare Dienste geleistet.

Das schlechte Gewissen der Besatzungsmächte und die Reaktion der deutschen Vertriebenen

Briten und Amerikaner erkannten bald, dass ihre allzu rasche Zustimmung zur Vertreibung von Polen und Deutschen ein politischer Fehler gewesen war. Schließlich hatte Großbritannien Deutschland wegen der Garantie der polnischen Grenzen den Krieg erklärt. Als später Stalin den Anspruch auf Ostpolen nicht aufgab, hatten sich Briten und Amerikaner gegen die Absicht des Diktators nicht durchsetzen können. Die Vertreibung der Deutschen geriet sowohl flächen- als auch zahlenmäßig außer Kontrolle der Westalliierten. Auch wenn Stalin sie durch falsche Zahlen getäuscht hatte, blieb ihre Mitverantwortung und Mitschuld.

Hinzu kam, dass die Westalliierten aus der Praxis ihrer Militärverwaltungen zunehmend befürchten mussten, dass die Probleme, die durch die Vertreibung der Deutschen entstanden waren, nicht lösbar seien. Im Vordergrund stand dabei die begründete Besorgnis, dass sich die Vertriebenen zu einem militanten Potential von Unzufriedenen im Westen entwickeln könnten, das eine Revision der Vertreibung fordern würde. Churchills Warnung, zu viele Deutsche zu vertreiben, soll in diesem Zusammenhang nochmals erwähnt werden. Sie verriet das Unrechtsbewusstsein und die damalige Angst, aus dem Geschehen könnte wieder neues Unheil erwachsen. Den Vertriebenen traute man jedenfalls nicht über den Weg. Das beantwortet auch die Frage, warum ihnen die Alliierten untersagten, sich in Organisationen zusammenzuschließen und warum über das Geschehen der Vertreibung in den USA und in Großbritannien offiziell fast nichts berichtet wurde. Ein weiterer Beweis für die internationale Ächtung der deutschen Vertriebenen war deren Ausschluss aus der internationalen Flüchtlingsfürsorge durch die Vereinten Nationen, was ausdrücklich in der Charta der UNO-Flüchtlingsorganisationen herausgestellt wurde.

Dass die Vertriebenen gegen alle diese Diskriminierungen nicht revoltierten, sondern Ruhe und Würde bewahrten, ist aus heutiger Sicht vielleicht damit zu erklären, dass sie durch ihr schlimmes Los so eingeschüchtert waren, dass sie nicht zu protestieren wagten. Auch das Bewusstsein, dass die Deutschen den Krieg und seine Folgen selbst zu verantworten hatten, mag zu der Einsicht verholfen haben – zumal auch keinerlei Machtmittel zur Verfügung standen – auf Revanche für das an ihnen begangene Unrecht zu verzichten. Rache und Vergeltung waren nicht die Mittel, auf die die deutschen Vertriebenen zurückgreifen wollten. Auch wenn diese Haltung erst 1950 offiziell in der „Charta der Heimatvertriebenen" verkündet wurde, war sie so doch schon lange vorher von den deutschen Vertriebenen praktiziert worden.

Die Nachkriegsereignisse waren aber nicht nur eine Herausforderung für die Vertriebenen selbst, sondern für alle Deutschen. Dass die Entwicklung in Deutschland auch ganz anders hätte verlaufen können, macht das Beispiel der arabischen Palästina-Flüchtlinge deutlich. Hier wurde durch die bewusste Nichteingliederung der Flüchtlinge ein politischer Konflikt künstlich am Leben erhalten. Die Dauerlager für Palästinenser sind dort die natürlichen Brutstätten für den latenten Hass gegen den Staat Israel.

Heute wissen wir, dass das Flüchtlingsproblem der Deutschen nicht zur Atombombe in Mitteleuropa geriet, wie es vielfach befürchtet wurde. Über die Frage, warum die düsteren Voraussagen nicht eintrafen, lässt sich vielfach spekulieren. Sicher ist wohl, dass die eigenen leidvollen Erfahrungen die Vertriebenen dazu bewogen, allem zu misstrauen, das die Kette von Rechtsverletzungen und Racheakten hätte fortsetzen können. Dass sich die deutschen Vertriebenen durch Kampagnen im In- und Ausland immer wieder den Vorwurf des Revanchismus gefallen lassen mussten und müssen, ist für sie deshalb besonders bitter. Dass es gelegentlich einzelne aus dem Rahmen fallende Äußerungen gab, die dann zum Anlass genommen wurden, etwas aufzubauschen, konnte und musste niemand so sehr beleidigen wie die deutschen Vertriebenen selbst, die durch ihre Haltung bewiesen haben, dass sie über jeden Vorwurf des Revanchismus erhaben waren.

Die Revanchismus-Kampagnen beweisen aber auch, dass die Möglichkeit solchen Strebens nach Rache und Vergeltung durchaus nicht aus der Luft gegriffen war, dass das Konfliktpotential sicherlich ausgereicht hätte, um tatsächlich die Forderung nach radikalen Lösungen aufkommen zu lassen – wenn schon nicht gegen die eigentlichen Vertreiber, so doch gegen die eigenen Mitbürger, deren Anteil an der gemeinsamen Hypothek so viel kleiner ausgefallen war. Die Forderung nach einer gleichmäßigen Verteilung der Nachkriegslasten hätte durchaus lautstärker erhoben werden können.

Die deutschen Vertriebenen lebten damals in zwei Welten gleichzeitig. Mit ihren Erinnerungen waren sie in der Heimat, die sie unter Zwang hatten verlassen müssen, real lebten sie im Westen und versuchten, sich so gut wie möglich einzurichten. Der Kampf ums Überleben band anfangs fast alle ihre Kräfte. Die Hoffnung auf eine mögliche Wiederkehr in die Heimat hielt sie aufrecht, auch wenn diese Hoffnung mehr als Wunschtraum denn als mögliche Realität zu betrachten war. Rückkehrwunsch und Etablierung haben sich jedenfalls nicht ausgeschlossen. Die Mehrzahl der Vertriebenen wollte jedenfalls beides: die Integration, weil sie für eine erträgliche Lebensführung unerlässlich war, aber auch eine Option auf Rückkehr. Wo die Prioritäten lagen, geht aus keiner Aufschlüsselung der ersten Nachkriegsjahre hervor. Demoskopie im heutigen Sinne gab es noch nicht.

*Die Gründung der ersten Vertriebenenorganisationen
bis zum Koalitionsverbot*

Schon 1945 und 1946 bildeten sich erste Zusammenschlüsse von Vertriebenen, die sich bemühten, Wohnungsnot, Arbeitslosigkeit und Trennung der Familien zu lindern. Die gegenseitige Hilfe stand dabei im Vordergrund. Durch die Zerreißung aller früheren sozialen Bindungen der Vertriebenen – die Besatzungsbehörden hatten ganz bewusst die Absicht, die Flüchtlingsmassen zu atomisieren – war fast jeder Versuch, alte Gruppenformen wiederherzustellen, zum Scheitern verurteilt. Weder war es möglich, alte Dorfgemeinschaften zu erhalten noch gelang es, Kirchengemeinden wieder zu vereinen. Dass einige Nachbarschaften dennoch hartnäckig zusammenhielten, war eher die Ausnahme. Noch seltener konnten sich Teile von Dorfgemeinschaften im Westen bewähren. Es handelt sich hierbei um Fälle, wo die Aussiedlung geschlossen erfolgte und im Westen Bedingungen angetroffen wurden, die ein gemeinsames Verbleiben erlaubten. Neu-Gablonz bei Kaufbeuren ist eines jener seltenen Beispiele, wie ein bedeutsames Gewerbe

(Glas- und Schmuckindustrie) einer Stadt in einer neuen Gründung weiterbetrieben werden konnte. In den ersten Jahren nach dem Kriege hatte die Familie als soziale Gruppe die allergrößte Bedeutung. Von ihr gingen die entscheidendsten Motive zur Gruppenbildung aus. Nahezu als einzige soziale Einheit war sie nicht Opfer des so bald verhängten Koalitionsverbots. Dass es auch Erschwernisse bei der Familienzusammenführung gab, muss freilich erwähnt werden. Hier gab es Hindernisse durch Reisebeschränkungen, durch fehlende Kommunikationsmöglichkeiten. Aber der Zusammenhalt der Familien überwand auch größere Schwierigkeiten. Die ostdeutsche Familie erwies ihre Widerstandsfähigkeit, indem sie sich oft zur Großfamilie erweiterte und Anverwandte mit aufnahm, obwohl das die Unterbringung verschlechterte. Auch fanden Vertriebene bei ihren Verwandten im Westen eine Anlaufstelle oder einen Stützpunkt. Verwandtschaftliche Beziehungen waren meist eine Folge früherer Ostwestwanderung von Deutschen, vor allem ins Ruhrgebiet von Schlesiern. Der Familienzusammenhalt wurde durch das Schicksal der Vertreibung sogar noch über das übliche Maß hinaus gestärkt. Das war zu einem großen Teil das Verdienst der Frauen, die während der langen Abwesenheit ihrer Männer im Krieg zum stabilisierenden Pol der Familie wurden.

Neben den Bemühungen, sich privat so gut es ging einzurichten, gab es schon frühzeitig Einzelinitiativen, die auf die Gründung von Vertriebenengemeinschaften abzielten. Schon Anfang Juni 1945 – also einen Monat nach der Kapitulation – wurde in Hamburg die „Notgemeinschaft der Ostdeutschen" ins Leben gerufen. Die treibende Kraft war der Ostpreuße Linus Kather, der auch der erste Vorsitzende dieser Gemeinschaft wurde, in der sich vor allem Ostpreußen und Schlesier zusammengefunden hatten. Daneben gab es schon die Notgemeinschaften der Pommern und Mecklenburger, der Balten, der Brandenburger und der Stettiner.

Am 18. Mai 1946 wurden alle Vereinigungen der Vertriebenen in der gesamten britischen Zone verboten. Kurze Zeit später wurde das Verbot für Vertriebene, sich in Organisationen zusammenzuschließen, auch für die amerikanische Zone ausgesprochen. Der Einschnitt, den diese Bestimmung der Alliierten mit sich brachte, war enorm. Dass sich vor allem die Vertriebenen als gemaßregelte Gruppe selbst dagegen wehrten, ist nur zu verständlich. Ihnen war damit das Instrument, ihren Willen, ihre sozialen und politischen Forderungen zu verkünden, kurzerhand entzogen, bevor er sich noch zur Wirksamkeit hatte entfalten können. Mit dem Koalitionsverbot, das auch deutsche Politiker unterstützten, wurde den Vertriebenen von Seiten der Briten und Amerikaner erneutes Unrecht zugefügt. Die Haltung der deutschen Politiker zeigt die wohl allgemein verbreitete Meinung, man könne sich Schwierigkeiten vom Halse schaffen, wenn man den Betroffenen weder Möglichkeit zur Artikulation noch Macht zum Widerstand (Stärke durch Vereinigung) gäbe. Auch wenn dies nie expressis verbis und offiziell geäußert wurde, lag doch gerade im Verbot von Vertriebenen-Vereinigungen der bequemste Weg, Konfrontationen und somit möglichen Konsequenzen auszuweichen.

Die Hilfe der Kirchen

Im Gegensatz zu den staatlichen Organisationen hatten die evangelische und die katholische Kirche als Institutionen den politischen Zusammenbruch nahezu unbeschadet überstanden. Die Kirchenleitungen konnten – anders als die Regierungen – ihre Zusammenarbeit in den vier Besatzungszonen bald wieder aufnehmen. Vom 27. bis 31. August 1945 tagten die evangelischen Kirchen im hessischen Treysa, wo u.a. die Gründung des „Hilfswerks der Evangelischen Kirche Deutschlands" beschlossen wurde. Die Idee dazu hatte Eugen Gerstenmaier geliefert, der aus dem Widerstand der „Bekennenden Kirche" gegen das nationalsozialistische Regime kam und schon während seiner Kerkerhaft die Grundlagen für sein Vorhaben gedanklich vorbereitet hatte. Das Zentralbüro des Hilfswerks wurde in Stuttgart errichtet, Eugen Gerstenmaier zum Leiter ernannt. In allen Landeskirchen wurden Hauptbüros geschaffen. Das Hilfswerk der evangelischen Kirche umfasste aber nicht nur die Landeskirchen, sondern auch die Freikirchen.

Die deutschen Kirchen leiteten mit ihren Kontakten – eine deutsche Außenpolitik gab es nicht – die Wiederaufnahme Deutschlands in den Kreis der Nationen ein. Wie notwendig es war, die allgemeine Ächtung Deutschlands zu durchbrechen, bewies schon der Ausschluss der deutschen Flüchtlinge aus den Fürsorgemaßnahmen der UN: Die Statuten der IRO (International Refugee Organization) schlossen „Verbrecher und Deutsche" aus.

Die Bedeutung der Kontakte auf kirchlicher Seite beweist die Resolution des Ökumenischen Rates vom Februar 1946, in dem u.a. der Ausschluss der deutschen Flüchtlinge von der Hilfe der UN-Organisation verurteilt und auf das Elend der deutschen Vertriebenen hingewiesen wurde. Es hieß darin: „Die Vorschläge der Potsdamer Konferenz sind nicht ausgeführt worden; vielmehr haben die Umsiedlungsmaßnahmen große Härten, Not und Leid für Millionen Menschen, einschließlich vieler Frauen und Kinder, mit sich gebracht. Krankheit und Tod in erschreckendem Ausmaß sind die Folge. Dieser Zustand ist eine Herausforderung des christlichen Gewissens."

Diese Resolution wirkte sich positiv auf das Verhalten der Amerikaner bei den Transporten aus den Vertreibungsgebieten aus. Von großer Bedeutung für die Hilfe für Vertriebene, ihre Angehörigen wiederzufinden, wurde der gemeinsam mit dem deutschen Caritasverband begonnene „Kirchliche Suchdienst", der später als „Heimatortskarteienwerk" unschätzbare Dienste leistete.

Schon früh stellte sich die Frage nach der Vertretung der heimatlos gewordenen Kirchen des Ostens. Auf Anregung der EKD (Evangelischen Kirche Deutschlands) kamen Ende Juli 1946 erstmals Vertreter von 15 vertriebenen Ostkirchen und des Evangelischen Hilfswerks zusammen. Die Organisationsform der schon ab 1945 entstandenen Hilfskomitees der verdrängten Kirchen bot sich an in einer Zeit, da die Besatzungsmächte den Vertriebenen das Koalitionsrecht noch verweigerten. 1947 wurden 19 Hilfskomitees gezählt, die sich alle nach den Herkunftsländern bezeichneten, z.B. „Hilfskomitee Evangelischer Deutscher aus Pommern".

Die Hilfskomitees blieben als einzige Organisation der Vertriebenen zugelassen, weil sie sich auf kirchlich und caritative Hilfe beschränkten. Daneben wurde auch der „Ostkirchenausschuss" als eine Art rechtliche Vertretung der Flüchtlingskirchen geschaffen.

Auf katholischer Seite war der schon 1897 gegründete Deutsche Caritasverband mit seiner Zentrale in Freiburg/Breisgau der einzige Wohlfahrtsverband, der nach dem Krieg sofort aktionsfähig war. Am 1. Dezember 1945 rief der damalige Präsident des Deutschen Caritasverbands, Prälat Benedict Kreutz, die „Caritas-Vertriebenen- und Flüchtlingshilfe" mit dem Sitz in Freiburg ins Leben. Die bewährten Mitarbeiter der Caritas warteten nicht lange auf einen Wink von oben, sondern begannen von sich aus mit der Flüchtlingshilfe.

Im Hirtenwort der deutschen Bischöfe zur zweiten Caritas-Sammlung wurden die Katholiken auf das Elend der deutschen Vertriebenen hingewiesen mit der Bitte, reichlich für sie zu spenden. In Bayern hieß es: „Zum bisherigen Elend, das in den Städten und Notgebieten wahrlich drückend genug ist, kommt ein neues, so grauenhaft, wie es die Welt kaum gesehen hat. Es ist das schreckliche Elend der aus ihrer Heimat vertriebenen Deutschen im Osten unseres Vaterlandes. Tausende und Abertausende fluten über unsere bayerische Ostgrenze, völlig mittellos und brotlos, nur dürftig bekleidet, ziellos und planlos wandernd."

Am Heiligen Abend 1945 erhob Papst Pius XII. seine Stimme, um dem Elend der Vertreibung ein Ende zu setzen: „Daher richten wir an die Staatsmänner, die über die Geschicke der Menschheit entscheiden, die dringlichste Bitte, den Millionen vertriebener Deutscher ihr Land und ihre Heimat wieder zurückzugeben und sie vor der Verzweiflung zu retten." Diese Bitte verhallte zwar bei den Staatsmännern wurde aber bei den Opfern der Vertreibung dankbar registriert. Die Hilfe des Vatikans und der Katholiken des Auslands war groß. Die Auslandshilfe umfasste Individualhilfen in Form von Paketen und Zuteilungen von Sendungen großen Ausmaßes. Allein über den Deutschen Caritasverband sind bis 1957 rund 500 Millionen DM aus dem Ausland gespendet worden.

Für die Vertriebenen war aber neben der materielle Hilfe die moralische Unterstützung durch die Kirchen von unschätzbaren Wert. In der Zeit des Koalitionsverbots öffnete sich der Raum der Kirche als erster und einziger Freiheitsraum. Hier durfte man sich treffen, versammeln und freimütig aussprechen. Schon 1945 wurden zwei „Kirchliche Hilfsstellen" in Frankfurt/ Main und in München ins Leben gerufen, die in der Vertriebenenseelsorge große Bedeutung erlangten. Von Frankfurt aus wurden die finanziellen und rechtlichen Grundlagen für die Gründung des Priester- und Vertriebenen-Zentrums Königstein/Taunus geschaffen.

Von großer Bedeutung für die katholischen Vertriebenen wurden die Wallfahrten. Sie waren Hilfe und Kundgebung ihres Glaubens. Viele haben sich dabei seelisch erwärmt und geistig wieder aufgerichtet. Auch wenn bei einer solchen Flüchtlingswallfahrt der Schmerz um die verlorene Heimat neu aufbrach, so war es doch ein seelischer Gesundungsprozess, der sich dabei vollzog. Die Altöttinger Wallfahrer sprachen zum ersten Mal das von P. Paulus Sladek verfasste „Gelöbnis der Vertriebenen", das zum Stammgebet fast aller Wallfahrten wurde. Darin hieß es im Anruf Gottes: „Unser Leben legen wir in Deine Hand. Wir wollen es wieder ernst nehmen mit unserer Christenpflicht. Gedanken der Rache und neuer Vergeltung sollen nicht Macht gewinnen über unsere Herzen. Dir wollen wir unsere Sache anheimstellen, der Du Herr über alle Völker bist und alle vor Dein Gericht rufst."

Mit solchem Verzicht auf Rache und Vergeltung, oft von 20.000 bis 50.000 Menschen gesprochen, wurde hier lange vor der „Charta der Heimatvertriebenen" von 1950 das Leitmotiv für die soziale und politische Haltung der Vertriebenen verkündet. Die Wallfahrten dienten gleichzeitig auch als landsmannschaftliches Treffen. Hier begegneten sich Nachbarschaften und Gemeinden.

In einer Katastrophenzeit, da es weder im politischen noch im gesellschaftlichen oder staatlichen Bereich eine Autorität gab, war die Kirche dazu aufgerufen, unveränderliche Grundsätze sittlichen Handelns zu verkünden. In der „Kirchlichen Hilfsstelle" in München, in der ebenso wie in Frankfurt am Main großartige Männer unschätzbare Dienste für die Lösung des Vertriebenenproblems leisteten, ging man von Anfang an von dem festen Grundsatz aus, dass die Lösung nur durch gemeinsame Leistung von Einheimischen und Vertriebenen im Sinne einer geschichtlichen Schicksalsgemeinschaft erfolgen könne. Am 15. Oktober 1947 trug P. Paulus Sladek auf der Hedwigs-Wallfahrt in Schwäbisch Gmünd unter dem Titel „Flüchtlingsnot als Aufgabe" ein Programm vor, das zu den bedeutenden Dokumente der neueren deutschen Sozialgeschichte zählt. Dabei warnte der Augustinerpater Sladek die Einheimischen vor der Gefahr einer Revolution: „Wer in unerträglichen sozialen Verhältnissen eine soziale Evolution verhindert, bereitet die Revolution vor, in der wir alle, Besitzende und Nichtbesitzende, Einheimische und Flüchtlinge, alles verlieren werden." Und mit gleicher Strenge ermahnte er die Vertriebenen. Ihr Kampf müsse heute und morgen gerecht bleiben: „Wer Rache predigt, nimmt uns die letzte Hoffnung auf Heimkehr...Merkt euch: Alles, was uns mit den Einheimischen zusammenführt, ist vom Guten, was aber eine Kluft aufreißt, ist vom Bösen. Wir können die deutsche Not nur gemeinsam tragen und überwinden. Wenn wir gegeneinander stehen, ist alles verloren. Erwartet nicht alles vom Staat oder von den Einheimischen, aber erwartet alles von eurer eigenen Arbeit, eurer Initiative und eurer Zähigkeit. Das Schlüsselwort der Zukunft heißt: Selbsthilfe!"

Auch wenn unbestritten ist, dass manche Kirchengemeinden (katholische wie evangelische) aus der Sicht der Vertriebenen ihrer christlichen Verantwortung nicht gerecht wurden, so darf doch der Einfluss, den beide Kirchen auf die Lösung des deutschen Vertriebenenproblems hatten, nicht unterschätzt werden. Beide Kirchen haben sich in ihrer Gesamtheit den Problemen der Vertriebenen gewidmet und großes geleistet. Auf die Enttäuschung, die die Denkschrift der evangelischen Kirche 1965 bei vielen Vertriebenen hervorrief, wird später eingegangen werden.

Hilfe der Wohlfahrtsverbände

Die größte Bedeutung bei der Sorge für die hereinströmenden Vertriebenen hatten neben den kommunalen und kirchlichen Hilfsstellen das Deutsche Rote Kreuz. Das DRK war im nationalsozialistischen Deutschland nicht in den Apparat der NSDAP einbezogen worden und wurde deshalb auch von den Amerikanern und Briten nach dem Kriege nicht aufgelöst. Rotkreuz-Schwestern und Rotkreuz-Helferinnen überklebten das Hakenkreuz des Hitlerreiches auf ihren DRK-Broschen mit Leukoplast und wandten sich unverzüglich den Hilfsbedürftigen zu. In Bayern wurde im Juni 1945 das Bayerische Rote Kreuz gegründet, das zeitweise selbständig fungierte.

Was die Angehörigen des Roten Kreuzes in den Auffanglagern und den Durchschleusungsstellen für die Vertriebenen geleistet haben, ist ein Ruhmesblatt in der Geschichte dieser Organisation. In der Zeit von 1945 sind vom Roten Kreuz mehr als 13.000 Vertriebenentransporte mit über 8 Millionen Menschen betreut worden. Die größten Auffanglager, in denen der Sanitätsdienst überwiegend von Rotkreuz-Mitgliedern geleistet wurde, waren Hof-Moschendorf, Hammelburg, Furth im Walde, Piding, Lübeck, Friedland, Mariental bei Helmstedt, Uelzen und Poggenhagen bei Neustadt in der Region Hannover in Niedersachsen.

Von besonderer Bedeutung für die Vertriebenen wurde der vom DRK aufgebaute Suchdienst. Da es den in die britische oder amerikanische Zone gelangten Vertriebenen nicht erlaubt war, die Zonengrenzen zu überschreiten, war es erforderlich, für jede der beiden Zonen einen eigenen Suchdienst einzurichten. Für die amerikanische Zone wurde vom Deutschen Roten Kreuz der Suchdienst in München eingerichtet, der für die britische Zone in Hamburg. Diese Suchdienste haben in den folgenden Jahren Großartiges geleistet und Hunderttausende versprengter Menschen wieder mit ihren Familienangehörigen zusammengeführt. Allein 200.000 Kleinstkinder, die von ihren Familien getrennt worden waren, fanden ihre Eltern oder andere überlebende Verwandte wieder.

Die Änderung der amerikanischen Besatzungspolitik und der Weg zur Gründung der Bundesrepublik Deutschland

Das erste Signal für eine Änderung der harten amerikanischen Besatzungspolitik setzte der amerikanische Außenminister James Byrnes mit seiner Rede in Stuttgart am 6. September 1946, in der er den Deutschen bessere Zeiten ankündigte. Im Februar 1947 bereiste der frühere amerikanische Präsident Herbert Hoover mit einigen Begleitern das besetzte Deutschland. In Berlin trafen die Ministerpräsidenten der süddeutschen Länder und ihre Landwirtschaftsminister mit der Hoover-Kommission zusammen, um vor allem die Ernährungslage zu erörtern. Hoover und seine Mitarbeiter erkannten, dass die Ideen Morgenthaus, Deutschland in ein Agrarland zu verwandeln, völlig unrealistisch und auch gefährlich waren. Im Gegenteil müsste die Industrie wieder in Gang gebracht werden. Die Berichte, die die Hoover-Kommission vorlegte, machten in den USA großen Eindruck. Der entscheidende Satz lautete: „Die Wirtschaft ganz Europas ist durch Austausch von Rohstoffen und Fabrikaten mit der deutschen Wirtschaft verflochten. Die Produktivität Europas kann nicht wiederhergestellt werden, ohne dass ein gesundes Deutschland zu dieser Produktivität beiträgt."

Am 5. Juni 1947 trug der amerikanische Außenminister George Marshall vor der Harvard-Universität die Grundzüge eines amerikanischen Hilfsprogramms für Europa vor. Die USA seien bereits, Wirtschaftshilfen zu gewähren, und Deutschland sei in das Programm einzuschließen. Das war die Geburtsstunde des Marshallplanes, des Europäischen Wiederaufbauprogramms (European Recovery Programm – ERP).

Die Grundzüge einer neuen Deutschlandpolitik wurden von den USA, Großbritannien, Frankreich, Belgien, den Niederlanden und Luxemburg von Februar bis Juni 1948 auf einer Konferenz in London ausgearbeitet. Am 1. Juni 1948 wurden die „Londoner Vereinbarungen" den deutschen Länderchefs durch die Militärgouverneure in Frankfurt am Main als „Empfehlungen" übermittelt. Die Londoner Empfehlungen sahen den politischen, wirtschaftlichen und staatsrechtlichen Zusammenschluss der drei Westzonen vor und zugleich die Beendigung der reinen Militärregierungen der Besatzungsmächte. Die Einberufung der Verfassungsgebenden Versammlung sollte bis zum 1. September 1949 zur Bildung eines föderativen Staates führen. In einer Konferenz der deutschen Ministerpräsidenten in Koblenz wurde beschlossen, dass die Mitglieder der Verfassungsgebenden Versammlung nicht direkt, sondern von den Landtagen der Länder gewählt werden sollten. In der Rüdesheimer Konferenz der Ministerpräsidenten einigte man sich am 22. Juni 1948 auf folgende Grundsätze: Die Schaffung eines westdeutschen Staates, wie diese von den westlichen Besatzungsmächten nahegelegt wurde, dürfe eine spätere Reichseinheit nicht blockieren. Die Gründung sei vielmehr nur ein „Provisorium", „eine Etappe zur Wiederherstellung Deutschlands in den Grenzen von 1937".

Vom 10. bis 25. August 1948 tagte auf Herrenchiemsee in Bayern ein Verfassungskonvent, der die Arbeitsgrundlage für den Parlamentarischen Rat ausarbeitete. Am 1. September trat dieser in Bonn zusammen, um das Grundgesetz auszuarbeiten, und am 23. Mai 1949 wurde das Grundgesetz der Bundesrepublik Deutschland in einer feierlichen Sitzung verkündet.

Die Präambel schließt mit den Worten: „Das gesamte deutsche Volk bleibt aufgefordert, in freier Selbstbestimmung die Einheit und Freiheit Deutschlands zu vollenden."

Integration

Die Eingliederung der Heimatvertriebenen in den Jahren des Wiederaufbaus

Ein Kernsatz der Charta der Heimatvertriebenen vom 5. August 1950 – dem Grundgesetz der Vertriebenen – lautet: „Wir Heimatvertriebenen verzichten auf Rache und Vergeltung. Dieser Entschluss ist uns ernst und heilig im Gedanken an das unendliche Leid, welches im besonderen das letzte Jahrzehnt über die Menschheit gebracht hat."

Dass vor allem diese Aussage von vielen Betrachtern als bewunderungswürdige Leistung der Vertriebenen dargestellt wird, veranlasst heute Kritiker zu der Frage: Was hätte denn damals auch anderes versprochen werden können? Sie verkennen damit aber völlig die damalige Situation. Niemand hat die Vertriebenen aufgefordert, diesen Verzicht zu erklären. Es war ihr freier Wille, dies für die Gemeinschaft der deutschen Vertriebenen zu tun. Dass das Unrecht der Vertreibung durch den Zweiten Weltkrieg und damit von den Deutschen ausgelöst wurde, war keine ausreichende Erklärung dafür, dass da eine Gruppe besonders schwer Betroffener aus dem Teufelskreis von Schuld und Vergeltung ausbrach, wie es die deutschen Vertriebenen getan haben.

Die „Charta der deutschen Heimatvertriebenen" ist eines der bedeutsamsten Dokumente der Nachkriegszeit. Ohne dieses Aktionsprogramm, an das sich die Vertriebenen gehalten haben, wäre die Bundesrepublik Deutschland nie das geworden, was sie heute ist.

Die Entstehungsgeschichte der Charta

Das Koalitionsverbot für Organisationen der Vertriebenen bestand in der britischen Zone noch bis 1949, während es in der amerikanischen Zone schon 1947 außer Kraft gesetzt wurde.

Am 9. April 1949 schlossen sich nach langwierigen Verhandlungen die bisher bestehenden Landesverbände der Vertriebenen zum „Zentralverband der vertriebenen Deutschen (ZvD) zusammen. Zum Vorsitzenden des Verbandes wurde Hans Lukaschek gewählt. Als er zum Präsidenten des Hauptamtes für Soforthilfe berufen wurde, legte er seinen Vorsitz nieder. Sein Nachfolger wurde Linus Kather, der den Vorsitz fast zehn Jahre innehatte. Am 24. August 1949 schlossen sich die Landsmannschaften zu den „Vereinigten Ostdeutschen Landsmannschaften e.V." (VOL) zusammen. Ihr Vorsitzender wurde zunächst Axel de Vries, später der Sprecher der Pommern, Staatssekretär a.D. von Bismarck.

Die Idee, in einer Charta, in einem „Grundgesetz", die Pflichten und Rechte der Vertriebenen festzuschreiben, ging auf einen Beschluss des ZvD und der VOL zurück, der im November in Göttingen getroffen worden war. Der Inhalt der Charta war keine Erfindung der Mitglieder der damit beauftragten Kommission, sondern ihr Ideengehalt war bereits in der Diskussion führender Kreise der Vertriebenen herangereift. In ihrer „Eichstätter Deklaration" hatten etwa die Sudetendeutschen schon am 27. November 1949 ähnliche Prinzipien festgelegt.

Die Verlautbarung der Charta – das politische Umfeld

Die Veranstaltung, die am 5. August 1950 – am fünften Jahrestag des Potsdamer Abkommens – in Stuttgart stattfand, war die erste gemeinsame politische Willenskundgebung der deutschen Vertriebenen. So war es – gerade nach dem langjährigen Verbot jeglicher Koalition – nur zu verständlich, dass diesem Ereignis mit Spannung, aber auch mit Unbehagen entgegengesehen wurde. Der große Erfolg des „Bundes der Heimatlosen und Entrechteten" (BHE) der neuen Flüchtlingspartei bei der Landtagswahl in Schleswig-Holstein hatte wie ein Schock gewirkt. Man befürchtete eine radikale parteipolitische Entwicklung der Vertriebenen. So schrieb die „Neue Zürcher Zeitung": „Die Verzweiflung der Vertriebenen ist nicht zu beschreiben." Sie habe sich nur deshalb noch nie in Verzweiflungsakten geäußert, weil sie gepaart sei mit einer Apathie, die aus Hoffnungslosigkeit geboren sei. Ruhe und Ordnung seien jedoch nur unter einer dünnen Decke gewahrt, die jederzeit brechen könne.

Ein Teil der Vertriebenen war in der Tat dabei, die Geduld zu verlieren und aus Enttäuschung über die Haltung der bisherigen Parteien die eigene Sache im BHE voranzutreiben – nicht verwunderlich, wenn man bedenkt, dass die überwiegende Zahl der Vertriebenen noch immer in Notunterkünften und Lagern hauste, über ein Drittel der Arbeitsfähigen ohne Arbeit war, ein Drittel berufsfremd oder als Hilfsarbeiter unter der gewohnten sozialen Stellung arbeitete. In dieser sozial und politisch aufgeregten Situation fand die Stuttgarter Veranstaltung statt.

Doch der Festakt der Verkündigung der Charta überraschte durch die in Inhalt und Stil maßvolle Sprache. Vorgetragen wurde das Manifest durch einen jungen Vertriebenen, dessen Name absichtlich nicht genannt wurde, um das namenlose Massenschicksal zu symbolisieren. Für die Bundesregierung sprach anschließend Vizekanzler Franz Blücher – Bundeskanzler Adenauer war eingeladen, hatte aber abgesagt. Blücher stellte Hilfe für die Vertriebenen in Aussicht machte jedoch keine konkreten Zusagen und vertröstete die Vertriebenen auf „bessere Zeiten".

Die Charta wurde anschließend im Rahmen eines Empfangs der württembergischen Landesregierung von den Vertretern der beiden Vertriebenenverbände unterzeichnet. Die Verkündigung der Charta wurde am nächsten Tag vor rund hunderttausend Vertriebenen auf dem Stuttgarter Schlossplatz wiederholt. Hier und in anderen Städten der Bundesrepublik wurde erstmals der „Tag der Heimat" begangen.

Die Bedeutung der
„Charta der deutschen Heimatvertriebenen"

Die „Charta der deutschen Heimatvertriebenen" ist in ihrem politischen Gehalt und vor allem in ihrer Friedfertigkeit von gar nicht hoch genug zu schätzender Bedeutung. Prof. Wilfried Schlau nannte sie einen „welthistorischen Beweis für die demokratisch-humane Geisteshaltung der Vertriebenen". Mit ihrer Forderung nach einem geeinten Europa haben diese frühzeitig und geradezu bahnbrechend über den Tellerrand der eigenen Nation und des eigenen Schicksals hinausgeblickt und ihr Schicksal mit dem der anderen europäischen Nationen verknüpft. Die Formulierung des Verzichts auf Rache und Vergeltung war in einer Zeit, wo die Gemüter vom Leid des Erlebten und von Ungerechtigkeiten im Westen erfüllt waren (siehe das Verbot von Vertriebenenvereinigungen), von großer volkspsychologischer Bedeutung. Die Südtiroler, die Palästinenser und andere warfen damals Bomben, um auf ihnen zugefügtes Unrecht aufmerksam zu machen. Die deutschen Vertriebenen haben niemals mit Gewalt gedroht oder diese gar selbst angewendet. Dabei war der Verlust der Heimat, des Besitzes und damit oft aller Zukunftsperspektiven z.B. für einen jungen schlesischen Bauern gewiss schlimmer als die Unterdrückung durch die Italiener für den Südtiroler Bauern. Warum sollten junge Pommern, Ostpreußen, Schlesier, Sudetendeutsche nicht Terroristen werden in einer Welt, die überall zu Gewaltakten neigte? Was konnte junge Menschen dazu bewegen, Unrecht hinzunehmen, um für die Verbrechen des Hitlerreiches zu büßen, an deren sie nicht den geringsten Anteil hatten? Die offiziell verkündete Ächtung von Gewalt, von Rache und Vergeltung hat vielleicht auch manche Heißsporne vor Gewalttaten zurückgehalten, weil sie fürchten mussten, bei ihren Landsleuten auf Ablehnung zu stoßen.

Dass der proklamierte Gewaltverzicht bei den deutschen Vertriebenen von großer Bedeutung war, hebt auch der amerikanische Völkerrechtler Alfred de Zayas hervor: „Die europäische Geschichte hätte jedenfalls eine völlig andere Richtung genommen, wenn die deutschen Vertriebenen zu terroristischen Aktionen übergegangen wären, um die Rückkehr in die Heimat zu erzwingen." Auch wenn diese Feststellung vielleicht übertrieben klingen mag (sie lässt sich ja nicht schlüssig beweisen), so hätte es schon genug Unfrieden stiften können, wenn die Vertriebenen ihren Groll an den anderen Deutschen – den Nichtvertriebenen – ausgelassen hätten. Politische Aufpeitscher hätten in der damaligen elenden Situation durchaus einen geeigneten Nährboden für militante Parolen finden können und bürgerkriegsähnliche Zustände wären angesichts der Spannungen zwischen Vertriebenen und Einheimischen nicht ausgeschlossen gewesen. Es lag vor allem an der politischen Reife der Vordenker der Vertriebenen, der oft gelästerten Vertriebenenfunktionäre, dass solche Entwicklungen nicht eingetreten sind.

Fünf Jahre nach der Verkündigung der „Charta der deutschen Heimatvertriebenen" konnten die Vertriebenenverbände in ihrer „Deklaration" zur „Charta" mit berechtigtem Stolz feststellen: „Die geistig-moralische Not jener Zeit seit 1945, das soziale und wirtschaftliche Chaos, in das wir, unseres eigenen Willens beraubt, hineingetrieben wurden, ließen uns nicht verzweifeln. Wir wurden nicht zum sozialen Sprengkörper im Spannungsfeld Europas."

Der Lastenausgleich – bewundert und gescholten

Unter den Einheimischen in Deutschland herrschte und herrscht noch heute die landläufige Meinung, die Vertriebenen seien mit großen Summen abgefunden worden. Viele hätten durch den Lastenausgleich viel Geld verdient. Und beim Wettlauf um die begehrten und damit raren Eigenheime hätte manch einer auf diesem Weg einen entscheidenden Vorsprung gewonnen.

Dazu sei vorweg gesagt: Solche Meinungen sind in ihrer Verallgemeinerung Grund weg falsch, und sie übersehen dabei völlig, dass die Menschen, die einige tausend Mark erhalten haben, ja das Vielfache vorher verloren hatten.

Der richtige Grundgedanke des Lastenausgleichs war, dass alle Bürger entsprechend ihrer finanziellen Leistungsfähigkeit an den Kosten des verlorenen Krieges beteiligt werden sollten. Von 1949 bis 1979 sind 126 Milliarden DM aus den Taschen der Bürger, die nichts verloren hatten und etwas besaßen, in die Taschen jener Bürger geflossen, die infolge des Krieges alles verloren hatten. Die berechtigten Empfänger waren nach dem LAG-Gesetz aber nicht nur Vertriebene, sondern alle Kriegsgeschädigten, also z.B. auch Hausbesitzer, deren Eigentum durch Bomben vernichtet worden war. Diese Umverteilung der finanziellen Lasten wird vielfach als außergewöhnliche Leistung der Bundesrepublik angesehen, eben so oft aber auch als bloßes Almosen abgetan, das den Namen „Lastenausgleich" nicht verdiene. Um hier inmitten dieser Widersprüche zu einer gerechten Beurteilung zu gelangen, sei auf zwei extreme Lösungsmöglichkeiten des Vertriebenenproblems hingewiesen, die Prof. Wilfried Schlau 1971 in seinem Buch „Politik und Bewusstsein" gegenüberstellt: die Palästina-arabische und die finnische Lösung.

1) Die Palästina-arabische Lösung: Die Mehrzahl der Palästina-Flüchtlinge und -Vertriebenen wurde bewusst in Massenlagern festgehalten, um eine soziale Eingliederung am neuen Wohnort zu verhindern. Dadurch wurde die politische und soziale „Wunde" weiter „offengehalten" und demonstriert, dass man sich mit der Vertreibung niemals abfinden werde. Die Lager wurden zu einem Nährboden für Gewalt.

2) Die finnische Lösung: Die Finnen haben für die Flüchtlinge aus den an die Sowjetunion verlorenen Gebieten von Ostkarelien, Sala und Petsamo eine Entschädigung aufgebracht, die weitgehend dem Wert des verlorenen Besitzes entsprach. Die Gesetze für eine radikale Vermögensabgabe von bis zu 21 % des Verkehrswertes wurden von den Finnen einstimmig (!) verabschiedet. Als Demonstration ihrer nationalen Solidarität fühlten sich die Finnen 1945 „alle als Karelier".

Auch wenn der Anteil der Vertriebenen in Finnland mit zwölf Prozent niedriger lag als in Deutschland, war es doch eine großartige Leistung, dass die Finnen einen wirklichen Lastenausgleich fertigbrachten, obwohl auch sie wie die Deutschen große Reparationssummen an die Sieger zahlen mussten.

In der Bundesrepublik Deutschland, in der DDR und in Österreich hat man sich weder für die eine noch für die andere Lösung entschieden. In Österreich wurde in den ersten Nachkriegsjahren eine der palästinensischen Form ähnliche Methode praktiziert. Das „befreite" Österreich, das sich aus der gesamtdeutschen Verantwortung stehlen und den von den meisten Österreichern lebhaft begrüßten Anschluss an Deutschland vergessen machen wollten, war bestrebt, die lästigen Vertriebenen so bald wie möglich „nach Deutschland", also in die westlichen drei Besatzungszonen, abzuschieben. Eine Eingliederung der Flüchtlinge sollte verhindert werden. Dazu mussten fragwürdige Mittel herhalten. „Volksdeutsche" durften nur in untergeordneten Tätigkeiten beschäftigt werden, die Kinder von Vertriebenen wurden vom Schulunterricht ausgeschlossen. Sie durften bestenfalls nachmittags die Räume der österreichischen Schulen benutzen. Die Vertriebenen waren größtenteils in Lagern untergebracht. Wenn dort Plätze frei wurden, weil Flüchtlinge nach Westdeutschland übersiedelten, wurden andere aus mühselig beschafften Privatwohnungen in die Lager eingewiesen. Angesichts dieser diskriminierenden Maßnahmen zogen es tatsächlich die meisten Vertriebenen vor, nach Westdeutschland zu gehen. Von den 1,4 Millionen Vertriebenen, die nach Österreich kamen, blieben nur 350.000. Für den Erhalt der österreichischen Staatsangehörigkeit mussten sie noch kräftig bezahlen und ausdrücklich auf alle Entschädigungsansprüche an den österreichischen Staat für ihre durch die Vertreibung erlittenen Verluste verzichten. Der neuösterreichische Nationalismus bot, wie Wilfried Schlau schrieb, „ein makabres Beispiel moralischer Fragwürdigkeit und des Fehlens jeglicher sozialer Solidarität: Helmut Qualtinger hat dieser Geisteshaltung der ‚befreiten österreichischen Nation' in seinem ‚Herrn Karl' ein literarisches Denkmal gesetzt."

Ganz anders verfuhr die DDR mit ihren „Umsiedlern" oder „Evakuierten". Hier war die schnellstmögliche Integration das Ziel. Für die erlittenen materiellen Verluste gab es keinerlei finanzielle Entschädigung. Von Bedeutung für viele Vertriebene wurde jedoch die Bodenreform. Bauern konnten hier eher als in Westdeutschland wieder zu Haus und Hof kommen. Aber die spätere Kollektivierung der Landwirtschaft machte diesen anfänglichen Vorteil wieder zunichte. Natürlich hätten alle Vertriebenen die finnische Lösung favorisiert. In der sowjetischen Besatzungszone und in Österreich hatten die Vertriebenen aber überhaupt keine Möglichkeiten, eigene Forderungen aufzustellen. In der amerikanischen Zone bestand bis 1947, in der britischen Zone sogar bis 1949 das Koalitionsverbot, das verhinderte, dass die Vertriebenen als politische Kraft in Erscheinung traten. Dass sie auf diese

Weise von einer aktiven Teilnahme an der Diskussion um einen Lastenausgleich ausgeschlossen wurden, hat sich für ihre Interessen äußerst nachteilig ausgewirkt.

Am 20. Juni 1948 erfolgte mit der Einführung der „Deutschen Mark" die Währungsreform, die die Notlage der Vertriebenen noch verschärfte. Die ursprüngliche Forderung der Vertriebenen nach einer Verbindung des Lastenausgleichs mit der Währungsreform war damit endgültig abgetan. Diese Forderung war auch im sogenannten „Homburger Plan", den die „Sonderstelle für Geld und Kredit" bei der Verwaltung für Finanzen des Vereinigten Wirtschaftsgebietes im Frühjahr 1948 erarbeitet und veröffentlicht hatte. Ihr Leiter war damals Prof. Ludwig Erhard. Als Anwalt der Vertriebenen fungierte nach wie vor Werner Middelmann, der am 10. Februar 1948 in Bad Homburg in seiner Eigenschaft als Generalsekretär der deutschen Landesflüchtlingsverwaltungen mit Prof. Ludwig Erhard zu einer Besprechung über Fragen des Lastenausgleichs zusammentraf. Middelmann, der von Anfang an mit dem Vertriebenenproblem konfrontiert war, erst als Landrat, dann als Flüchtlingskommissar für Nordbaden und nun als Generalsekretär der Landesflüchtlingsverwaltungen hatte schon früh die Auffassung vertreten, dass aus der anfänglichen Belastung durch die Vertriebenen später eine Entlastung und dass die Eingliederung dieser Menschen dem ganzen Volk Vorteile bringen würde. Das positive Beispiel der Eingliederung der französischen Hugenotten und der protestantischen Salzburger in Preußen und in Kurhessen hatte ihn in dieser Meinung bestärkt.

Über seine Vorschläge zum Lastenausgleich, die er am 10. Februar 1948 Prof. Ludwig Erhard unterbreitete, schrieb Middelmann: „Mir ging es darum, durch die Entschädigungen und vorherige Feststellung der individuellen Schäden den Respekt des ‚individuellen Eigentums' an dem ehrlich erworbenen oder ersparten Vermögen deutlich auszudrücken...Erst bei richtiger Anerkennung des Verlustes von Vermögen und sozialer Stellung war zu erwarten, dass die Vertriebenen dann selbst sich voll für ihre Wiedereingliederung in das deutsche Leben einsetzen würden, ihr Selbstvertrauen wiedergewönnen und ihren persönlichen Kredit wieder aufbauten."

Die Alliierten hatten so nachdrücklich auf die Notwendigkeit eines Lastenausgleichs hingewiesen, weil sie befürchteten, dass die Eingliederung ohne eine solche Maßnahme scheitern würde. Im November 1948 wurde im Frankfurter Wirtschaftsrat ein erstes Lastenausgleichsgesetz verabschiedet, das unter dem Namen „Soforthilfegesetz" im August 1949 in Kraft trat. Kernstück des Gesetzes war die monatliche Unterhaltshilfe mit einem Sockelbetrag von 70 DM. Dass das Soforthilfegesetz, obwohl die Regelungen bescheiden waren, bei den Vertriebenen so positive Auswirkungen zeigte, beweist, wie dankbar sich diese selbst an den kleinsten Strohhalm klammerten, der ihnen eine bessere Zukunft verhieß. Diese ersten Ausgleichszahlungen hatten tatsächlich einen beruhigenden Effekt und wirkten der befürchteten Radikalisierung der Vertriebenen entgegen.

Die Auseinandersetzungen um das eigentliche Lastenausgleichsgesetz, das es erst noch zu schaffen galt, fanden 1950 bis 1952 statt. Das Dilemma für die Bonner Lastenausgleichspolitik war nicht gering. Einerseits war ein rascher Lastenausgleich politisch unerlässlich, um der damals doch akut erscheinenden Gefahr der Radikalisierung der Vertriebenen zu begegnen, andererseits drohte eine größere Vermögensumverteilung das eben einsetzende Wirtschaftswachstum zu behindern. Jedenfalls standen sich diese beiden Befürchtungen gegenüber, die erste drängte zu schnellem Handeln, die zweite ließ eine aufschiebende Behandlung ratsam erscheinen.

Am 16. Mai 1952 wurde das Lastenausgleichsgesetz im Bundestag verabschiedet. Im seinem Mittelpunkt stand die Hauptentschädigung. Für nachgewiesene Vermögensschäden sollten die Vertriebenen eine prozentuale Entschädigung erhalten. Für geringe Schäden war der prozentuale Anteil verhältnismäßig hoch, z.B. für Schäden unter 5.000 Reichsmark 95 %. Für hohe Vermögensverluste wurde eine verhältnismäßig geringe Entschädigung gewährt. So sollten etwa Schäden über eine Million Reichsmark nur noch mit 6,5 % abgegolten werden. Die Auszahlung der Hauptentschädigungen erfolgte erst ab 1959, weil zuvor noch Finanzierungsprobleme zu lösen waren.

Als das Lastenausgleichsgesetz geschaffen wurde, war man allgemein der Auffassung, dass das deutsche Volk nicht imstande sein würde, das Vertriebenenproblem aus eigener Kraft zu meistern. Aber die Bundesrepublik erlebte einen unerwarteten und nie gesehenen wirtschaftlichen Aufschwung, an dem die Vertriebenen durch ihren Ehrgeiz und Fleiß und durch ihre hohe berufliche und regionale Mobilität besonders beteiligt waren. Eine wesentliche Veränderung in den Bestimmungen des Lastenausgleichs, die diesen den wirtschaftlichen Möglichkeiten angepasst hätte, gab es nicht. Trotz seiner relativ geringen Bedeutung für die materielle Lage der Geschädigten ist der Lastenausgleich zum Symbol für die geglückte Integration der Vertriebenen geworden. Das konnte aber nur geschehen, weil sich die Vertriebenen mit der bestehenden Regelung abgefunden haben. Von der höheren Warte der Solidarität eines Volkes her betrachtet und nach einem Vergleich mit der in Finnland gefundenen Lösung, kann der deutsche Lastenausgleich tatsächlich nicht befriedigen, auch wenn er gern gelobt wird. Dass dies mehr von Seiten der Einheimischen geschieht, ist verständlich. Dass auch die Vertriebenen selbst nicht allzu kritisch darüber urteilen wollen, ist ebenso verständlich, denn schließlich hat ihnen die Regelung durchaus geholfen.

Berufliche Eingliederung –
sozialer Aufstieg und sozialer Fall

Als die Vertriebenen im Westen ankamen, beherrschte vor allem die Sorge um Unterkunft und Nahrung ihren Alltag. In dem weitgehend zerstörten und von Not geprägten Land galt es täglich einen Kampf ums schlichte Überleben zu führen; man lebte buchstäblich von der Hand in den Mund. Auch wenn die Einheimischen ebenso unter Mangel und Entbehrungen zu leiden hatten – die zuletzt Gekommenen hatten es am schwersten. Sie mussten sich mit dem begnügen, was ihnen die anderen übrig ließen. Die Vertriebenen hausten in den dürftigsten Unterkünften und bekamen – wenn überhaupt – die niedersten, am schlechtesten bezahlten Arbeiten. Für die soziale Eingliederung war aber ein adäquater Arbeitsplatz von entscheidender Bedeutung angesichts des Wertes, den die Deutschen der beruflichen Karriere zumessen.

Entsprechend den Dispositionen der Besatzungsmächte, der Briten und Amerikaner, waren die Vertriebenen zunächst vor allem nach Schleswig-Holstein, Niedersachsen und Bayern geschleust worden, also in überwiegend organisch strukturierte Gegenden, in denen Dörfer und Städte weniger zerstört waren als in den Ballungszentren der Großstädte und Industriegebiete. Zudem schien hier die Ernährung der Bevölkerung eher gewährleistet. Die Frage nach Arbeitsplätzen blieb in dieser ersten Phase völlig unberücksichtigt. So kam es zu einem großen Ungleichgewicht zwischen Angebot und Nachfrage bei den bestehenden oder entstehenden Arbeitsplätzen. In den Aufnahmeländern Schleswig-Holstein, Niedersachsen und Bayern war der Anteil der arbeitslosen Vertriebenen deshalb besonders hoch. In Schleswig-Holstein waren 1949 58,5 % der Arbeitslosen Vertriebene, in Niedersachsen waren es 42,4 %, in Bayern 40,4 %. Vor allem für die ehemals Selbstständigen war es schwer oder fast unmöglich, sich wieder eine entsprechende Existenz im Westen aufzubauen. So sank der Anteil der Selbständigen unter den Vertriebenen von 18,3 % auf 5,2 % (in der Bundesrepublik 1950). Der Anteil der Arbeiter stieg dagegen von 37,6 % auf 75 % an, weil ehemalige Selbständige, ihre mithelfenden Familienangehörigen und ehemalige Angestellte sich jetzt als Arbeiter wiederfanden. Die Vertreibung war also häufig mit sozialem Abstieg verbunden.

Für viele brach tatsächlich eine Welt zusammen. Dieser „Sturz ins Bodenlose" hat aber nach einer Phase des Erschreckens und Erleidens bei fast allen ein Aufbäumen hervorgebracht, ein „Nun erst recht", einen Ehrgeiz, sich wieder auf die soziale Stufe emporzuarbeiten, die man vorher innehatte. Dieser Ehrgeiz wurde zusätzlich noch dadurch angefacht, dass man es den Einheimischen „zeigen wollte". So wurde die Selbsthilfe letztlich der entscheidende Faktor der gesellschaftlichen Eingliederung und des wirtschaftlichen Erfolges.

Die vertriebenen Bauern

Besonders dramatisch zeigte sich die Tendenz zum sozialen Abstieg bei den Landwirten. Als Folge des Zweiten Weltkrieges wurden rund 400.000 deutsche Bauern und ihre Familien von ihren Höfen vertrieben. Zur Ausübung ihres Berufes fehlten im Westen alle Voraussetzungen. Anders als in Finnland gab es für die deutschen Bauern keinen wirklichen Lastenausgleich. Dort waren die vertriebenen Landwirte mit Grund und Boden entschädigt worden. In der Bundesrepublik Deutschland war das aber allein schon wegen der hohen Besiedlungsdichte und der Art der Bodennutzung unmöglich. So waren die vertriebenen Bauern mehr als alle anderen Berufsgruppen gezwungen, sich umzuorientieren. Berufliche Umschichtung bedeutete hier aber fast immer soziale Deklassierung. Nur zu etwa fünf Prozent ist es gelungen, die früher selbständigen Bauern wieder in die Landwirtschaft in einer Form einzugliedern, die etwa ihrer früheren Tätigkeit entsprach. Die Mehrzahl der ehemaligen Bauern musste sich als Landarbeiter verdingen. Die jüngere Generation wanderte zum allergrößten Teil in Berufe der Industrie und des Handwerks ab.

Die Eingliederung der vertriebenen Landwirte war mit Schwierigkeiten verbunden, die es bei anderen Berufsgruppen in dieser Form und in diesem Ausmaß nicht gab. Eine Existenz in der Landwirtschaft als selbständiger Bauer erforderte Investitionen, die mit dem wenigen Geld, das als Hauptentschädigung für verlorene landwirtschaftlich nutzbare Fläche gezahlt wurde, nicht zu leisten waren. Die seelische Not dieser Menschen trieb einige sogar dazu, ihrem Leben selbst ein Ende zu setzen. Der Bruder meines Vaters – ein vertriebener Bauer aus Schlesien – wählte im September 1955 den Freitod. Seine Frau schrieb damals an meinen Vater: „Reinhard konnte mit seinem

Schicksal nicht fertig werden, immer grübelte er, und das Heimweh nach unserer lieben Heimat machte ihn still und einsam." Ich will hier einige Stellen aus Briefen meines Onkels an meinen Vater zitieren, die das schwere Schicksal der vielen vertriebenen Bauern veranschaulichen.

10. Dezember 1946: ..."Wir wohnen bei einem Bauern und sind wohnlich leidlich untergebracht. Aber die Gastgeber sind recht unfreundlich. Es ist mit solchen Menschen nicht warm zu werden...ich bin seit einigen Wochen arbeitslos."

13. Dezember 1948: ..."Seit Juli bin ich leider wieder arbeitslos und versuche neben meiner Unterstützung noch etwas dazu zu verdienen. Gehe in den Wald nach Beeren, Pilzen und jetzt nach Kiefer- und Tannenzapfen. So gut es halt geht, halten wir uns über Wasser..."

19. Januar 1949..."Leider bin ich noch immer arbeitslos...heimisch werden wir hier nie und nimmer werden."

In seinem Abschiedsbrief vor seinem Selbstmord schrieb mein Onkel im September die Zeilen: „Seit unserem Zusammenbruch bin ich ein wackliger Mann an Leib und Seele geworden. Leider gibt es keine Rettung mehr für mich, obgleich ich es in meinem Innern immer erhofft hatte: ein Zurück nach meiner lieben Heimat."

Mit dem Flüchtlingssiedlungsgesetz von 1952 und mit dem Bundesvertriebenengesetz von 1953 wurde versucht, durch gesetzliche Maßnahmen den Bauern eine Wiedereingliederung zu erleichtern. Eine große Veränderung der Situation konnten diese Regelungen jedoch nicht bringen. Dafür waren sie zu halbherzig. Trotz aller Kritik gab es in den Gesetzen kluge Regelungen, die durchaus positive Folgen hatten. Eine davon war die fünfjährige Steuerbefreiung, wenn einheimische Bauerntöchter vertriebene Bauernsöhne heirateten. 20.000 Paare kamen in den Genuss dieser Regelung, die überdies die Heiratschancen der meist mittellosen Bauernsöhne erhöhte. Es war eine Art „Ehevermittlung im nationalen Interesse".

Die Errichtung von Flüchtlingsbetrieben

Die vertriebenen Unternehmer, Kaufleute und Handwerker strebten im Westen naturgemäß nach Wiedergründung eines Geschäfts. Die Angehörigen der freien Berufe wie Ärzte oder Rechtanwälte wollten wieder eine Praxis einrichten. Über ihr Fachwissen hinaus verfügten sie jedoch in aller Regel über keinerlei Eigenkapital. Die üblichen Bankkredite kamen für die Vertriebenen nicht in Betracht, weil den Geldgebern die bankmäßige Absicherung fehlte und die Zinsen relativ hoch waren, so dass die Geldnehmer sie gar nicht erwirtschaften konnten. Deshalb musste für die Vertriebenen nach neuen Wegen der Kreditgewährung gesucht werden. Die Kredite mussten längerfristig sein, die Zinsen anfangs niedriger.

Als Initialzündung für den Aufbau der westdeutschen Wirtschaft erwiesen sich die Darlehen aus dem amerikanischen „Marshallplan-Fonds". Schon vorher hatten die Länder versucht, Vertriebenen, die eine neue Existenz gründen wollten, mit Krediten oder Bürgschaften zu helfen. Das geschah jedoch zu verschiedenen Zeiten und in unterschiedlicher Form. In Hessen konnten Flüchtlingsbetriebe schon verhältnismäßig früh Kredite aus Landesmitteln in Anspruch nehmen. Aber auch hier war die Summe, die bis 1948 zur Verfügung stand, nicht sehr hoch. Sie betrug etwas über eine Million Reichsmark. Dennoch hat dieses Geld manchem zum Start verhelfen können. Schon Ende September 1947 gab es in der hessischen Landeshauptstadt Wiesbaden eine Leistungsschau hessischer Vertriebenenbetriebe, von denen es zu dieser Zeit etwa 300 gab.

1948 wurde in Frankfurt am Main die Kreditanstalt für Wiederaufbau gegründet, die insbesondere die ERP-Mittel, die Gelder aus dem Marshallplan-Fonds, verwaltete. Im Mai 1950 begann als zentrales Kreditinstitut für Vertriebene die „Vertriebenenbank", die später in die „Lastenausgleichsbank" (LAB) umgewandelt wurde. Damit erhielten die Vertriebenen eine auf ihre Belange und Probleme spezialisiertes Kreditinstitut. 1950 wurde in Bayern die „Bayerische Landesanstalt für Aufbaufinanzierung" (LFA) in München gegründet. Auch sie führte Kreditprogramme zur wirtschaftlichen Eingliederung von Vertriebenen durch.

Die Neugründung von Betrieben durch Vertriebene hatte vor allem in den strukturschwachen ländlichen Gebieten der westdeutschen Länder große Bedeutung, vor allem für Bayern durch die Neuansiedlung der sudetendeutschen Industriezweige. Die Sudetenländer waren hochindustrialisierte Gebiete, deren Erzeugnisse meist Weltruf genossen. Das Ziel der Vertriebenen, aus betriebstechnischen und arbeitsmäßigen Gründen eine geschlossene Ansiedlung zu erreichen, konnte nur teilweise verwirklicht werden. Dafür kam es an einigen Orten zu einer Sammlung verschiedener Industriezweige, die zur Gründung von charakteristischen Flüchtlingsstädten und einigen großen Vertriebenensiedlungen in Bayern führte; diese entwickelten sich im Anschluss an bestehende Gemeinden zu Zentren der Vertriebenenindustrie. Zu Städten wuchsen im Lauf der Zeit die bedeutenden Ansiedlungen Geretsried, Neutraubling, Traunreut, Waldkraiburg und Neu-Gablonz heran, während zu den größeren Vertriebenensiedlungen Bubenreuth, Piding, Neu-Wildflecken, Weidenberg, ferner Moosburg, Ebenhausen, Warmensteinach und Vohenstrauß zählen.

Die hier aufgezählten Ansiedlungen von Vertriebenen fanden in der Öffentlichkeit mehr Aufmerksamkeit als die Vertriebenenindustrie insgesamt, waren sie doch augenfällige Symbole für Fleiß und Aufbauwillen der Vertriebenen. Wirtschaftliche Vorteile durch die Neuansiedlung vor allem sudetendeutscher Industriebetriebe hatte nicht nur Bayern, das die meisten Sudetendeutschen aufnahm, sondern auch Hessen und Baden-Württemberg. Insgesamt waren der Wille der Vertriebenen nach wirtschaftlicher Eingliederung, ihre hohe berufliche und regionale Mobilität, der unternehmerische Erfahrungsschatz der Firmengründer, ihr Ehrgeiz und ihr Ideenreichtum ein Motor für die gesamtwirtschaftliche Entwicklung der Bundesrepublik Deutschland und darüber hinaus.

Niemand hat zum Zeitpunkt der Vertreibung oder wenige Jahre später eine solche positive Entwicklung vorausgeahnt oder für möglich gehalten. Angesichts des guten Endergebnisses wird aber allzu leicht der Beginn vergessen: das Elend der Menschen, die nach dem Verlust ihrer Heimat und ihrer Habe im Westen mit leeren Händen ankamen. Die materiellen Hilfen von Ländern und Bund konnten bei einem neuen Start helfen. Ohne den Wiederaufbauwillen der Vertriebenen hätten sie nichts genützt.

Die Eingliederung der Vertriebenen in die
bundesrepublikanische Gesellschaft

Vor allem in dem Jahrzehnt von 1951 bis 1961 wurden in der wirtschaftlichen, sozialen und gesellschaftlichen Eingliederung der Vertriebenen große Erfolge erzielt. Der allgemeine wirtschaftliche Aufstieg der Bundesrepublik bot allen neue Möglichkeiten und löste die bisher bestehenden Spannungen zwischen Vertriebenen und Einheimischen weitgehend auf. Die Leistungen der Einheimischen zum Lastenausgleich waren für diese nicht bedrückend. Die Konkurrenz der Vertriebenen auf dem Arbeitsmarkt wurde wegen der schnellen Zunahme der Arbeitsplätze nicht als lästig oder gar bedrohlich empfunden, und das Bewusstsein, die schweren Nachkriegsjahre „gemeinsam" bewältigt zu haben, schuf geradezu ein Gefühl der Solidarität. In den fünfziger Jahren entstanden die Patenschaften für Landsmannschaften, Städte, Landkreise und Gemeinden der Vertriebenen. In den Gemeinden der Bundesrepublik wurden Vertriebenen-Kreuze aufgestellt.

Die Namen der verlorenen deutschen Länder sollten an die Toten der Vertreibung erinnern. Straßen und Autobahnraststätten wurden nach ostdeutschen Landschaften und Städten benannt. Auch im außenpolitischen Bereich herrschte eine weitgehende grundsätzliche Übereinstimmung. Es gab kein gewaltsames Aufbegehren der Vertriebenen gegen die Vertreibung, und die Einheimischen unterließen alle Versuche, das Unrecht der Vertreibung politisch zu rechtfertigen. In der Ära Adenauer wurde der soziale Sprengstoff der Vertriebenen durch ihre Integration in eine folkloristische Subkultur und durch das Versprechen eines ‚Rechts auf Heimat' entschärft.

Es war gewiss eine doppelbödige Politik, die da praktiziert wurde. Übertüncht vom Bekenntnis zum „Recht auf die Heimat" – Adenauer sprach vor den Vertriebenen vom „Tag der Rückkehr" – bestand bei den Politikern bereits das Bewusstsein der Unmöglichkeit, die verlorenen Gebiete wiederzuerlangen. Man kann dabei vielleicht von „verbalen Almosen" für die Vertriebenen reden, von beschwichtigenden Notlügen. Denn die Politiker wollten auf alle Fälle vermeiden, dass das Vertriebenenproblem politisch gefährliche Wellen schlug. Wer hätte da schon in den ersten Jahren nach der Vertreibung wagen können, den Betroffenen unverblümt zu sagen, dass sie auf unabsehbare Zeit ihr „Recht auf die Heimat" nicht würden einlösen können.

Die Hoffnung auf eine positive „Regelung im Osten" wurde lange von westdeutschen Politikern genährt, vor allem von Bundeskanzler Adenauer. Als das Saarland 1957 von Frankreich an die Bundesrepublik gegeben wurde, erklärte dieser anlässlich der Feierstunde: „... und Sie werden ebenso wie wir daraus Vertrauen für eine Regelung im Osten schöpfen."

Konnte man das überhaupt vergleichen? Frankreich war eine westliche Demokratie, die eine Abstimmung der Saarländer zugelassen und deren Votum für die Bundesrepublik akzeptiert hatte. Für die östlichen Diktaturen unter der Oberherrschaft der Sowjetunion waren Lösungen nach diesem Muster undenkbar. Das hoffnungsvolle Kanzlerwort entbehrte somit jeder realpolitischen Grundlage. Aber es machte Mut, tröstete viele Menschen – und es kostete nichts.

Auch der spätere Kanzler Willy Brandt sprach noch 1964 tröstende Worte für die Vertriebenen und wandte sich gegen die Kritik an deren Kundgebung: „So wie der Tag der Heimat in diesem Jahr, wie vor fünf und zehn Jahren der Tag der Deutschen in Berlin zur Tradition geworden ist, so sind auch die Angriffe auf diesen Tag zur Tradition geworden. Dazu stelle ich fest: Kundgebungen, durch die um das Recht gerungen wird, gefährden den Frieden nicht; und hier ging es im Laufe der Jahre immer wieder um die Menschenrechte, um das Selbstbestimmungsrecht, um das Heimatrecht. Wir haben der Gewalt abgeschworen, aber wir haben nicht dem Recht abgeschworen."

Als zwischen der Sowjetunion und den USA die Phase der Entspannungspolitik begann und sich auch auf die deutsche Politik auswirkte, mussten die Vertriebenen mit ihrem Anspruch auf Heimat- und Selbstbestimmung als Hindernis auf dem Wege zur Anerkennung der „Realitäten" erscheinen. Die Vertriebenenverbände erschienen jetzt als nationalistische Revanchisten und Gegner einer fortschrittlichen Ostpolitik. Sie wurden sogar ein beliebtes Objekt von Kabarettspäßen – eine Entwicklung, die die „Salzburger Nachrichten" am 16. Juli 1966 in ihrem Leitartikel anprangerten: „Es ist eine wahre Schande – sagen nicht wenige einsichtige Deutsche – wie unter dem jetzigen System in Deutschland die Vertriebenen, die stellvertretend für das ganze deutsche Volk die Sünden und die Verbrechen des NS-Regimes gebüßt haben, noch weiter büßen und übel wie keine anderen Mitglieder des deutschen Volkes behandelt werden. Das deutsche Wirtschaftwunder wäre ohne sie, ihre Arbeit und ihren guten Willen niemals in dem Umfang, den es hatte, möglich gewesen. Ihnen muss das ganze deutsche Volk und muss die ganze freie Welt dafür danken, dass sie sich 1945 nicht der Anarchie hingaben, was für den Kommunismus eine schwere Enttäuschung bedeutete. Aber in Bonn dankt man ihnen dies, wie es den Anschein hat, schlecht...Fernsehen, Rundfunk, große Presse und nicht zuletzt die Gleichgültigkeit Bonns haben es erreicht, dass die Vertriebenen von den anderen Deutschen als lästige Querulanten empfunden und nahezu wie Verfemte und Vogelfreie gewertet werden. Das ist bedrückend und traurig und zeigt, dass das deutsche Volk in seiner Gesamtheit als Folge des Zusammenbruchs noch krank ist." Die Vertriebenen traf dieser Stimmungsumschwung völlig überraschend.

Der Umschlag vom ‚Patenkind' zur ‚Unperson' war verständlicherweise vor allem für die Älteren, die sich in ihrer persönlichen Identität tief getroffen fühlen mussten, kaum zu verkraften und der Rückzug vieler in die Resignation, ins Vertriebenen-Getto oder in die völlige Isolierung wird von daher durchaus verständlich. Um diesem Diffamierungsdruck auszuweichen, verschwiegen manche der mittleren Vertriebenen-Generation ihre Herkunft, um Nachteile oder Anfeindungen zu vermeiden. Auch in den Schulen wurde die Vertreibung in den siebziger Jahren immer weniger behandelt, so dass die Äußerung eines Studenten symptomatisch für den geringen Wissenstand war: „In unserer Gemeinde sollen nach dem Krieg auch Flüchtlinge gewesen sein ...Sagen Sie ist ‚Flüchtling' nicht eigentlich ein Schimpfwort?"

Über die Situation der Vertriebenen in jenen Jahren schrieb Prof. Wilfried Schlau 1968: „Fasst man die Ergebnisse über die Lage der Vertriebenen und Flüchtlinge in der Bundesrepublik zusammen, so dürfte deutlich geworden sein, warum sich die Flüchtlinge und vor allem die Vertriebenen 25 Jahre nach ihrer Flucht und oft unter grauenhaften Umständen erfolgten Vertreibung trotz ihrer seither erbrachten unbestreitbar großen Leistungen auf allen Gebieten des wirtschaftlichen, kulturellen und politischen Lebens nicht – wie in Finnland mit seiner Solidarität ‚aller Karelier‘ – der besonderen Fürsorge und Zuneigung der heimatverbliebenen Bevölkerung erfreuen. Im Gegenteil: Sie sind, trotz der ‚Charta der Vertriebenen‘ und obgleich sie in diesen 25 Jahren niemals auch nur versucht haben, Gewaltmaßnahmen irgendwelcher Art zu empfehlen oder sogar anzuwenden, gehasst ebenso bei ihren Vertreibern in den westlichen Demokratien wie in den östlichen Volksdemokratien und beneidet, gefürchtet, ja nur zu oft gehasst bei den wirtschaftlich und politisch maßgebenden Schichten und Gruppen in der Bundesrepublik, deren ‚Prügelknaben‘ und ‚Ersatzjuden‘ sie in so unerwarteter Weise geworden sind. Wäre es nicht zu dem großen „Wirtschaftswunder“ gekommen, hätte es jedenfalls kein „Integrationswunder“ geben können und die Gegensätze wären hart aufeinandergeprallt. Das „Integrationswunder“ konnte wiederum nur zustande kommen, weil die Vertriebenen – trotz aller negativen Beurteilungen – nicht resigniert die Hände in den Schoß legten, sondern tatkräftig beim Wiederaufbau mitarbeiteten.“

Das „Recht auf die Heimat“ und die Frage der Rückkehr

In der „Charta der deutschen Heimatvertriebenen“ vom 5. August 1950 – dem schon beschriebenen Grundgesetz der Vertriebenen – wird gefordert, das „Recht auf die Heimat“ zu verwirklichen. In der Urkunde, die die Unterschriften der Vorsitzenden der Verbände und Landsmannschaften trägt, sind die vier Worte RECHT AUF DIE HEIMAT im Druck besonders stark hervorgehoben. Neben der feierlichen Erklärung der Pflichten der Vertriebenen, auf „Rache und Vergeltung“ zu verzichten, die „Schaffung eines geeinten Europas“ zu unterstützen und unermüdlich am „Wiederaufbau Deutschlands“ teilzunehmen, wird in vielen Würdigungen der Charta oft vergessen, auf das in ihr geforderte „Recht auf die Heimat“ hinzuweisen. Die entsprechende Stelle soll hier noch einmal zitiert werden: „Wir haben unsere Heimat verloren. Heimatlose sind Fremdlinge auf dieser

Erde. Gott hat die Menschen in ihre Heimat hineingestellt. Den Menschen mit Zwang von seiner Heimat trennen bedeutet, ihn im Geiste zu töten. Wir haben dieses Schicksal erlitten und erlebt. Daher fühlen wir uns berufen, zu verlangen, dass das RECHT AUF DIE HEIMAT als eines der von Gott geschenkten Grundrechte der Menschheit anerkannt und verwirklicht wird."

Dass die Vertriebenen das „Recht auf die Heimat" in ihrer Charta so groß herausstellen, war völlig verständlich. Die Sehnsucht, wieder in die verlorene Heimat zurückzukehren, wird wohl nur derjenige recht verstehen, der selbst die Heimat verloren hat. Dass in den Gebieten, aus denen die Deutschen vertrieben wurden, damals kommunistische Diktaturen herrschten, eine Rückkehr zu einem freiheitlichen Leben also völlig illusorisch blieb, war jedenfalls kein Hinderungsgrund, das „Recht auf die Heimat" weiterhin zu fordern. So wurde auch in die Deklaration vom 6. August 1960 – also zehn Jahre nach der Verkündung der Charta – folgende Formulierung eingebracht: „Wir wollen auch jetzt und künftig wie ehedem in die Heimat zurück. Wir sehen keinen Anlass, unsere Haltung zu ändern, um so mehr als wir glauben, die Pflichten, die wir in der Charta auf uns nahmen, nach bestem Wissen und Gewissen beim Wiederaufbau Deutschlands und Europas erfüllt zu haben."

Mit der Forderung nach dem „Recht auf die Heimat" standen die Vertriebenen nicht allein. Sie wurde auch von den Parteien und den Bundesregierungen erhoben. So hieß es am 28. Juni 1956 in einer Regierungserklärung: „Das Recht auf die Heimat und das Selbstbestimmungsrecht sind unabdingbare Voraussetzungen für die Lösung des Schicksals der in der Vertreibung oder in der Unfreiheit lebenden Menschen und Völker." In einer Bundestagsdebatte hieß es im gleichen Jahr: „Die Bundesregierung ist auch bemüht, dem Prinzip des ‚Rechts auf die Heimat' mit allen geeigneten Mitteln zu internationaler Anerkennung zu verhelfen. Das Recht auf die Heimat, das untrennbar mit dem in verschiedenen völkerrechtlichen Akten begründeten Selbstbestimmungsrecht verbunden ist, gehört zu den unverletzlichen und unveräußerlichen Menschenrechten, die als wesentlicher Ausdruck wahrer Demokratie in der gesamten freien Welt ‚die Grundlage jeder menschlichen Gemeinschaft, des Friedens und der Gerechtigkeit bilden."

Das „Recht auf die Heimat" hat nicht zuletzt im Rahmen des deutschen Vertriebenenrechts seinen Niederschlag gefunden. Die Eingliederung der Vertriebenen geschah unter dem Vorbehalt ihrer Rückkehr in die verlorene Heimat, der eben als „Recht auf die Heimat" bezeichnet und gefordert wurde. Dieser Vorbehalt hat in einer Reihe von gesetzlichen Bestimmungen des geltendes Rechts Ausdruck gefunden. Überhaupt war das Festhalten am Glauben, an der Forderung einer möglichen Rückkehr von nicht zu überschätzender Bedeutung. Prof. Manfred Görtemaker von der Universität Potsdam urteilt über diese Zusammenhänge:

„Es gab für die Flüchtlinge und Vertriebenen natürlich eine große Hoffnung auch in absehbarer Zeit wieder zurückkehren zu können. Sie haben diese Hoffnung lange Zeit nicht aufgeben wollen, auch nicht aufgeben können, weil es wahrscheinlich für sie auch die einzige Möglichkeit war, kurzfristig zu überleben und mit dieser extrem schwierigen Situation fertig zu werden. De facto gab es natürlich eine solche Rückkehrmöglichkeit nicht, denn die Erwartung, dass die Beschlüsse des Potsdamer Abkommens rückgängig gemacht werden könnten, was die Oder-Neiße-Linie anbetraf als polnische Westgrenze, war gleich Null. Also es gab eine solche Möglichkeit realiter nicht und deswegen mussten sich die Flüchtlinge und Vertriebenen dann natürlich mit dieser Situation irgendwie arrangieren. Sie haben das dann versucht, indem sie die Landsmannschaften gegründet haben, um die Erinnerungen an die Heimat aufrecht zu erhalten. Aber sie haben eben auch die Hoffnung oder möglicherweise auch den Anspruch auf eine Rückkehr nie wirklich aufgegeben. Das geht noch bis in die 70er Jahre hinein, als die neue Ostpolitik auch deswegen so umstritten ist unter Willy Brandt, weil eben durch die Anerkennung der Oder-Neiße-Grenze im Warschauer Vertrag die Wahrscheinlichkeit, dass sie zurückkehren könnten, immer geringer wurde. Und diese Hoffnung aufzugeben war extrem schwierig. Und bis heute ist das Vertriebenenthema natürlich ein wichtiges Thema in der politischen Debatte. Aber letztlich muss man auch sagen, dass die Vertriebenen selbst in hohem Maße dazu beigetragen haben, durch ihr friedliches Verhalten, sich nicht nur in die Nachkriegsgesellschaft zu integrieren, sondern gleichzeitig auch sich mit einer Situation abzufinden, mit der viele andere sich wahrscheinlich nicht abgefunden hätten. Also insofern ist das auch von Seiten der Vertriebenen dann ein wichtiger Beitrag gewesen diese Integration zu vollziehen."

Es ist irritierend, dass bei aller Verurteilung von Vertreibungen international ein „Recht auf die Heimat" bisher nicht deklariert ist. Es gibt keine Definition der „International Law Commission" und keine einschlägige Resolutionen der Vereinten Nationen. Nachweise für den Zusammenhang zwischen dem Selbstbestimmungsrecht, das allgemein anerkannt ist und von den Vereinten Nationen oft proklamiert wird, und dem Recht auf die Heimat lassen sich jedoch viele anführen. Der international renommierte Rechtswissenschaftler Prof. Otto Kimminich schrieb in seinem Buch „Das Recht auf Heimat": „Es wäre eine grausame Ironie, wenn die Rechtsverletzungen der Vergangenheit nun auch die Festigung der Rechtsgrundlagen für die Zukunft verzögerten oder sogar verhinderten".

Die Existenz eines „Rechts auf die Heimat" im positiven Völkerrecht wird von zahlreichen Völkerrechtlern – vor allem von polnischen und tschechischen – noch immer geleugnet. Dabei mag auch eine Rolle spielen, dass sie das „Recht auf die Heimat" deshalb bekämpfen, weil sie es primär als Rückkehranspruch der deutschen Vertriebenen begreifen. Abschließend schrieb Kimminich: „Der unbefangene Beobachter fragt sich, warum die bloße Bezeichnung ‚Recht auf die Heimat' so wütende Reaktionen hervorruft, wie sie in der Diskussion der letzten Jahre zu beobachten waren. Wenn eindeutig feststeht, dass Vertreibungen völkerrechtswidrig sind und sogar Umsiedlungsverträge nur geschlossen werden dürfen, wenn sie dem Willen der Betroffenen entsprechen, wenn das Selbstbestimmungsrecht erwiesenermaßen ein echter Rechtssatz und kein bloßes Prinzip mehr ist, wenn das geltende Völkerrecht das Instrument des Minderheiten- und Volksgruppenschutzes weiter pflegt, wenn Deportationen auch in Kriegszeiten verboten sind, warum soll man da nicht sagen dürfen, dass vom Völkerrecht her gesehen jeder Mensch das Recht hat, in seiner Heimat zu verbleiben? Wie soll eine Welt aussehen, in der dieses Recht nicht anerkannt wird? Jeder möge sich diese Frage selbst stellen und ehrlich beantworten."

Ein Recht auf Heimat wird inzwischen auch von der Gesellschaft für bedrohte Völker (GfbV) propagiert. Sie fordert die Aufnahme dieses Rechts in die Charta der Grundrechte der Europäischen Union.

Der Begriff der Heimat

Das Heimatgefühl ist eines der stärksten, das der Mensch kennt. Meist wird es ihm aber erst richtig bewusst, wenn er freiwillig von seiner Heimat getrennt ist oder sie durch Anwendung von Gewalt verloren hat. Heimweh nach der Heimat ist dann die gefühlsmäßige Äußerung, die Reaktion auf den vorübergehenden oder fortwährenden Verlust. Dass die Trennung von der Heimat durch Gewalt die schlimmste Form der Heimatlosigkeit ist, ist ohne weiteres einsehbar. Heimweh durch eine freiwillige Trennung von der Heimat kann durch die Hoffnung auf ein Wiedersehen gemildert werden. Bei einer gewaltsamen Trennung ohne die Hoffnung auf Rückkehr gibt es diesen Trost nicht. Als sich mit den Nachkriegsjahren die Rückkehrchancen immer mehr zerschlugen, hat das Heimweh manche Menschen zerstört. Auch wenn Vertriebene sich im Westen gut eingelebt haben, hier eine „neue" oder „zweite" Heimat gefunden haben, blieb doch bei allen die Erinnerung an die verlorene Heimat lebendig. In vielen Berichten von vertriebenen Zeitzeugen kam zum Ausdruck, dass das Heimweh mit zunehmenden Alter als immer quälender empfunden werde. Die Auffassung, dass man nur eine wirkliche „Heimat" haben könne, findet sich immer und überall, wie auch die Kindheit, die mit der Heimat fest verbunden ist, nicht noch einmal wiederholt werden kann.

Christian Graf von Krockow, selbst Vertriebener aus Pommern schrieb in seinem Buch „Heimat – Erfahrungen mit einem deutschen Thema": „Heimat ist ein Erfahrungsraum der Vertrautheit, der in der Kindheit entsteht. Darum ist sie nichts Nebensächliches. Zu den gesicherten Erkenntnissen der Forschung und Erfahrung gehört, dass schon Kleinkinder auf die Herstellung eines „Urvertrauens" angewiesen sind, wenn sie ihren Weg ins Leben ohne Schäden finden sollen, die unter Umständen nie mehr geheilt werden können. Bedingungen dieses Urvertrauens ist die liebevolle und stetig-zuverlässige Zuwendung der Mutter oder einer anderen „Bezugsperson". So gesehen bezeichnet Heimat im Grunde nichts anderes, als die allmähliche Ausweitung des Urvertrauens über die eine Person hinaus auf das Lebensgefüge, das dem Kinde mit seinen Bewegungs- und Sinnesmöglichkeiten Schritt um Schritt zuwächst und was einmal angelegt wurde, das bleibt, das trägt den Menschen durch sein Leben hindurch bis ins Alter." Und weiter schrieb Graf von Krokow: „Heimat ist für den Menschen wichtig. Und darum gibt es ein Menschenrecht auf Heimat, ob nun Gesetzestexte, Verfassungen, das Völkerrecht, die Vereinten Nationen von ihm sprechen oder nicht. Und es ist ein Unrecht, das durch keinen Umstand zum Recht werden kann, wenn man Menschen aus ihrer Heimat vertreibt oder Bedingungen schafft, die zur Flucht zwingen. Früher einmal, in zivilisierten Zeiten, mochte kaum kostbar scheinen, was sich von selbst verstand; in einer Epoche der Barbarei jedoch, für die Exilierungen zur Tagesordnung, vielmehr zu den Gewohnheitsverbrechen zählen, gewinnt das Recht auf Heimat buchstäblich lebenswichtige Bedeutung. Dies besagt, wiederum ohne Zweifel, dass der Beschluss der Siegermächte von 1945, Millionen von Deutschen aus ihren angestammten Lebensräumen „auszusiedeln", bitteres Unrecht war. Und es wirkte wie ein zusätzlicher Hohn, wenn es im Potsdamer Abkommen hieß, dass die Aussiedlung „in geregelter und humaner Form" durchgeführt werden sollte. Von den tatsächlich finsteren Umständen einmal abgesehen: Kein Unrecht wird durch seine „humane" Ausführung zum Recht. Ebenso wenig erlauben Recht und Unrecht die Aufrechnungskünste: Wie man nicht „Dresden" gegen „Auschwitz" oder „Pearl Harbor" gegen „Hiroshima" stellen darf, so nicht deutsche Untaten gegen das Unrecht der Vertreibung. Zur Gerechtigkeit gehört allerdings auch, dass früher oder später das Unrecht verjährt. Nichts soll vergessen, aber alles muss einmal vergeben werden."

Die Aussiedler und Spätaussiedler

Die deutschen Vertriebenen verloren ihre Heimat, ihr Hab und Gut, aber sie konnten wenigstens weiter unter deutschen Mitbürgern leben und ihre Sprache sprechen. Bei allem Leid um das Verlorene und allen Unterschieden zwischen den Einheimischen und den Vertriebenen wurde ihnen doch Hilfe zuteil. In allen vier Besatzungszonen und später in der Bundesrepublik und in der DDR wurde ihre Eingliederung zum erklärten Ziel der Politik.

Anders die Lage der Deutschen, denen das Los der Vertreibung erspart blieb, weil man sie noch als wertvolle Arbeitskräfte, als Fachleute brauchte. Sie wurden schwerstem Druck ausgesetzt, ihr Deutschtum aufzugeben. In Polen ging der Staat nach den letzten Vertreibungen zu einem Programm der Polonisierung der verbliebenen Deutschen über. Dabei wurden u.a. deutsche Namen in polnische verwandelt. Unter Strafe war es verboten, in der Öffentlichkeit Deutsch zu sprechen, Nach dem polnischen Staatsbürgerschaftsgesetz vom 8. Januar 1951 mussten sich die Deutschen nicht nur als polnische Staatsangehörige, sondern auch zur polnischen Volkszugehörigkeit bekennen. Auf Grund dieser Definition gab es für das offizielle Polen – Staat und katholische Kirche – kein deutsches Minderheitenproblem.

Um der Unterdrückung ihrer Sprache und ihrer Kultur zu entfliehen, entschlossen sich nicht nur in Polen, sondern auch in anderen Ostblockländern viele Menschen zur „Aussiedlung". Diese Aussiedler sind, obwohl sie freiwillig gingen, tatsächlich „Spät-Vertriebene". Denn ihnen wurde die Existenzgrundlage als Deutsche entzogen. Vor allem im Interesse ihrer Kinder, die vollends ihre nationale Identität verlieren würden, wenn sie in der Heimat blieben, entschieden sie sich für eine Aussiedlung in die Bundesrepublik. Dass daneben auch politische und materielle Gründe mit eine Rolle spielten, war selbstverständlich und sollte kein Anlass für Kritik sein.

Nach dem Bundesvertriebenengesetz vom 19. Mai 1953 wurden die Aussiedler den Vertriebenen rechtlich gleichgestellt. Für ihre Integration gibt es staatliche Hilfen. Aber dennoch war und ist für die Aussiedler (seit 1. Januar

1993 werden die Neuankömmlinge als Spätaussiedler bezeichnet) der Start in der neuen Umgebung schwer – vor allem deshalb, weil man hierzulande so wenig über ihr bisheriges Leben in den Ländern weiß, aus denen sie sich aussiedeln ließen. Die Fehlurteile, die aufgrund dieser Informationslücken, aber auch durch dieses Nicht-Wissen-Wollen gefällt werden, schmerzen. Die Aussiedler haben sich schweren Herzens aus ihrer ehemaligen Heimat aufgemacht, um Deutsche bleiben zu können, und werden hier oft genug nicht als Deutsche anerkannt. Russlanddeutsche wurden in ihrer Zwangsheimat im asiatischen Teil der Sowjetunion (Stalin hatte sie aus dem europäischen Teil nach Osten verschleppen lassen) als deutsche Faschisten bezeichnet. So schmerzt es sie besonders, wenn sie jetzt hier in der Bundesrepublik als Russen bezeichnet werden. Den Deutschen, die in fernen Ländern in fremder Umgebung ihr Deutschtum bewahrt haben und zu uns in die Bundesrepublik kommen, sollte die Solidarität aller Bürger gehören. Aber das Gegenteil ist meist der Fall.

Von 1950 bis 2014 kamen als Aussiedler bzw. Spätaussiedler in die Bundesrepublik:

aus der der Sowjetunion und den Nachfolgestaaten ca.	2.3 Millionen
aus der Republik Polen:	1,4 Millionen
aus Rumänien:	430 Tausend
aus der Tschechoslowakei und Nachfolgestaaten:	105 Tausend
aus Jugoslawien und Nachfolgestaaten	90 Tausend
aus Ungarn	21 Tausend

Insgesamt haben 4,5 Millionen Menschen als Aussiedler bzw. Spätaussiedler eine neue Heimat in der Bundesrepublik gesucht.

Von 1951 bis 1987 kamen rund 1,4 Millionen in den Westen, überwiegend aus Polen und Rumänien. Ihre Eingliederung verlief weitgehend ohne Probleme. Mit der Öffnung des Ostblocks seit Michail Gorbatschow stieg die Zahl der Aussiedler drastisch an und erreichte 1990 mit fast 400.000 Menschen einen Höhepunkt. Während der Zuzug aus Polen und Rumänien aufgrund der neuen politischen Lage und der Verbesserung der Minderheitensituation schnell sank, stieg der Anteil der Deutschen aus Russland und Kasachstan aufgrund der erleichterten Ausreise stark an.

Der wichtigste Grund für eine Übersiedlung nach Deutschland war nach dem Zusammenbruch der Sowjetunion die Chance, für sich selbst und die Kinder in einem wohlhabenden Land eine bessere Zukunft zu sichern. Die Ausreise nach Deutschland musste sehr oft gegen den Widerstand von Angehörigen der eigenen Familie durchgesetzt werden. Besonders ältere Kinder wollten ihr Lebensumfeld, in dem sie sich bisher bewegten, ungern aufgeben. Hinzu kam, dass sie in dieser Generation kaum noch über ausreichende Deutschkenntnisse verfügten. Dies und die sich verschlechternde Arbeitsmarktsituation in Deutschland führten zu größeren Problem bei ihrer Integration. Bundesinnenminister Schäuble kommentierte 2006 die Situation: „Der spürbare Anstieg von mitreisenden Familienangehörigen mit unzureichenden Sprachkenntnissen und die schwierige Lage auf dem Arbeitsmarkt in Deutschland machen uns heute... zu schaffen. Die Mehrzahl der Aussiedler bemüht sich um die eigene Integration, indem sie Deutsch lernt und Arbeiten annimmt, die oft weit unter ihrer persönlichen Qualifikation liegen...Leider haben wir mit einem Teil der jüngeren männlichen Generation einige Probleme."

Die staatlichen Integrationsmaßnahmen für die Spätaussiedler helfen über Startschwierigkeiten hinweg, aber sie können keine soziale Eingliederung garantieren. Vor allem junge Aussiedler aus den Nachfolgestaaten der Sowjetunion bleiben in der deutschen Gesellschaft oft unter sich. Mit ihren mangelnden Deutschkenntnissen gelingt ihnen nur schwer ein Kontakt zu den Einheimischen, vielfach wird er auch von ihnen gar nicht gesucht, sodass sie in eine Ghettosituation geraten. Besonders deprimierend und kränkend für sie: in Russland waren sie in ihrer Umgebung „die Deutschen", hier in der Bundesrepublik werden sie leichtfertig als „Russen" bezeichnet. Eine Situation auf die sie vielfach mit beleidigtem Trotz reagieren. Eine Haltung die eine Eingliederung in die bundesrepublikanische Gesellschaft erschwert oder sogar unmöglich macht.

Trotz dieses Problems zog der Beauftragte der Bundesregierung für Aussiedlerfragen und nationale Minderheiten Hartmut Koschyk auf dem letzten Bundestreffen der russlanddeutschen Landsmannschaft am 4. Juli 2015 ein positives Resümee. Die Integration der Russlanddeutschen sei insgesamt sehr gelungen und eine leider noch zu wenig in der Öffentlichkeit wahrgenommene Erfolgsgeschichte. Da die jetzt nach Deutschland zuziehenden Russlanddeutschen in ihrer Altersstruktur deutlich jünger seien als die Wohnbevölkerung in Deutschland und sie fast alle über eine abgeschlossene Berufsausbildung verfügten, wären sie eine Hilfe, den demographischen Wandel in unserem Lande abzufedern.

Geschichte der deutschen Vertriebenen und ihrer Heimat

(übernommen von den Webseiten des Zentrums gegen Vertreibungen)

Die Ostpreußen

Die Initiative zur deutschen Besiedlung des später Ostpreußen genannten Gebiets der elf prußisch-baltischen Clan-Gaue Pomesanien (siehe Westpreußen), Pogesanien, Natangen, Nadrauen, Samland, Sudauen, Galinden, Warmien, Sassen, Schalauen und Barten, die als Landschaftsbezeichnungen erhalten blieben, ging von polnischer Seite aus: Der Herzog des polnischen Teilfürstentums Masowien, dem die Prußen zu Beginn des 13. Jahrhunderts das Kulmerland an der unteren Weichsel abgenommen hatten, rief 1225/26 die Ritter des 1190/98 im Heiligen Land gegründeten Deutschen Ordens zu Hilfe gegen die noch nicht christianisierten baltischen Stämme. Nachdem dem Orden vom staufischen Kaiser Friedrich II. durch die auf 1226 datierte „Goldene Bulle von Rimini" (tatsächlich ausgestellt 1235) der Besitz nicht nur des Kulmerlandes (siehe Westpreußen), sondern aller weiterer eventuellen Eroberungen zugesagt worden war, begannen 1231 östlich der Weichsel Landnahme und „Schwertmission". Zur Landessicherung wurden die ersten Ordensburgen errichtet: 1232 Kulm, 1233 Marienwerder, 1239 Balgo, 1252 Memel, 1255 Königsberg, 1274 Marienburg, die 1309-1457 Hauptsitz des Ordens war usw. Sie waren auch Ausgangspunkte der deutschen Kolonisation, die sich zeitgleich mit der militärischen Unterwerfung der nach neuesten Schätzungen seinerzeit ungefähr 200.000 Prußen vollzog.

Die Ordensritter, selber zu zölibatärem Leben verpflichtet, hatten lebhaftes Interesse an der Ansiedlung deutscher Bauern, Handwerker und Kaufleute. Im 13. und 14. Jahrhundert kamen die Siedler überwiegend aus Niederdeutschland, dem Einflussgebiet der Hanse, zu deren Schutzmacht sich der Deutsche Orden zeitweise entwickelte, und aus Mitteldeutschland, zum Teil auch schon aus anderen Ostsiedlungsgebieten wie Schlesien. Aus ihnen und den sich widerstrebend dem Christentum zuwendenden Teilen der prußischen Bevölkerung bildete sich im Lauf der Jahrhunderte der Neustamm der Ostpreußen. Die prußische Sprache behauptete sich in einigen Landesteilen noch bis ins 17. Jahrhundert, im Norden das verwandte Litauische noch lange darüber hinaus. Der Form nach ein geistliches Territorium, war der Ordensstaat ein in seiner Zeit hochmoderner und effizienter Verwaltungsstaat.

Rückschläge der Kolonisationsarbeit wie die von außen geschürten Prußenaufstände von 1243-53 und 1260-73 verhinderten nicht, dass ab 1283 das ganze Gebiet des späteren Ostpreußen dem Orden unterstand. Er teilte sich die Landesherrschaft mit den Bischöfen von Ermland, Samland, Pomesanien und Kulm, die ab 1243 in einem Drittel des Preußenlandes auch die weltliche Herrschaft ausübten. Im Jahr 1410, als mit der gegen polnisch-litauische und revoltierende landeseigene ständische Truppen verlorenen Schlacht von Tannenberg der Niedergang der Ordensherrschaft begann, zählte man im preußischen Ordensland – also einschließlich des späteren Westpreußen – 93 Städte deutschen Rechts und 1.400 deutsche Dörfer. Nachdem durch die große Pest 1347/48 im Ordensland der Zustrom der Siedler aus dem Reich abbrach, ließen sich seit dem 15. Jahrhundert im Süden auch polnische Siedler aus Masowien im Gebiet des später so genannten Masuren nieder, die vor allem durch den Übergang zur Reformation in den 1520er Jahren und die Aufnahme weiterer polnischer evangelischer „Dissidenten" im 17. Jahrhundert den inneren Bezug zum polnischen Volk und Staat verloren und zu Ostpreußen wurden. Im Norden siedelten sich zwischen dem 15. und 17. Jahrhundert immer wieder litauische Gruppen an, die sich allmählich assimilierten und gleichfalls evangelisch wurden.

Erst der Krieg von 1454-66, den die im „Preußischen Bund" zusammengeschlossenen revoltierenden Stände – unter ihnen 19 deutsche Städte wie Elbing und Thorn – und Polen-Litauen gegen den Orden führten, erschütterte die Ordensherrschaft ernsthaft: Im 2. Thorner Frieden von 1466 musste der Deutsche Orden Pomerellen, das Kulmerland, Danzig, Elbing und Marienburg (siehe Westpreußen) an die Krone Polens abtreten, das Bistum Ermland wurde dem polnischen König lehnsabhängig und blieb im Gegensatz zum restlichen Land immer katholisch. Diese Gebiete wurden im Unterschied zum verbliebenden Ordensland künftig das „Königliche Preußen" genannt.

1525 schließlich wurde der Rest des preußischen Ordensstaats mit der Hauptstadt Königsberg (seit 1457 Sitz des Ordens-Hochmeisters) nach Säkularisierung und Umwandlung in ein weltliches Erb-Herzogtum unter Hochmeister Albrecht von Brandenburg-Ansbach dem polnischen König lehnsabhängig. Dieses „herzogliche Preußen" fiel 1618 als Erbe an die kurfürstlich-brandenburgische Linie der Hohenzollern. Unter dem Großen Kurfürsten Friedrich Wilhelm konnte man sich nach dem 1. Nordischen Krieg im Vertrag von Oliva 1660 von der polnischen Oberhoheit befreien.

1701 führte die Königskrönung Kurfürsts Friedrich III. von Brandenburg in Königsberg zum „König in Preußen" dazu, dass der Landesname sich bald bis hin zum Niederrhein auf den brandenburgisch-preußischen Gesamtstaat übertrug. Eine Pestepidemie entvölkerte 1709/10 Ostpreußen weitgehend und führte zu neuen staatlich gelenkten Ansiedlungsmaßnahmen, von denen die bekannteste 1731/32 die Aufnahme der 15.000 evangelischen „Exulanten" aus dem Fürstbistum Salzburg war, die sich in ihrer alten Heimat der Rekatholisierung widersetzt hatten. Anstelle älterer prußischer Ortschaften entstanden neue deutsche Städte wie Ragnit und Stallupönen 1772, Pillkallen und Gumbinnen 1724, Nikolaiken 1726, Tapiau 1728 usw. Die russische Besetzung des Landes in den 1750er Jahren während des Siebenjährigen Krieges blieb Intermezzo und hinterließ keine Spuren.

1772 kam durch die 1. Polnische Teilung der größte Teil des „königlichen Preußens" mit dem Ermland an Preußen. Die Provinzen Ostpreußen – mit dem Ermland und der Hauptstadt Königsberg – und Westpreußen – mit der Hauptstadt Danzig – wurden 1773 gebildet. Beide blieben außerhalb des 1815 gebildeten Deutschen Bundes, gehörten aber ab 1867/71 zum Norddeutschen Bund bzw. zum Deutschen Reich und bildeten von 1824-78 die vereinigte Provinz Preußen,

Aufgrund des Versailler Vertrages kam der östliche Teil des nicht an Polen abzutretenden Westpreußens als Regierungsbezirk (Hauptstadt Marienwerder) 1919 an Ostpreußen. Auf polnisches Drängen wurde im südlichen Ostpreußen im August 1920 ein Plebiszit über die zukünftige staatliche Zugehörigkeit Masurens abgehalten, dessen Ergebnis eindeutig war: Im ostpreußischen Regierungsbezirk Allenstein (12.400 qkm mit 580.000 Einwohnern) stimmten 97,9 % für den Verbleib bei Deutschland, nur 8.000 für Polen, im Regierungsbezirk Westpreußen/Marienwerder (2.440 qkm mit 165.000 Einwohnern) 92,4 % für Deutschland, knapp 8.000 für Polen. Die überwältigende Mehrheit der Masuren und der katholischen Ermländer hatte sich so eindeutig positioniert. Für Polen, das sich als Befreier von „preußischer Unterdrückung" angedient hatte, war es eine selbstverschuldete und demütigende Blamage vor aller Welt.

Auch am anderen Ende von Ostpreußen wollte man sich nicht „befreien" lassen: Das Memelland, die nördlich der Memel gelegenen vier ostpreußischen Landkreise (2.708 qkm mit 154.000 Einwohnern), im Oktober 1919 von Deutschland abgetrennt und einem alliierten Regime unterstellt, wurde im Januar 1923 von Litauen besetzt und annektiert, doch die Bevölkerung machte vor allem bei den Landtagswahlen deutlich, wem sie sich zugehörig fühlte. Zwar waren nur 71.000 Memelländer deutsch-, hingegen 67.000 litauischsprachig oder litauisch/deutsch-zweisprachig, aber trotz litauischer Pressionen, der Ansiedlung von Litauern und Wahlfälschungen errangen die deutschen Parteien 1925 94,0, 1930 82,2, 1938 schließlich 87,2 % der Stimmen. Die Situation war unhaltbar. Im März 1939 wurde das Land völkerrechtskonform durch Staatsvertrag an Deutschland zurückgegeben.

Im Oktober 1944 wurde der östliche Regierungsbezirk Gumbinnen als erstes Gebiet des Alt-Reichs Schauplatz von Bodenkämpfen zwischen deutscher Wehrmacht und Sowjetarmee und ersten wahllosen Massakern an der Zivilbevölkerung. Das vorübergehend von deutschen Truppen zurückeroberte Dörfchen Nemmersdorf, wo sich schreckliche Szenen abgespielt hatten, wurde zum Menetekel des Deutschen Ostens. Nur wenige Wochen nach Beginn der sowjetischen Weichsel-Offensive im Januar 1945 war Ostpreußen vom Westen abgeschnitten und eine Flucht zu Lande unmöglich geworden. Fast eine halbe Million Menschen konnte sich nur noch über das zugefrorene Frische Haff in Sicherheit bringen, wobei viele durch Eisbruch oder sowjetische Flieger dennoch umkamen. Königsberg wurde eingekesselt und kapitulierte am 9. April 1945. Zwar konnten über tausend Schiffe der deutschen Kriegs- und Handelsmarine zwischen Januar und Mai 1945 rund 2,4 Millionen Menschen – darunter auch viele Soldaten – über See retten („Nur" 33.000 = 1,3 % kamen um, davon 9.000 auf der von einem sowjetischen U Boot am 27. Januar 1945 torpedierten „Wilhelm Gustloff", 6.700 auf der „Goya", 3.600 auf der „Steuben"), aber ein Großteil der Zivilbevölkerung erlebte die Schrecken der sowjetischen Besatzung und die Anfänge des polnischen Regimes.

Von den rund 2,5 Millionen Ostpreußen (einschließlich Memelland), von denen schon 220.000 (jeder vierte wehrfähige Ostpreuße!) im Krieg gefallen waren, kamen weitere 240.000 bei Flucht und Vertreibung gewaltsam um. Vor allem die beispiellosen Gewaltexzesse der sowjetischen Soldaten forderten gewaltige Verluste unter der Zivilbevölkerung. Von der zurückgebliebenen Bevölkerung Königsberg starb in den Jahren 1945-48 mehr als die Hälfte durch Mord, Totschlag, Hunger und Seuchen.

Nach dem Kriege wurde Ostpreußen dreigeteilt: Das Memelland wurde der Litauischen Sowjetrepublik angegliedert, der übrige nördliche Teil – 13.205 qkm (1939 1.160000 Einwohner) – mit Königsberg (seit 1946 „Kaliningrad"), wurde Teil der Russischen Sowjetrepublik (RSFSR), die Ausweisung der noch anwesenden Deutschen aus dem sowjetrussisch beherrschten Teil Ostpreußens war total und wurde 1948 abgeschlossen. Das Gebiet blieb bis 1991 militärisches Sperrgebiet und für alle Auswärtigen unzugänglich.

Der Süden – 23.791 qkm (1939 1.330.000 Einwohner) – wurde Polen zugeschlagen. In der dort gebildeten Woiwodschaft Allenstein wurden nach der Vertreibung der meisten noch Anwesenden etwa 160.000 Deutsche, vor allem Masuren, zurückgehalten, die man für „repolonisierbar" hielt. In den folgenden Jahrzehnten sind sie, polnischer Bevormundung und Gängelei überdrüssig, mehrheitlich in die Bundesrepublik ausgesiedelt. Als Neusiedler kamen in den Süden Ostpreußens nicht nur Polen, sondern 1947 unfreiwillig auch etwa 100.000 zwangsumgesiedelte Ukrainer aus Polens südöstlichen Grenzgebieten.

1950 wurden 1.960.000 vertriebene Ostpreußen gezählt, davon 1.350.000 in Westdeutschland. Schon am 3. Oktober 1948 war die Landsmannschaft Ostpreußen in Hamburg gegründet worden, wo sie bis heute ihren Sitz hat. Zum ersten Sprecher der Landsmannschaft (bis 1951) wurde Dr. Ottomar Schreiber gewählt, der 1932-34 Landespräsident (Regierungschef) des litauisch beherrschten Memellandes gewesen war. 1950 gehörte Schreiber zu den Mitautoren und Unterzeichnern der Charta der deutschen Heimatvertriebenen. 1978 übernahm der Freistaat Bayern die Patenschaft über die Landsmannschaft Ostpreußen.

Die Pommern

Die deutsche Besiedlung Pommerns begann Ende des 12. Jahrhunderts im Zusammenwirken der seit Beginn des Jahrhunderts herrschenden wendisch-slawischen Greifen-Herzöge, der Hanse und missionierender Orden: Prämonstratenser (1180 Kloster Belbuck) und Zisterzienser (1173 Kloster Kolbatz, 1199 Hilda) waren Motoren der Missionierung und der Kolonisation des seit dem 7. Jahrhundert von den slawischen Pomoranen dünn besiedelten Gebiets zwischen Oder und Weichsel. Die Pomoranen („Leute am Meer") lebten stets in Konflikt mit den südlichen Nachbarn, den Pol(an)en („Feldleute").

Vor allem zwischen 1230 und 1280 erfolgten viele Lokationen, Stadt- und Dorfgründungen nach Lübischen (1234 Stralsund, 1255 Kolberg, 1259 Wolgast, 1262 Greifenberg, 1310 Stolp und Neustettin, 1357 Leba usw.) oder Magdeburger Recht (Stettin 1243, Stargard 1243/53) markierten die Eindeutschung des Landes. Schon im 14. Jahrhundert wurde das Niederdeutsche allgemeine Umgangssprache. Die friedliche Siedlung führte bald zum Anschluss an das Heilige Römische Reich deutscher Nation. Der pommersche Herzog nahm sein Land 1181 als Lehen von Kaiser Friedrich I. Barbarossa an. 1338 wurde das Herzogtum Pommern endgültig Reichsstand.

Die Reformation setzte sich in den 1520/30er Jahren aufgrund des Wirkens des Luther-Vertrauten Johannes Bugenhagen („Doctor Pomeranus") vollständig durch.

Nach zahlreichen Erbteilungen in die Teil-Herzogtümer Stettin, Wolgast, Demmin, Stolp, Stargard etc. starb die Dynastie der Greifen 1637 inmitten des Dreißigjährigen Krieges, der das Land ein Viertel bis ein Drittel der Bevölkerung kostete, aus. 1648 kam der größte Teil des späteren Vertreibungsgebiets Hinterpommern an Kur-Brandenburg, die Landeshauptstadt Stettin mit Vorpommern und ein Landstreifen östlich der Oder kam an Schweden, das die Stadt 1720 an Brandenburg-Preußen abtreten musste. Unter Friedrich II. erfolgte ab dem 1740er Jahren ein verstärkter Landesausbau: 159 neue Dörfer wurden neu gegründet und mit Siedlern aus Schwedisch-Vorpommern, aus Mecklenburg, Schwaben, Sachsen und der Pfalz „peupliert". Um 1748 zählte Preußisch-Hinterpommern etwa 310.000 Einwohner.

1815 ging auch der Rest Vorpommerns – westlich der Oder – von Schweden an Preußen über. 1938 wurde der Provinz Pommern der Großteil der aufgelösten Provinz Grenzmark Posen-Westpreußen mit Schneidemühl, Deutsch-Krone, Schwerin a.d. Warthe usw. (siehe Westpreußen) angeschlossen, dessen Bevölkerung im folgenden mitberücksichtigt wird.

Die überwiegend ländliche Bevölkerung der Provinz Pommern östlich der Oder mit Stettin und Swinemünde in den Grenzen von 1938 (31.300 qkm) zählte bei Kriegsbeginn rund 1,9 Millionen Deutsche. Sie war zu 95 % protestantisch, nur im äußersten Osten lebte eine kleine katholische Minderheit der Kaschuben (siehe Westpreußen). In den östlichen Randgebieten lebten etwa 8.000 Deutsch/Polnisch- bzw. /Kaschubisch-Zweisprachige. Die Kaschuben – zahlreicher in Westpreußen (siehe dort) – mögen als die letzten Nachkommen der Pomoranen anzusehen sein.

125.000 Pommern aus diesem östlichen Teil der Provinz fielen im Krieg, über 40.000 kamen durch Luftangriffe oder bei den Kämpfen 1945 ums

Leben. Über 1,4 Millionen Pommern wurden 1945/47 vertrieben, etwa 330.000 Deutsche – jede/r Sechste – kamen auf der Flucht, in Lagern, während der Verschleppung zur Zwangsarbeit in die Sowjetunion oder durch willkürliche Gewalt ums Leben. Die Vertreibung war nahezu vollständig. Die polnischen Neusiedler stammten in der Mehrzahl nicht aus dem an die UdSSR gefallenen Ostpolen, sondern aus Zentralpolen.

1948 entstand in Westdeutschland die Pommersche Landsmannschaft unter ihrem Sprecher Herbert von Bismarck (bis 1953), einem Großneffen Otto von Bismarcks, der sich auch die Zonenflüchtlinge aus den an die SBZ/ DDR gefallenen Teilen Vorpommerns anschlossen. 1954 übernahm das Land Schleswig-Holstein, in dem seit 1945 hundertausende Pommern Zuflucht gefunden hatten, die Patenschaft über die Landsmannschaft.

Die Ost-Brandenburger

Von der früheren preußischen Provinz Brandenburg liegt mit über 11.000 qkm mehr als ein Viertel, nämlich die Neumark und die östliche Niederlausitz rechts von Oder und Neiße (das heutige Bundesland Brandenburg zählt 29.000 qkm).

Das Gebiet des späteren Brandenburg, in dem seit der Völkerwanderungszeit die slawischen Wenden und Liutizen siedelten, kam im 12. und 13. Jahrhundert durch die Askanier, die sich seit 1144 Markgrafen von Brandenburg nannten, an das Heilige Römische Reich. Mit der Landnahme vollzog sich vor allem im 13. Jahrhundert parallel die deutsche Besiedlung und Christianisierung des Gebietes. Wichtig war die Gründung des Bistums Lebus 1133. Die Siedler kamen vornehmlich aus den askanischen Ländereien in Westfalen, den Niederlanden und Flandern. Es folgten deutschrechtliche Stadtgründungen wie Königsberg/Nm. (1240), Frankfurt/Oder (1253), Landsberg a.d. Warthe (1257), Schwerin a.d. Warthe (1312), Küstrin (1317) usw. Nach und nach kam das ganze Gebiet an den preußisch-brandenburgischen Staat. In die 1816 gebildete preußische Provinz wurde 1920 auch das Stadtgebiet von Berlin eingegliedert. Bei der Reichstagswahl vom Dezember 1924 wurden in Brandenburg östlich von Oder und Neiße bei einer Zahl von über 570.000 Wahlberechtigten knapp 1.900 Stimmen für die „Polnische Volkspartei" abgegeben. Ein Jahrspäter wurden in Ost-Brandenburg knapp 3.500 Personen mit polnischer Muttersprache gezählt.

Von den im Jahr 1939 645.000 Einwohnern – darunter 3.000 Nicht-Deutsche – sind über 40.000 im Krieg gefallen, 395.000 sind bis 1950 nach

West- und Mitteldeutschland gelangt, 208.000 sind auf der Flucht und bei der bereits im Juni 1945 von den Polen gerade im Gebietsstreifen unmittelbar östlich von Oder und Neiße massiv forcierten Vertreibung umgekommen, ermordet worden oder blieben vermisst. Mit dieser unerhört hohen Quote von 38,9 % Kriegs- und Nachkriegsverlusten bzw. ungeklärten Fällen führt Ost-Brandenburg einsam die Statistik aller Vertreibungsgebiete an. Ein Grund hierfür mag der sehr rasche Vorstoß der Roten Armee zur mittleren Oder im Januar 1945 sein, der kaum noch eine Flucht oder einigermaßen geregelte Evakuierung zuließ. Durch die polnische Annexion Ost-Brandenburgs wurden an der Oder die Städte Küstrin und Frankfurt, an der Lausitzer Neiße Guben und Forst zerrissen.

Am 9. Oktober 1949 wurde in Hamburg als Interessenverband nicht nur der ostbrandenburgischen Vertriebenen, sondern auch der Zonenflüchtlinge aus dem westlichen Landesteil und dem Ostteil Berlins die Landsmannschaft Berlin-Mark Brandenburg gegründet. Nach Jahrzehnten in Stuttgart hat die Landsmannschaft mit der Errichtung von „Haus Brandenburg" ihren Sitz 1999 nach Fürstenwalde zwischen Berlin und Frankfurt/Oder verlegt.

Die Schlesier

Schlesien misst – von der Oder durchzogen – von Görlitz im Nordwesten bis zum Süden Oberschlesiens rund 400 Kilometer, vom Südwesten der Sudeten bis zur alten deutsch-polnischen Grenze im Nordosten rund 150 Kilometer und ist im Laufe seiner Geschichte trotz vielfacher Zersplitterung immer eine geschichtliche Einheit geblieben. Seit dem frühen Mittelalter nach dem mehrheitlichen Wegzug der germanisch-wandalischen und dem Land den Namen hinterlassenden Silingen (5. Jahrhundert) nur dünn mit nachrückenden Slawen besetzt, wurde das Land im 12. Jahrhundert Zielgebiet deutscher Ostkolonisation.

Initiatoren waren die schlesischen Piasten-Herzöge, die sich zu dieser Zeit – endgültig dann 1163 – jedem Zusammenhang mit den polnischen Piasten entzogen und nicht zuletzt durch kontinuierliche „Heiratspolitik" – die von deutschen wie polnischen Schlesiern verehrte Landespatronin war und ist bis heute die Gemahlin Herzog Heinrichs I. die Heilige Hedwig aus dem fränkischen Geschlecht Andechs-Meran (1243) – sehr bald Deutschland und dem Reich zuwandten. Kristallisationspunkte der friedlichen Kolonisation waren anfangs vor allem die Klöster der ins Land gerufenen Prämonstratenser (St. Vincenz in Breslau um 1120, 1228 Czarnowanz bei Oppeln) und Zisterzienser (1175 Leubus, 1202/03 Trebnitz, 1227/28 Heinrichau, 1242 Grüssau, 1247 Kamenz usw.). Den Leubusser Zisterziensern wurde 1175 ausdrücklich als Privileg zuerkannt, deutsche Siedler ins Land zu holen, die „für alle Zeit und ausnahmslos von allem polnischen Recht frei sein sollen." Allein zwischen 1200 und 1350 wurden in Nieder- und Mittelschlesien nach deutschem Recht 63 Städte und fast 1.500 neue Dörfer gegründet, in Oberschlesien weitere 20 Städte und über 200 deutsche Dörfer. Schon um 1300 lebten in Schlesien nach Schätzungen 175.000 Deutsche.

Unumstrittenes Zentrum des Landes und Anziehungspunkt deutscher Kolonisten war aber zu jeder Zeit das um das Jahr 1000 entstandene Breslau, seit etwa 1250 mit deutschem Stadtrecht, das schon im 14. Jahrhundert mit 20.000 Einwohnern für damalige Verhältnisse eine europäische Großstadt war.

Große Rückschläge für die Besiedlung waren der verheerende Einfall der Mongolen 1241, dem in der Schlacht bei Wahlstatt der Großteil des schlesischen Adels mit Herzog Heinrich II. – Hedwigs Sohn – an der Spitze zum Opfer fiel, und die Große Pest von 1347/48, die zwar in Schlesien vergleichsweise weniger als in anderen Ländern grassierte, aber den Siedlerzug aus dem Westen stark abschwächte. Ab den 1420er Jahren war Schlesien für Jahrzehnte eines der Hauptangriffs- und Plünderungsziele der aus Böhmen immer wieder vordringenden tschechischen Hussiten. 40 Städte wurden zerstört. In dieser Zeit – 1420 – fand unter Kaiser Sigismund in Breslau der erste und einzige kaiserliche Reichstag in Ostdeutschland statt.

Die staatsrechtliche Trennung von Polen hatte schon zuvor in den 1320/30er Jahren ihren Abschluss gefunden, als sich nacheinander alle die in etliche Teillinien zersplitterten piastischen Herzogtümer (1327 waren es 17!) der Lehnsoberhoheit der Böhmischen Krone unterstellten: So 1327 die Oppelner Herzöge (siehe Oberschlesien), 1329 die von Liegnitz, Brieg, Sagan, Oels, und Steinau, 1331 Glogau und 1336 Münsterberg. Breslau, mächtiges Herzogtum ohne Herzog, sondern seit dem Aussterben der dortigen Piasten 1335 faktisch eine eigensinnige patrizische Bürger-Republik, die selbst den Breslauer Bischof nach Neiße vergraulte, hatte auch schon 1327 die böhmische Oberhoheit erbeten und erhalten. Länger als drei Jahrhunderte, bis 1635 war der von der Bürgerschaft gewählte Breslauer Stadtrat kollektiver „Landeshauptmann" des ganzen Landes. Zu den schlesischen Fürstentagen hatten sich die Herzöge zu den Bürgerrepräsentanten Breslaus ins Rathaus zu begeben.

Seither gehörte das ganze Land zum Heiligen Römischen Reich deutscher Nation. Polens König Kasimir III. verzichtete gegenüber Böhmen im Vertrag von Trentschin 1335 „auf ewige Zeiten", Ansprüche auf Schlesien geltend zu machen. Spätestens mit diesem Übergang an Böhmen war Schlesien Bestandteil des Heiligen Römischen Reiches geworden. Dies entsprach naturgemäß der in dieser Zeit in Nieder- und Mittelschlesien und im westlichen Oberschlesien weitgehend abgeschlossenen friedlichen Eindeutschung.

Nacheinander starben die schlesischen Piasten, die sich – außer zeitweise in Oberschlesien – ungeachtet der manchmal nur einige hundert qkm zählenden Herrschaftsbereiche alle immer nur Herzöge von Schlesien nannten, aus: 1335 die Linie Breslau, 1392 Schweidnitz-Jauer, 1417 Liegnitz, 1428 Münsterberg, 1472 Oels, 1476 Glogau, 1504 Sagan, 1532 Oppeln usw. Einzelne Herzogtümer gelangten vorübergehend an Dynastien wie die Hohenzollern, die sächsischen Wettiner, die böhmischen Premysliden und die Podiebrad. 1675 schließlich starb mit dem erst 15-jährigen Herzog Georg Wilhelm von Liegnitz, Brieg und Wohlau der allerletzte Piast in der 17. Generation seit Herzog Heinrich I. Ganz Schlesien gehörte nun unmittelbar zu den Ländern der seit 1526 von den Habsburgern getragenen Böhmischen Krone.

Dem vorausgegangen war auch der Übertritt der meisten Herzogtümer zur lutheranischen Konfession. Schon in den 1520/30er Jahren wurden Liegnitz, Breslau, Schweidnitz-Jauer, Oels usw. und auch große Teile der oberschlesischen Herzogtümer (siehe dort) evangelisch. Die im 17. Jahrhundert, vor allem seit Ende des Dreißigjährigen Krieges (1648) massiv einsetzende und maßgeblich von Jesuiten betriebene Gegenreformation führte zur teilweisen Rekatholisierung des Landes, das aber danach immer konfessionell gespalten blieb. Der Anteil der Lutheraner nahm von Nordwesten nach Südosten ab, der der Katholiken ziemlich gleichmäßig zu (siehe unten). Die Hauptstadt Breslau blieb immer bikonfessionell, wobei nebenher die jüdische Gemeinde durch Zuwanderung aus Polen und Russland später zur größten Ostdeutschlands wurde.

1742 kam der größte Teil Schlesiens und zusätzlich die Grafschaft Glatz nach dem 1. Schlesischen Krieg und endgültig durch den Frieden von Hubertusburg (1763) an Preußen. Nur die – längst herzoglosen – Herzogtümer Troppau-Jägerndorf und Teschen blieben bei Österreich (siehe Sudetendeutsche). Unter Friedrich II. wurden umfangreiche Kolonisationsprojekte vorangetrieben, die gesamte Provinzialverwaltung modernisiert. Etwa eine Million Menschen lebten um 1740 in dem Land, 1779 zählte man 1,5 Millionen.

Preußens Provinz Schlesien, seit 1815 im Deutschen Bund, seit 1871 im Deutschen Reich, hatte 1885 bereits 4,1 Millionen Einwohner, darunter 3,2 Millionen Deutsch- und 850.000 Polnisch- bzw. Oberschlesisch-Sprachige. Im südwestlichen Oberschlesien um Ratibor lebten 60.000 Tschechisch/Mährisch-sprachige „Schlonsaken". Die Bevölkerung der Provinz war zu 52 % katholisch, insbesondere in Oberschlesien und der Grafschatz Glatz. In Breslau lebte überdies die drittgrößte jüdische Gemeinde Deutschlands.

1920 kam es nach dem Ersten Weltkrieg und einer Volksabstimmung in Teilen Oberschlesiens zur Abtrennung Ost-Oberschlesiens an Polen (siehe Oberschlesier). Die Abstimmung selber hatte bewiesen, dass gerade in Oberschlesien die Sprache kein Nationalitätskriterium war: In einem Kreis wie Groß-Strehlitz, dessen Bevölkerung sich 1910 nur zu 17 % als deutschsprachig erklärt hatte, stimmten 1921 49,3 % für den Verbleib bei Preußen und Deutschland. Im Kreis Kreuzburg, einem der wenigen evangelischen Oberschlesiens, stimmte die Bevölkerung (1910 nur zu 47 % deutschsprachig) mit 96 % gegen den Anschluss an Polen. Auch in den großen Städten des abzutretenden Gebiets hatte die Mehrheit für Deutschland optiert (Königshütte 75 %, Kattowitz 85 %). In Ratibor oder Oppeln, die dann auch bei Deutschland blieben, hatten über 90 bzw. 95 % für Deutschland gestimmt.

In den zwei Dritteln Oberschlesiens, die nicht an Polen fielen, stimmten 1922 in einer weiteren Abstimmung über 90 % gegen eine Eigenstaatlichkeit innerhalb des Deutschen Reiches und für den Verbleib bei Preußen. In den drei preußischen Regierungsbezirken Schlesiens (rund 35.000qkm) lebten 1939 4,6 Millionen Menschen, im Bezirk Liegnitz (östlich der Neiße) 1.070.000, in Breslau 1.970.000 und in Oppeln 1.530.000. Der Anteil der nichtdeutschen Bevölkerung lag in Nieder- und Mittelschlesien unter einem Prozent, in sehr vielen Städten und Gemeinden bei Null. Der Regierungsbezirk Liegnitz war 1933 zu 81 %, Breslau zu 58 % evangelisch, Oppeln/Oberschlesien zu 89 % katholisch. Etwa 0,8 % der Schlesier (35.000) waren jüdischen Glaubens.

Aus diesem Gebiet fielen als Soldaten im Krieg 280.000 Schlesier. Etwa 60.000 Zivilisten kamen während der sowjetischen Belagerung und Beschießung von Breslau Februar bis Mai 1945 um. Zehntausende Flüchtlinge aus Schlesien verbrannten im Februar 1945 im unverteidigten Dresden. Bei Flucht und Vertreibung und in polnischen Konzentrationslagern wie den berüchtigten Lagern Lamsdorf, Zgoda bei Schwientochlowitz oder in Gleiwitz starben 1945/47 400.000 Zivilisten an Erschöpfung, Hunger oder durch Mord und Totschlag. Jeder sechste Schlesier ist in den 40er Jahren keines natürlichen Todes gestorben. Die Vertreibung aus Nieder- und Mittelschlesien war nahezu total, in Oberschlesien wurde ein Teil der Bevölkerung zum Teil aus ökonomischen (Bergleute), zum Teil aus rassistischen Gründen (als „autochthone" Slawen) zurückgehalten (siehe Oberschlesien).

Zwar kamen vor allem nach Breslau besonders viele polnische Vertriebene aus dem 1939 und 1944 wieder an die Sowjet-Ukraine gefallenen Lemberg (pol. Lwow, ukr. Lwiw), aber die Mehrzahl der Neusiedler in Schlesien stammte aus Zentralpolen oder waren Remigranten aus Westeuropa.

Nur der westlich der Neiße gelegene Zipfel Schlesiens um (West-) Görlitz, Weißwasser, Hoyerswerda und Niesky kam 1945 nicht unter polnisches Regime, sondern zur Sowjetischen Besatzungszone, 1949 zur DDR und gehört seit 1990 zur Bundesrepublik Deutschland.

1950 lebten in Westdeutschland (mit West-Berlin) 2,1 Millionen, in der DDR (mit Ost-Berlin) 1,1 Millionen aus der Provinz Schlesien in ihren Vorkriegsgrenzen Vertriebene. Hinzuzurechnen sind die Ost-Oberschlesier (siehe Oberschlesien) und Sudetenschlesier (siehe Sudetendeutsche).

In den folgenden Jahrzehnten, zumal Mitte der 50er, zu Beginn der 70er und massiv Ende der 80er Jahre verließen hunderttausende Schlesier als Aussiedler das Land und stellten mit Abstand den größten Teil der deutschen Aussiedler aus der Volksrepublik (seit 1989 Republik) Polen, allein in den Jahren 1988-91 etwa 470.000 von 540.000.

Heute leben noch etwa 300-500.000 Deutsche in den Woiwodschaften Oppeln und „Schlesien" (Slask; = Ostoberschlesien mit Kattowitz). In der seit 1997 bestehenden Woiwodschaft Niederschlesien (Dolny slask) leben einige tausend Deutsche nur in zerstreuter Lage. Etwa 150.000 haben sich seit Anfang der 90er Jahre ihre fortbestehende deutsche Staatsangehörigkeit durch die Ausstellung deutscher Pässe bestätigen lassen. Im polnischen Sejm ist die Volksgruppe seit 1991 mit eigenen Abgeordneten vertreten. Die Aussiedlungsbewegung ist auch wegen der seit 1990 herrschenden Freizügigkeit und Reisefreiheit, aber auch wegen deutscherseits erhöhter bürokratischer Hürden seit Mitte der 90er Jahre gegen Null zurückgegangen.

In der Bundesrepublik organisierten sich die Schlesier in der im März 1950 gegründeten Landsmannschaft Schlesien – Nieder- und Oberschlesien, die heute in Königswinter bei Bonn sitzt, ein Teil der Oberschlesier in der 1949/50 entstandenen Landsmannschaft der Oberschlesier (Sitz: Ratingen-Hösel bei Düsseldorf in Nordrhein-Westfalen). Eine Patenschaft über die

Schlesier übte von 1955 das Land Niedersachsen aus, Pate der Oberschlesier ist seit 1964 Nordrhein-Westfalen.

Die Oberschlesier

Der südöstliche Teil Schlesiens, seit dem Ende der Völkerwanderungszeit von geringer germanisch-wandalischer Restbevölkerung und den von Osten her zugewanderten slawischen Opolanen dünn besiedelt, geriet um 1000 unter polnische Herrschaft und nahm aufgrund der zahlreichen Erbteilungen der Piasten-Dynastie seit der zweiten Hälfte des 12. Jahrhunderts eine gewisse Sonderentwicklung gegenüber Mittel- und Niederschlesien (1163 Herzogtum Ratibor), von dem es ungefähr durch den linken Oder-Zufluss der Glatzer Neiße und den rechten des Stober abgegrenzt ist. Seit 1202, als sich Ratibor Oppeln aneignete, das nun dem Land den Namen gab, sonderte sich der oberschlesische Zweig der schlesischen Piasten vom Rest des Fürstengeschlechts immer mehr ab. Es kam zu keinen der ansonsten bei ober- wie niederschlesischen Piasten sehr häufigen Erbverbindungen und Erbfälle mehr zwischen den beiden Landesteilen. Das Herzogtum Oppeln zerfiel ab 1281 in weitere Teilherzogtümer: Beuthen, Oppeln, Ratibor, Teschen, Cosel, Auschwitz und Zator, wobei die beiden letzteren aber schon 1457 bzw. 1479 an Polen kamen. Danach war die schlesisch-polnische Grenze für beinahe ein halbes Jahrtausend eine der unumstrittensten und friedlichsten ganz Europas.

Ebenso wie die anderen piastischen Herzogtümer Schlesiens nahmen die oberschlesischen in den 1320/1330er Jahren die Lehnsoberhoheit der damals von den Luxemburger innegehabten Böhmischen Krone an, der das Land bis 1742 und in Teilen bis zum Ende der Monarchie 1918 angeschlossen blieb. Polen verzichtete gegenüber Böhmen im Vertrag von Trentschin 1335 „auf ewige Zeiten", Ansprüche auf Schlesien geltend zu machen. Spätestens mit diesem Übergang an Böhmen war Schlesien Bestandteil des Heiligen Römischen Reiches geworden. 1532 starben die verzweigten Oppelner, 1625 die Teschener Piasten aus.

Die deutsche Kolonisation des südöstlichen Schlesiens mit den mittelalterlichen Zentren Oppeln (1217 Verleihung des deutschen Stadtrechts an die deutschen „Hospites"/Gäste), Beuthen (1254), Ratibor (1299), Teschen (1374) usw. begann im 13. Jahrhundert zeitversetzt um wenige Jahrzehnte mit der Niederschlesiens (siehe Schlesier). Die Kolonisten kamen aus dem ganzen Reich und leiteten durch Einführung neuer und effizienter Rechts- und Wirtschaftsformen einen Prozess der allmählichen zwangslosen Assimilation der angesessenen Bevölkerung ein. Auch die Vertiefung der kirchlichen Organisation trug dazu bei. Innerhalb von 150 Jahren wurden in Oberschlesien, im Herzogtum Oppeln 20 Städte und über 200 Dörfer nach deutschem Recht gegründet.

Wegen der im Vergleich zu anderen Zielregionen der Ostsiedlung aber erst später begonnenen Kolonisation wirkten sich die Große Pest der Jahre 1347/48 und die verheerenden Einfälle der sektiererischen tschechischen Hussiten 1425-35 hier besonders einschneidend aus, da nicht nur die Bevölkerung dezimiert wurde, sondern auch der Strom der Zuwanderer aus dem Reich stark ab, der aus Polen hingegen zunahm. In Oberschlesien stockte in der Folge östlich der Oder und im Süden insbesondere der sprachliche Assimilationsprozess, so dass sich vor allem bei der ländlichen Bevölkerung seit dem Mittelalter eine Zweisprachigkeit des Deutschen und eines mit vielen deutschen und tschechischen Anlehnungen versehenen polnischen Dialekts (lange „Wasserpolnisch" genannt, seit geraumer Zeit spricht die Sprachwissenschaft lieber vom „Oberschlesischen") durchsetzte. In den Städten dominierte hingegen bald die deutsche Sprache.

Eine Schlüsseleigenschaft der Oberschlesier war und blieb bis heute trotz vorübergehender Erfolge der Reformation im 16. Jahrhundert ihr ausgeprägter Katholizismus, der die Jahrhundert überdauerte. Nach dem Übergang Schlesiens an Habsburg 1526 war die Gegenreformation des ausgehenden 16. und des 17. Jahrhundert hier besonders rigoros. Nur in südlichen Randgebieten um Teschen oder Bielitz und um Kreuzburg im Norden behauptete sich der Protestantismus – und zwar bei Deutschen und Polen.

Im Ergebnis des 1. Schlesischen Krieges (1740-42) kamen mit Ausnahme der oberschlesischen Herzogtümer Troppau, Jägerndorf und Teschen, die bei der Böhmischen Krone blieben (siehe Sudetendeutsche), ganz Schlesien und zudem die Grafschaft Glatz an Preußen. Preußisch-Oberschlesien wurde 1816 Regierungsbezirk der im gleichen Jahr gebildeten Provinz Schlesien.

Die stürmische Industrialisierung (Steinkohle, Zink) vor allem in der 2. Hälfte des 19. Jahrhunderts führte zum einen zu starker Einwanderung polnischer „Gastarbeiter" aus dem russischen Kongress-Polen, zum anderen zu einer rapiden Verstädterung des oberschlesischen Bergbaureviers: Die Einwohnerzahl von Kattowitz stieg in wenigen Jahrzehnten von 4.800 (1865) auf 36.000 (1905), in Gleiwitz von 9.000 (1852) auf über 60.000 (1905), in Königshütte von 14.000 (1868) auf 66.000 (1905) in Zabrze (1915: Hindenburg) von 10.000 (1885) auf 54.000 usw. Die Bevölkerungsdichte war schließlich (1939) mit 157 Einwohnern pro qkm mehr als doppelt so hoch wie etwa in den preußischen Regierungsbezirken Königsberg oder Frankfurt/ Oder.

Das Aufkommen dadurch bedingter neuer sozialer Gegensätze und ein Übergreifen der polnischen Nationalbewegung von Posen und Westpreußen (siehe dort) auf Oberschlesien um 1900 verband sich bald in brisanter Weise. Bei der Reichstagswahl 1903 ging erstmals einer der zwölf oberschlesischen Wahlkreise – bis dahin fast uneinnehmbare Hochburgen der um nationalen Ausgleich bemühten katholischen Zentrumspartei – an einen polnischen Kandidaten, 1907 wurden fünf Polen gewählt und 1912 entfielen insgesamt 94.000 Stimmen (30,8 %) auf polnische Bewerber in neun der zwölf Kreise, im Nordwesten Oberschlesiens trat man erst gar nicht an, vier wurden gewählt.

Nach dem Ersten Weltkrieg strebte Polen die Annexion des größten Teils Oberschlesiens an. Drei sogenannte „polnische Aufstände" unter Beteiligung regulärer polnischer Streitkräfte 1919, 1920 und im Mai 1921 wurden aber von deutschen Selbstschutzverbänden niedergeschlagen. Im März 1921 erbrachte in dem unter alliierte Verwaltung und Besetzung gestellten Teil Oberschlesiens eine Volksabstimmung das Ergebnis, dass 707.000 Stimmberechtigte (59,6 %) für den Verbleib bei Deutschland, 479.000 (40,4 %) für den Übergang des Landes an Polen stimmten. Die Alliierte Botschafterkonferenz verfügte eine Teilung des Landes, durch die 1922 3.213 qkm mit 985.000 Bewohnern an Polen überging (selbst in diesem abgetretenen Teil hatten nur 55,8 % für Polen votiert, obwohl 2/3 der Bevölkerung 1910 polnische bzw. oberschlesische Muttersprache angegeben hatten). Die an Polen gefallenen großen Städte hatten mehrheitlich für den Verbleib bei Deutschland gestimmt: Kattowitz 85 %, Königshütte 75 %. Bis 1925 wanderten rund 120.000 Deutsche zum Teil unter Druck von Ost- nach West-Oberschlesien oder in andere Teile Deutschlands ab.

Ost-Oberschlesien wurde mit dem von Österreich abgetretenen östlichen Teil des Teschener Schlesien zu einer Woiwodschaft mit gewissen Autonomierechten und eigenem Landtag (Sejmik) zusammengeschlossen, in dem stets auch Vertreter der deutschen Volksgruppe vertreten waren. Auf die verschiedenen deutschen Parteien entfielen bei den Landtagswahlen 1922 25,8 und 1930 34,2 % der Stimmen. Ende der 30er lebten in Ost-Oberschlesien einschließlich des Teschener Schlesien rund 490.000 Deutsche, darunter aber rund 360.000 Zweisprachige. Eine nationale Zuordnung der Mehrsprachler in Oberschlesien blieb immer problematisch, so dass der Begriff des „Schwebenden Volkstums" aufkam. Viele Doppelsprachler entzogen und entziehen sich dem Bekenntnisdruck durch die Selbstdefinition „Schlesier".

Im bei Deutschland und Preußen gebliebenen West-Oberschlesien lebten 1925 über 830.000 Deutsche (60,4 %) und 390.000 deutsche, polnische und „schlesische" Doppelsprachler (bzw. oft Dreisprachige – polnisch, deutsch, oberschlesisch). Dass die Sprache kein Indiz für nationales Bekenntnis darstellte, zeigten wie schon das Plebiszit von 1921 die Ergebnisse für die Polnische Volkspartei bei den Reichstagswahlen in der Provinz West-Oberschlesien: 1922 10 %, Dezember 1924 7,8 %, 1928 5,4 % usw.

Von den über 1,5 Millionen Einwohnern der Provinz Oberschlesien (in ihren Vorkriegsgrenzen ohne das im Oktober 1939 angegliederte Ost-Oberschlesien) kamen 85.000 im Krieg um, 570.000 wurden bis 1950 vertrieben, zu über 90 % nach Westdeutschland; vor allem Nordrhein-Westfalen und dann mit Abstand Niedersachsen und Bayern waren Hauptaufnahmegebiete. Etwa 800.00 Oberschlesier wurden als „repolonisierbare" sogenannte Autochthone verifiziert, zurückgehalten und in den folgenden Jahrzehnten einem massiven Polonisierungsdruck unterworfen. Der Gebrauch der deutschen Sprache blieb lange Zeit verboten.

Aus dem Gebiet der Woiwodschaft (Ost-)Oberschlesien mit Teschen wurden über 215.000 Deutsche vertrieben, darunter auch 85.000 Zweisprachige, überwiegend solche, die sich während des Krieges in sogenannte Deutschen Volkslisten I oder II hatten eintragen lassen. Mehrere zehntausend, die sich nur schwer von den anderen Vertreibungsverlusten der Deutschen aus (Vorkriegs-) Polen abgrenzen lassen, kamen – zum Teil in Konzentrationslagern wie dem berüchtigten Zgoda bei Schwientochlowitz – gewaltsam ums Leben.

In den folgenden Jahrzehnten, zumal Mitte der 50er, zu Beginn der 70er und massiv Ende der 80er Jahre verließen hunderttausende Oberschlesier als Aussiedler das Land und stellten mit Abstand den größten Teil der deutschen Aussiedler aus der Volksrepublik (seit 1989 Republik) Polen, allein in den Jahren 1988-91 etwa 470.000 von 540.000. Heute leben noch etwa 300-500.000 Deutsche in den Woiwodschaften Oppeln/Opole und „Schlesien" (Slask) (= Ost-Oberschlesien mit Kattowitz). Etwa 150.000 haben sich seit Anfang der 90er Jahre ihre fortbestehende deutsche Staatsangehörigkeit durch die Ausstellung deutscher Pässe bestätigen lassen. Im polnischen Sejm ist die Volksgruppe seit 1991 mit eigenen Abgeordneten vertreten. Die Aussiedlungsbewegung ist auch wegen der seit 1990 herrschenden Freizügigkeit und Reisefreiheit gegen Null zurückgegangen.

In der Bundesrepublik organisierten sich die Oberschlesier teilweise in der im März 1950 gegründeten Landsmannschaft Schlesien – Nieder- und Oberschlesien, die heute in Königswinter bei Bonn sitzt, zum anderen Teil in der auch 1949/50 entstandenen Landmannschaft der Oberschlesier (Sitz: Ratingen-Hösel bei Düsseldorf in Nordrhein-Westfalen). Eine Patenschaft über die Schlesier übte von 1955 das Land Niedersachsen aus. Pate der Oberschlesier ist seit 1964 Nordrhein-Westfalen. Der langjährige Sprecher der Landsmannschaft der Oberschlesier, Herbert Czaja, war 1970-1994 zugleich Präsident des Bundes der Vertriebenen.

Die Sudetendeutschen

Die Heimat der Sudetendeutschen sind die knapp 28.000 Quadratkilometer umfassenden Randgebiete von Böhmen, Mähren und Sudetenschlesien, jenem kleinen Teil Schlesiens, der 1763 nach dem Siebenjährigen Krieg zwischen Österreich und Preußen bei Österreich geblieben war. Auch die Grafschaft Glatz fiel an Preußen/Schlesien,

Die Bezeichnung „Sudetendeutsche" leitet sich von dem rund 330 Kilometer langen Gebirgszug der Sudeten ab, der sich im Norden Böhmens, Mährens und Sudetenschlesiens hinzieht. Der Name „Sudetendeutsche" setzte sich seit dem Beginn des 20. Jahrhunderts, vor allem 1919, als Sammelbegriff für die über drei Millionen Deutschen in den böhmischen Ländern durch. Die Sudetendeutschen sind in sich durchaus vielfältig. Sie unterscheiden sich nach Mundart, Herkunft und regionaler Kultur entsprechend den angrenzenden deutschen Regionalbevölkerungen der Altbaiern, Franken, Sachsen und Schlesier, aus deren Gebieten dann im Mittelalter die Besiedlung erfolgte.

Bevor die Tschechen in der Mitte des 6. Jahrhunderts in das Innere Böhmens und Mährens gelangten, war dieses Land schon über 500 Jahre lang von germanischen Stämmen – Markomannen entlang der Elbe in Böhmen und Quaden in Mähren – bewohnt. Im 12. und 13. Jahrhundert riefen dann böhmische Herzöge und Könige Deutsche als Bauern, Bergleute, Handwerker, Kaufleute und Künstler ins Land, um vor allem die bis dahin nur sehr dünn besiedelten, gebirgigen Randgebiete erschließen und kultivieren zu lassen. Zentren des Gebiets waren deutsche Städte wie Leitmeritz (deutsches Stadtrecht 1227), Eger (1242), Brünn (1243), Pilsen (1288) usw.

Die böhmischen Länder waren seit dem 10. Jahrhundert ein Bestandteil des Heiligen Römischen Reiches, wenn auch mit einem oft großen Maß an Eigenständigkeit. Die böhmischen Könige gehörten seit dem 14. Jahrhundert zu dem sich damals herausbildenden siebenköpfigen Kurfürstenkollegium. Von 1346-1400 (Luxemburger) und von 1526-1806 (Habsburger) waren die böhmischen Könige fast ununterbrochen auch Römisch-Deutsche Kaiser. Rund 800 Jahre lang lebten Deutsche und Tschechen zumeist friedlich neben- und miteinander. Soweit es Spannungen gab, hatten diese eher religiöse und soziale als nationale Ursachen. Auch wurden diese Konflikte außer in den Hussitenkriegen (1419/20-1436) nicht gewaltsam ausgetragen. Während dieser Kriege wurden in den 1420er Jahren die bis dahin ziemlich großen deutschen Sprachinseln in Innerböhmen weitgehend vernichtet. Dies geschah durch Vertreibung und Assimilation, teilweise aber auch durch physische Vernichtung der deutschen Bewohner. Ganze deutsche Städte wie Aussig, Teplitz wurden zerstört. Die Deutschen in Prag und in den Grenzregionen überstanden die Hussitenkriege dagegen, wenn auch mit erheblichen Verlusten. Das gesamte Land, das vor den Hussitenkriegen in Europa eine führende Stellung hatte, wurde in seiner Entwicklung weit zurückgeworfen. Es dauerte rund 300 Jahre bis dieser Rückstand aufgeholt war.

1526 kamen die böhmischen Länder unter die Herrschaft der Habsburger und wurden damit ein Teil Österreichs. Ein weiteres wichtiges Datum ist die Schlacht am Weißen Berg zu Beginn des Dreißigjährigen Krieges bei Prag (1620), als die katholischen Habsburger einen Aufstand böhmischer Protestanten (darunter gleichermaßen Tschechen und Deutsche) niederschlugen. Mit der nun einsetzenden Restauration und Gegenreformation wurde die tschechische Sprache aus dem öffentlichen Leben teilweise verdrängt.

Böhmen und Mähren gehörten zusammen mit ganz Österreich bis 1806 dem römisch-deutschen Reich und von 1815 bis 1866 dem Deutschen Bund an. 1848 wählten und entsandten auch die Sudetendeutschen Abgeordnete in die deutsche Nationalversammlung in der Frankfurter Paulskirche. Auch tschechische Abgeordnete aus Mähren waren dort vertreten, nicht aber tschechische Abgeordnete aus Böhmen. Einen wesentlichen Anteil an der kulturellen und wissenschaftlichen Entwicklung der böhmischen Länder hatte nicht zuletzt die jüdische Gemeinschaft, die ganz überwiegend deutschsprachig war.

Das Ende des Ersten Weltkriegs 1918 brachte die Zerschlagung des österreichisch-ungarischen Vielvölkerstaates. Die rund 6,7 Millionen Tschechen forderten einen eigenen Staat, dem auch die industriereichen Siedlungsgebiete der Sudetendeutschen angehören sollten. Nach der Ausrufung der Tschechoslowakischen Republik (CSR) am 28. Oktober 1918 forderten die Sudetendeutschen unter Berufung auf das Selbstbestimmungsrecht der

Völker den Verbleib ihrer Heimatgebiete bei dem zur Republik Deutsch-Österreich verkleinerten österreichischen Staat. Im Vertrauen auf das von den Siegermächten proklamierte Selbstbestimmungsrecht leisteten die Sudetendeutschen nur geringen Widerstand gegen die Besetzung ihres Landes durch tschechisches Militär (31. Oktober 1918 – 22. Januar 1919). Nur vereinzelt kam es zu Kämpfen oder blutigen Übergriffen mit einigen Dutzend Todesopfern unter den Deutschen.

Bis zum Jahresende 1918 waren etwa 95 % der sudetendeutschen Gebiete militärisch besetzt. Am 4. März 1919 demonstrierte fast die ganze sudetendeutsche Bevölkerung friedlich für ihr Selbstbestimmungsrecht. Diese Demonstrationen waren von einem eintägigen Generalstreik der Deutschen begleitet. Die Initiative zu dieser Demonstration ging auf die sudetendeutsche Sozialdemokratie, die seinerzeit stärkste Partei, zurück, wurde aber von den bürgerlichen deutschen Parteien unterstützt. Diese Großkundgebungen wurden von tschechischem Militär zerschlagen, wobei es zu 54 Toten und weit über hundert Verletzten kam.

Gegen ihren ausdrücklichen Willen wurden die Sudetendeutschen durch den Vertrag von St. Germain vom 10. September 1919 der Tschechoslowakei zugeschlagen und vom tschechischen Staat als „Minderheit" angesehen, obwohl sie zu 90 % in Gebieten lebten, in denen sie selber 90 % und mehr der Bevölkerung stellten.

Maßgeblichen Anteil an der Entstehung der CSR hatte der Vertraute des späteren Präsidenten Tomas Masyryk, Edvard Benesch. Er agierte bei den Pariser Friedenskonferenzen skrupellos und mit großem Geschick, wie seine Denkschriften und gefälschten Karten für die Friedenskonferenz zeigen.

Die Bevölkerung der Tschechoslowakei setzte sich 1921 zusammen aus 6,6 Millionen Tschechen, 3,2 Millionen Deutschen, zwei Millionen Slowaken, 0,7 Millionen Ungarn, einer halben Million Ruthenen (Ukrainern), 300.000 Juden, 100.000 Polen, außerdem Zigeunern, Kroaten und weiteren Gruppen. Die Deutschen stellten somit ein Drittel der Bevölkerung der böhmischen Länder. Den Anspruch auf Dominanz im neuen Staat konnte man nur durch die Fiktion eines „tschechoslowakischen" Volkes konstruieren.

Obwohl die Gründung der CSR also in Gegensatz zum Willen der Sudetendeutschen erfolgte, unterstützen sie bei den Wahlen der zwanziger und frühen dreißiger Jahren mehrheitlich die sogenannten aktivistischen Parteien und stellten zeitweilig einzelne Minister. Sie konnten aber nicht die gegen die Sudetendeutschen gerichtete Assimilierungs- und Diskriminierungspolitik verhindern: Systematische Zurücksetzung der deutschen

Sprache und Kultur, Verdrängung der Deutschen aus dem öffentlichen Dienst, Benachteiligung der deutschen Wirtschaft in vielen Bereichen, Beschneidung der deutschen Selbstverwaltung in Gemeinden und Bezirken.

Eine Folge dieser Politik war, dass Mitte der dreißiger Jahre die Arbeitslosigkeit im Sudetenland etwa fünfmal höher war als in den tschechischen Landesteilen. Insbesondere die Umsetzung der Bodenreform Anfang der 20er Jahre und die Verdrängung der Deutschen durch Tschechen im Staatsdienst liefen auf eine tschechische Siedlungspolitik im Sudetenland hinaus. Ab 1919 stieg der tschechische Bevölkerungsanteil im Sudetenland jährlich um knapp ein Prozent.

Diese Politik der CSR verstieß nicht nur gegen die politische Vernunft, sondern auch gegen von der CSR eingegangene internationale Verpflichtungen, namentlich gegen das Minderheitenschutz-Abkommen von 1922. Sie führte allmählich zu einer tiefen Entfremdung zwischen den Sudetendeutschen und dem tschechoslowakischen Staat und dazu, dass die staatsbejahenden deutschen Parteien ihren Wählern gegenüber vollständig bloßgestellt wurden. Bei den Parlamentswahlen von 1935 kam es schließlich zum Erdrutschsieg der neugegründeten Sudetendeutschen Partei (SdP), die die Durchsetzung der staatsrechtlichen und politischen Gleichstellung der Sudetendeutschen in Form einer territorialen Autonomie forderte und damit rund zwei Drittel aller deutschen Stimmen erhielt.

Der sudetendeutsch-tschechische Gegensatz hat sich schließlich infolge des äußeren deutschen Drucks zu den Sudetenkrisen in Mai und September 1938 zugespitzt, was schließlich zum Münchner Abkommen vom 29. September 1938 führte, aufgrund dessen die CSR namentlich auf britischen und französischen Druck die zu über 90 % von rund 3 Millionen Deutschen bewohnten Sudetengebiete an Deutschland abtreten musste.

Eine Folge des Abkommens war, dass ein großer Teil der seit 1919 im Sudetenland angesiedelten Tschechen dieses in kurzer Zeit verlassen musste, einschließlich der Soldaten und Polizisten mit ihren Familien bis zu 400.000. Es gab dabei keine Enteignungen, und die seit jeher im Sudetenland lebenden Tschechen waren davon nicht betroffen.

Unter Bruch des Münchner Abkommens besetzten am 15. März 1939 deutsche Truppen das Restgebiet von Böhmen und Mähren („Reichsprotektorat"), nachdem die CSR bereits einen Tag zuvor durch die Verselbstständigung der Slowakei und die Annexion der Karpato-Ukraine durch Ungarn faktisch zerfallen war. In diesem Reichsprotektorat lebten jetzt immer noch die 260.000 Deutschen in Prag (1939: 41.000 altansässige

Deutsche) und in den innerböhmisch/-mährischen Sprachinseln (3,5 % der Protektorats-Bevölkerung).

Etwa 180.000 sudetendeutsche Soldaten starben im Krieg oder in der Kriegsgefangenschaft, dazu kamen noch an die 10.000 sudetendeutsche Zivilopfer bei Luftangriffen und Bodenkämpfen. Das Gebiet blieb abgesehen von sporadischen alliierten Luftangriffen bis April 1945 vom direkten Kriegsgeschehen unberührt. Tragisch war das Schicksal von etwa – sich größtenteils der deutschen Kultur und Sprache zurechnenden 80.000 Juden der böhmischen Länder, die die NS-Herrschaft nicht überlebten.

Die Vertreibung der Sudetendeutschen, von dem – nach seinem Rücktritt 1938 in London 1940 nur noch selbsternannten – tschechischen Exil-Präsidenten Edvard Benesch aus dem Londoner Exil geplant und vorbereitet, begann unmittelbar nach Kriegsende, im Mai 1945 mit dem „Prager Aufstand" drei Tage vor Kriegsende. Die kommunistisch geführten tschechischen Nationalausschüsse und sogenannte Partisanen begannen in einer ersten Phase mit massenhaften Misshandlungen und Morden, Austreibungen, Vergewaltigungen und Einweisungen in tschechische Konzentrationslager, z.B. Theresienstadt. Bis zum Ende der Potsdamer Konferenz der Siegermächte am 2. August 45 waren bereits 750.000 Sudetendeutsche „wild" vertrieben worden. Das Jahr 1946 war die eigentliche Hauptphase der Vertreibung.

Nach neuesten Untersuchungen kamen ungefähr 165.000 Sudetendeutsche direkt bei der Vertreibung gewaltsam ums Leben, weitere ca. 105.000 starben während oder nach der Vertreibung an den unmittelbaren Folgen derselben. Von den Überlebenden lebten 1950 über 1,9 Millionen überwiegend in der US-amerikanischen (über eine Million in Bayern, 400.000 in Hessen usw.), über 700.000 in der Sowjetischen Besatzungszone, 8.000 in Berlin, 140.000 in Österreich.

Etwa 250.000 konnten in der Heimat bleiben – oder mussten bleiben, weil die CSR auf sie als Fachkräfte nicht verzichten wollte. Aber auch sie wurden enteignet und innerhalb der Tschechoslowakei verschleppt, etwa 40.000 in die UdSSR. Die zurückgehaltene deutsche Bevölkerung siedelte in den folgenden Jahrzehnten zum überwiegenden Teil nach Westdeutschland aus. Bei der Volkszählung 1991 gaben noch knapp 50.000 Personen Deutsch als Nationalität an, die tatsächliche Zahl dürfte um wenige zehntausend höher liegen.

In der Bundesrepublik gründeten die Sudetendeutschen schon im Juli 1947 eine „Arbeitsgemeinschaft zur Wahrung sudetendeutscher Interessen" (seit 1955: Sudetendeutscher Rat), 1949/50 die Landmannschaft, deren erster Sprecher bis 1959 der letzte Landeshauptmann von Deutsch-Böhmen im Jahr 1918 war, Rudolf Lodgmann von Auen. Die Patenschaft über die sudetendeutsche Volksgruppe übernahm 1954 der Freistaat Bayern.

Die Danziger

Als deutsche Stadt wurde Danzig 1224/25 noch innerhalb des Fürstentums Pommerellen (etwa Gebiet des späteren Westpreußen westlich der Weichsel) gegründet. Als Kaufmanns-, Handel- und Hafenstadt erlangte sie große Bedeutung im Ostseeraum. Als Stadt eigenen Rechts war sie vom umliegenden – damals noch slawischen – Umland klar getrennt, wurde aber bald zu einem Ausgangspunkt der deutschen Besiedlung des weithin brachen Weichsellandes. Mit Pommerellen kam Danzig 1308/09 an den Deutschen Orden und begab sich 1454 unter Wahrung seiner Rechte und Eigenständigkeit unter die Schutzhoheit der Krone Polens. Es behauptete sich mehr noch als andere Städte des sogenannten „Königlichen Preußen" auch nach der einseitigen und somit rechtswidrigen polnischen Eingliederungsakte von 1569 in den folgenden Jahrhunderten als nahezu unabhängige Stadtrepublik. In seiner wirtschaftlichen Blütezeit um 1650 hatte die deutsche Kaufmannsstadt Danzig fast 80.000 Einwohner (zu dieser Zeit: Hamburg 60.000, Breslau 30.000, Berlin 6.000).

Im Zusammenhang mit der 2. Teilung Polens 1793 beschloss die Stadt aus eigenem Recht ihren Anschluss an das Königreich Preußen, dem sie bis 1918/20 angehörte – unterbrochen nur von einer von Napoleon erzwungenen Scheinselbständigkeit als „Freistaat" 1807-14. Von 1815-29 und seit 1878 war Danzig die Hauptstadt der Provinz Westpreußen.

Der Versailler Vertrag trennte Danzig mit Umland von Preußen und Reich ab, sprach es jedoch nicht dem wiederhergestellten Polen zu, sondern konstruierte es 1920 als eigenen Staat „Freie Stadt Danzig" unter „Schutz" und Aufsicht der Alliierten, vertreten durch den Völkerbund bzw. einen Kommissar des Völkerbundes. Diese bizarre Konstruktion war zum einem dem polnischen Bestreben geschuldet, Danzig vom Reich zu trennen, zum anderen der Tatsache, dass man das Gebiet wegen seiner demographischen Verhältnisse unmöglich ohne weiteres Polen zuschlagen konnte: Von den 330.000 Menschen, die 1910 in dem knapp 2.000 qkm großen Gebiet lebten, sprachen über 95 % Deutsch, knapp 3 % Polnisch, weniger als 1 % waren Kaschuben oder Masuren. 1923 also nach der Abtrennung vom Reich, gaben sogar 97,6 % der Bevölkerung Deutsch als Muttersprache an (Polnisch, Kaschubisch, Masurisch: 2 %). Bei den freien Parlaments-(Volkstags-) wahlen vom Mai 1933 entfielen 3,2 % der Stimmen auf polnische Listen.

Noch am Tag des Kriegsbeginn 1. September 1939 wurde der Wiederanschluss des Gebiets der „Freien Stadt Danzig" an Deutschland proklamiert. Bis 1945 war Danzig nunmehr Hauptstadt des „Reichsgau Danzig-Westpreußen".

Etwa 22.000 deutsche Danziger fielen im Krieg. Von den 1945 etwa 407.000 im Gebiet der Freien Stadt Danzig lebenden Menschen sind über 100.000 bei Flucht, Vertreibung und Deportation umgekommen.

Nach der Einnahme Danzigs durch sowjetische und polnische Truppen am 27. März 1945 kam während der Besatzungszeit und während der Ausweisungen jeder fünfte Danziger gewaltsam oder auf Grund der Umstände ums Leben oder blieb vermisst.

1950 lebten in Westdeutschland 225.000 Danziger, in der DDR etwa 60.000. Ab Juni 1945 bestand in Lübeck bereits ein „Danziger Hilfskomitee". Im April 1946 zunächst von den Alliierten verboten, wurde dann im August 1948 der Bund der Danziger als landsmannschaftliche Vereinigung gegründet. Ausgehend von der Völkerrechtswidrigkeit der zwei Annexionen von 1939 und 1945 und vom de-jure-Fortbestand der „Freien Stadt Danzig" besteht seit 1947 der „Rat der Danziger", der die Interessen der deutschen Danziger nach außen wahrnimmt. Patenstadt der Danziger ist Düsseldorf.

Die Westpreußen

Das seit dem 6./7. Jahrhundert von den slawischen Pomoranen besiedelte Herzogtum Pommerellen westlich der unteren Weichsel löste sich im 11. Jahrhundert von Pommern und geriet zeitweise unter polnische Herrschaft. Östlich der Weichsel siedelten seit dem Wegzug der Germanen die baltischen Prußen (siehe Ostpreußen).

Die deutsche Besiedlung des späteren Westpreußen mit Pomerellen um Danzig als Hauptteil und mit Pomesanien und dem Kulmerland östlich der Weichsel begann im wesentlichen ebenso wie die Ostpreußens (siehe dort) mit der Eroberung und Missionierung durch den Deutschen Orden zu Beginn des 13. (Kulmerland) bzw. 14. Jahrhundert (Pommerellen). Nach dem Aussterben der pomoranischen Samboriden-Herzöge von Pommerellen 1295 und Auseinandersetzungen mit Polen, Pommern und Brandenburg setzte der

Orden 1309 seine Landesherrschaft auch links der Weichsel durch. Trotz Gründung zahlreicher Städte wie Kulm, Marienwerder und Thorn (deutsches „kulmisches" Stadtrecht 1233), Elbing (1246), Marienburg (um 1280), Graudenz (1291), Bromberg (1346), Preußisch-Stargard (1348) usw. verhinderte insbesondere die Abtretung Pommerellens, des Kulmerlands und des Ermlands (siehe Ostpreußen) durch den Deutschen Orden an die polnische Krone 1466, dass das Gebiet so vollständig eingedeutscht wurde wie die benachbarten Länder Pommern oder Ostpreußen. Auch die Reformation setzte sich im 16. Jahrhundert nur teilweise durch, was die polnische Assimilation des katholisch gebliebenen deutschen Bevölkerungsteils begünstigte.

1569 wurde das Land von Polen durch einseitige Erklärung annektiert, doch bewahrten die großen deutschen Städte wie Danzig, Thorn oder Bromberg weitgehend ihre Selbständigkeit. 1772 kam der größte Teil des Landes durch die I. Polnische Teilung an Preußen, 1793 durch die II. Teilung auch der ganze Rest mit Danzig und Thorn. Erst jetzt entstand für das bisherige „Königliche (polnische) Preußen", also für Pommerellen, Pomesanien und das Kulmerland die Bezeichnung Westpreußen. Danzig (siehe dort) ist 1807-13 auf französischen Druck scheinselbständige „Freie Stadt".

In der zweiten Hälfte des 19. Jahrhunderts war Pommerellen ebenso wie Posen (siehe Weichsel-Warthe) das Zentrum der polnischen Nationalbewegung in Preußen/Deutschland. Die überwiegend ländlichen Wahlkreise Danzig-Neustadt, Danzig-Berent und Marienwerder-Konitz wählten von 1867 bis 1912 ununterbrochen ausschließlich, die Wahlkreise Rosenberg, Graudenz, Thorn und Schwetz wiederholt polnische – zumeist adlige – Abgeordnete in den Deutschen Reichstag.

Bei der Bevölkerungszählung 1910 gaben in der preußischen Provinz Westpreußen (25.500 qkm, 1,7 Millionen Einwohner) als Muttersprache an: 65 % Deutsch, 28 % Polnisch, 7 % Kaschubisch. Die Kaschuben sind als unmittelbare Nachfahren der slawischen – aber nicht polnischen – Pomoranen anzusehen.

Im Januar 1920 wurde die Provinz infolge des Versailler Vertrages viergeteilt: der größte Teil Pommerellens und das Kulmerland (16.000 qkm), der sogenannte „Korridor", fielen ebenso wie der Großteil Posens ohne Befragung der Bevölkerung an Polen, ein schmaler Streifen im Westen blieb bei Deutschland und kam 1938 zur Provinz Pommern, der Osten kam als Regierungsbezirk „Westpreußen"/Marienwerder (2.400 qkm) zur Provinz Ostpreußen, Danzig mit Umland (1.900 qkm) wurde „Freie Stadt" unter dem Mandat des Völkerbundes.

Im Regierungsbezirk Westpreußen/Marienwerder stimmten im Juli 1920 92,4 % der stimmberechtigten Bevölkerung für den Verbleib bei Preußen und Deutschland, nur 7,6 % für den Anschluss an Polen.

In dem an Polen gefallenen Teil Pommerellens und im Kulmerland hatten 1910 als Muttersprache angegeben: 433.000 Polnisch (45 %), 412.000 Deutsch (43 %), 105.000 Kaschubisch (11 %). 15.000 hatten sich als zweisprachig ausgewiesen. Durch rigide Enteignungsmaßnahmen, erzwungene Abwanderung und zahlreiche bürokratische Schikanen wurden in den 20er Jahren hunderttausende Deutsche aus dem Land verdrängt. Die deutsche Bevölkerung des Gebiets der Woiwodschaft Pommerellen ging von 421.000 (1910; 42,5 %) auf 176.000 (1921) und schließlich auf 105.000 (1931; 10 %) zurück, die des Gebiets der Woiwodschaft Bromberg/Bydgoszcz (mit dem Norden der ehemaligen Provinz Posen) von 316.000 (1910 45,2 %) auf 162.000 (1921), dann auf 96.000 (10 %) zurück. 1928 wurden vier Deutsche aus den Woiwodschaften Pommerellen und Bromberg in den polnischen Sejm gewählt.

Nach Kriegsbeginn fielen im September 1939 5-6.000 deutsche Zivilisten im polnischen Pommerellen und in der Woiwodschaft Bromberg polnischen Progromen zum Opfer („Bromberger Blutsonntag"). (In Bromberg selbst waren es 649, in Vororten von Bromberg 150 Opfer. Die Gesamtzahl aller Mordopfer in ganz Polen beträgt nach den Forschungen und Angaben des Historikers Prof. Gotthold Rhode von der Forschungsgesellschaft für das Weltflüchtlingsproblem ca. 4.500. Anmerkung von Ekkehard Kuhn)

Nach der deutschen Annexion und der Bildung des „Reichsgaus" Danzig-Westpreußen (26.000 qkm mit Bromberg und dem Netze Distrikt) 1939 wurde der vormals polnische Teil Westpreußens zu einem der Hauptansiedlungsgebiete Deutscher aus den an die Sowjetunion gefallenen Gebieten: Über 40.000 Deutsche aus Bessarabien und 6.000 Deutschbalten fanden hier 1939/40 vorübergehend Bleibe, bevor sie mit der gesamten deutschen Bevölkerung 1945 flüchteten oder vertrieben wurden.

Geht man davon aus, dass die Deutschen aus dem 1920 an Polen gefallenen Teil Westpreußens und der Woiwodschaft Bromberg/Bydgoszcz ebenso hohe Kriegs- und Nachkriegsverluste hatten wie die volksdeutsche Bevölkerung der II. Polnischen Republik insgesamt, ist anzunehmen, dass etwa 15.000 im Krieg als deutsche – zum geringen Teil 1939 auch als polnische – Soldaten gefallen und etwa 30.000 durch sowjetische oder polnische Exzesstaten, Mord, Totschlag, in Lagern wie Potulitz und Graudenz, während oder nach der Deportation in die Sowjetunion (insgesamt aus Vorkriegs-Polen über 100.000) oder bei der Vertreibung gewaltsam ums Leben gekommen sind. Diese Zahlen enthalten nicht die umgekommenen Danziger (siehe dort) und den Regierungsbezirk Marienwerder. Von den als „repolonisierbar" zurückgehaltenen Kaschuben sind in den folgenden Jahrzehnten – polnischer Bevormundung und Gängelei überdrüssig – die meisten nach Westdeutschland ausgesiedelt.

Die Westpreußen aus Pommerellen und aus dem früheren ostdeutschen Regierungsbezirk Marienwerder gründeten im April 1949 ihre Landsmannschaft, über die 1960 der Landschaftsverband Westfalen-Lippe die Patenschaft übernahm. Seit 1963 hat die Landsmannschaft ihren Sitz in Münster.

Die Deutschbalten

Seit dem 12. Jahrhundert siedelten Deutsche im Gebiet der heutigen Republiken Lettland und Estland (vom historischen Livland gehört heute der nördliche Teil zu Estland, der südliche mit der Hauptstadt Riga zu Lettland). Deutsche, Missionare, Ordensritter und Kaufleute kamen im Zuge der Christianisierung der dort ansässigen Esten und Liven (mit den Finnen verwandt) und den baltischen lettischen Stämmen (mit Litauern und Prußen verwandt) ins Land. Der 1202 in Riga gegründete Schwertbrüderorden ging 1236 im Deutschen Orden auf, der das gesamte Gebiet Alt-Livlands eroberte.

Das historische Livland stieg auf im Schutz der Kirche und der Hanse und gehörte fast 350 Jahre zum Heiligen Römischen Reich. Als Folge der Einführung der Reformation zerfiel der Ordensstaat 1561 in die Provinzen Estland, Livland, Ösel und Kurland. In den kommenden Jahrhunderten blieben die Deutschen unter teil- und zeitweise polnischer, dänischer, schwedischer und seit 1710 (Estland und Livland) bzw. 1795 (Kurland) russischer Oberhoheit die gesellschaftlich, wirtschaftlich, kulturell und politisch führende Schicht.

Nach der russischen Revolution 1917 und dem Zusammenbruch des Russischen und des Deutschen Kaiserreiches beteiligten sich die Deutschbalten 1918/20 aktiv am Freiheitskampf der baltischen Völker gegen die Rote Armee, in Lettland in der Baltischen Landwehr, in Estland im Baltenregiment.

Nach Entstehung der Republiken Estland (Unabhängigkeitserklärung 24. Februar 1918) und Lettland (18. November 1918) büßten die Deutschen ihre Führungsrolle ein und lebten fortan als nationale Minderheiten wie auch Russen oder Juden neben den namengebenden Völkern. Ihre wirtschaftliche Stellung wurde durch weitgehende Enteignung des Großgrundbesitzes sehr geschwächt und viele, vor allem aus den ländlichen Gebieten, wanderten ins Deutsche Reich ab.

Bei den Wahlen zur lettischen Saeima (Parlament) gewannen die Deutschen zwischen 1920 und 1931 meistens sechs, bei der Wahl zum estnischen Riikogu (Staatsversammlung) zwischen 1919 und 1932 zwischen zwei und vier Parlamentsmandate. 1939 lebten in Estland noch 23.000 (2 % der Bevölkerung), in Lettland noch 64.000 Deutsche (3,2 %), davon über 60 % in Riga.

Infolge des Hitler-Stalin-Pakts vom 23. August 1939, der Estland, Lettland und Litauen den Sowjets auslieferte, schloss Deutschland mit Estland am 15. Oktober und mit Lettland am 30. Oktober Abkommen über die Umsiedlung der Deutschen ab. Zwar bestand theoretisch ein Optionsrecht zum Verbleib, aber angesichts der unmittelbar drohenden – und im Juni 1940 vollstreckten – sowjetischen Annexion der unabhängigen baltischen Republiken entschied sich die übergroße Mehrzahl der estländischen und lettländischen Deutschen zur Umsiedlung.

Im Spätherbst/Winter 1939/40 verließen insgesamt 13.700 Deutsche Estland und 51.000 Lettland. Bei der sogenannten „Nachumsiedlung" im Frühjahr 1941 folgten 7.000 aus Estland und 10.500 aus Lettland. Etwa 5.000 der Nachumsiedler wurden als „Nichtdeutsche" bezeichnet. Die Ansiedlung erfolgte in den annektierten polnischen Teilen Westpreußens und im sogenannten Warthegau. Viele tausend Deutschbalten sind im Krieg gefallen oder Opfer von Treck und Flucht geworden.

Ab Januar 1945 teilten sie das Vertreibungsschicksal aller anderen Ostdeutschen. Bei Flucht und Vertreibung verlor dann fast jeder fünfte Deutsche aus dem Baltikum das Leben oder blieb bis heute vermisst.

1950 lebten in Westdeutschland über 40.000, in der DDR etwa 10.000 Deutschbalten, von denen viele in den folgenden Jahren nach Westdeutschland geflüchtet sind. Mehrere Tausend wanderten nach Übersee aus.

Im November 1950 trafen sich Vertreter der schon bestehenden Ländermannschaften und weitere baltische Organisationen in Treysa (Hessen) und gründeten die Deutsch-Baltische Landsmannschaft im Bundesgebiet, deren erster Sprecher, Axel de Vries, einer der maßgeblichen Verfasser der „Charta der deutschen Heimatvertriebenen" war.

Der langjährige 1. Vorsitzende der Landsmannschaft, Georg Baron von Manteuffel-Szoege, war als Gründer der Vereinigten Ostdeutschen Landmannschaften 1957/58 einer der beiden gleichberechtigten Vorsitzenden des Bundes der Vertriebenen.

Heute hat die Landsmannschaft ihren Sitz in der Stadt Darmstadt, die auch seit 1962 der Pate der Deutschbalten ist. 1990 übernahm auch das Land Hessen eine Patenschaft über die Deutsch-Baltische Landsmannschaft.

Die Deutschen aus Litauen

Die Siedlung Deutscher im Gebiet der heutigen Republik Litauen begann erheblich später als etwa in Estland und Lettland. Erst im 15. Jahrhundert kamen Deutsche, die ganz im Gegensatz zu den Deutschbalten auch eher bäuerlich strukturiert waren, ins Land, was sich bis ins 18. Jahrhundert durch die Anwerbung durch polnische und litauische Magnaten fortsetzte und im 19. Jahrhundert – unter russischer Herrschaft – in die weitere Ansiedlung vor allem aus dem benachbarten Ostpreußen führte. In Wilna (lit. Vilnius) und Kowno (Kaunas) gab es ein kleines deutsches Bürgertum. Die in der zweiten Hälfte des 19. Jahrhundert langsam entstehende litauische Industrie wurde überwiegend von deutschen Unternehmern und Arbeitern aufgebaut.

Im Ersten Weltkrieg wurden Tausende Deutsche 1915/16 ins Innere Russlands verschleppt, wo viele umkamen. Nach der Erringung der Unabhängigkeit (16. Februar 1918 – Juli/Oktober 1918 vorübergehend unter Herzog Wilhelm von Urach als König Mindaugas II. – endgültig 2. November 1918) und einem schließlich im Zusammenwirken mit baltischen und deutschen Verbänden erfolgreichen Abwehrkrieg gegen die Rote Armee 1919/20 zählte man in den ehemals russischen Gouvernements Kauen (poln. Kowno, lit. Kaunas), Suwalki und Wilna (lit. Vilnius), die jetzt im wesentlichen das Staatsgebiet der Republik Litauen bildeten, 1923 (1929) 30.000 (35.000) eingesessene Deutsche, was etwa 1,5 % der Gesamtbevölkerung entsprach. Zusammen mit den Deutschen vom 1923-1939 von Litauen annektierten Memelland (siehe Ostpreußen) bildeten sie allerdings nach den Juden die zweitgrößte Minderheit im relativ homogenen (1939 über 80 %) Herrschaftsbereich der litauischen Regierung.

Nach der Rückgliederung des Memellandes an Ostpreußen/Deutschland im März 1939 und dem Hitler-Stalin-Pakt von 1939 schloss das Reich nicht wie im Falle Estlands und Lettlands mit Litauen, das nach anfänglichen, bald revidierten deutsch-sowjetischen Regelungen im deutschen Interessenbereich bleiben sollte, einen Umsiedlungsvertrag ab, sondern erst am 10. Januar 1941 mit der Sowjetunion, so dass die Litauendeutschen ein dreiviertel Jahr sowjetischer Herrschaft ertragen mussten. Die tatsächliche Zahl der Volksgruppe erwies sich mit rund 50.000, von denen etwa 60 % Januar/März 1941 nach Ost- und Westpreußen und in den Warthegau umgesiedelt wurden, wobei auch einige hundert Litauer „mitgeschmuggelt" werden konnten, der Rest im Altreich.

Etwa 3.000 Litauendeutsche fielen im Krieg, etwa ein Viertel der Deutschen aus Litauen hat Krieg, Flucht und Vertreibung nicht überlebt. Die meisten Überlebenden fanden in Westdeutschland Aufnahme, wo sie 1953 ihre Landsmannschaft gründeten, über die die Stadt Neheim-Hüsten in Nordrhein-Westfalen 1959 und nach Gebietsreform in deren Rechtsnachfolge 1975 die Stadt Arnsberg die Patenschaft übernahm.

Die Karpatendeutschen in der Slowakei

In die Slowakei, die als „Oberungarn" von 907 bis 1918 über tausend Jahre lang zu Ungarn gehörte, wanderten Deutsche in größerer Zahl erst um 1200 ein. Siedlungsgebiete waren im Osten die Zips (slowak. Spis, ung. Szepes) um Leutschau (Levoca/Locse) und Kesmark (Keumarok/Kesmark), in der Landesmitte das Hauerland um die Bergbaustädte Kremnitz (Kremnica/Köämöcbany), Schemnitz (Banska Stiavnica/Selmecbany) Krikerhaus (Handlova/Nyitrabanya) und Deutschproben (Nemecke Pravno/Nemetprona) und schließlich ab 1234 die Schüttinsel bei Preßburg (ung. Pozsony, slowak. seit 1918 Bratislava), das 1526-1784 ungarische Landeshauptstadt war, im Westen. Es waren vor allem Bergleute und Handwerker, später auch Bauern, die als von den ungarischen Königen gerufene „Gäste" den Landesausbau vorantrieben. Die Siedler kamen aus Bayern, Franken, die Bergleute auch aus Böhmen und Schlesien. Der Mongoleneinfall 1241/42 warf die Anfänge der Kolonisation schwer zurück. Die Bevölkerungsverluste waren groß.

Die Deutschen hatten eine ausgeprägte und landesherrschaftlich etwa durch die „Zipser Willkür" von 1370 garantierte Selbstverwaltung, die bis 1867 bestand. Den deutschen Städten waren eigene Gerichtsbarkeit, freie Pfarrer- und Richterwahl usw. zugesichert. Auch in späteren Jahrhunderten setzte sich die Zuwanderung fort, vor allem aus den habsburgischen Ländern, zu denen die Slowakei mit dem nichtosmanischen Teil Ungarns seit der verlorenen Schlacht bei Mohacs 1526 gehörte. Die Reformation breitete sich um 1530 bei den Deutschen rasch aus und förderte das Bildungswesen. Lateinschulen in Preßburg und Käsmark und viele Dorfschulen wurden gegründet.

Mit dem österreichisch-ungarischen Ausgleich 1867 begann für die Deutschen in ganz Ungarn eine Zeit verschärfter Madjarisierung, in der vor allem die deutsche Sprache rigoros aus dem Schulunterricht verdrängt wurde. Nach 1900 wurde selbst in den Grundschulen rein deutscher oder slowakischer Gemeinden nur noch madjarisch unterrichtet, in einer Sprache also, die die Schulanfänger vielfach gar nicht verstanden.

1910 wurden in „Oberungarn" knapp 200.000 deutsche Muttersprachler (6,7 % der Bevölkerung) gezählt, worunter aber auch zahlreiche Juden waren. Zur deutschen Nationalität bekannten sich nach dem Übergang des Landes an die Tschechoslowakei (1918/19) 1921 und 1930 je etwa 150.000 (4,7 bis 4,9 %) der Bevölkerung der Slowakei. Immerhin stellten sie ein Viertel der Bevölkerung Preßburgs. Im Wahlbündnis mit der „Sudetendeutschen Partei" entsandte die „Karpatendeutsche Partei" 1935 einen Senator und einen Abgeordneten nach Prag. In der unter dem Schutz des Deutschen Reichs 1939 verselbständigten Slowakei erhielten die Deutschen Volksgruppenrechte und einen deutschen Schulminister.

Der slowakische Nationalaufstand im Herbst 1944 verursachte Verluste unter der deutschen Bevölkerung und löste umfangreiche Evakuierungsmaßnahmen aus, die nach Böhmen und Mähren führten. Die Karpatendeutschen teilten dann das Vertreibungsschicksal der Sudetendeutschen.

Etwas 5.000 Karpatendeutsche fielen im Krieg als slowakische oder deutsche Soldaten im Osten, 4.000 Zivilisten wurden zur Zwangsarbeit nach Osten deportiert, etwa 13.000 kamen bei Flucht und Vertreibung – vor allem in Böhmen/Mähren – um.

Bei der Volkszählung 2001 bekannten sich rund 6.000 Deutsche in der seit 1993 selbständigen Slowakei zur deutschen Nationalität, die seit der Wende 1989/90 von ihren in Deutschland lebenden Landsleuten unterstützt werden.

1949 wurde bei einem ersten Bundestreffen in Ludwigsburg die Karpatendeutsche Landsmannschaft Slowakei geründet, die 1951 mit Vertretern des slowakischen Exils ein Abkommen unterzeichnete, das die Vertreibung verurteilte und das Heimatrecht der Slowakei-Deutschen anerkannte. 1985 wurde es mit dem „Weltkongress der Slowaken" erneuert. Seit 1957 steht die Volksgruppe der Deutschen aus der Slowakei unter der Patenschaft der Stadt Augsburg.

Die Buchenlanddeutschen

Die am östlichen Karpatenrand gelegene Bukowina (Buchenland) ging 1775 vom osmanischen Vasallenstaat Moldau an Österreich über. Es folgte eine systematische Ansiedlung Deutscher aus dem Banat, Böhmen usw. in dem damals von nur 60.000 Rumänen und Ukrainern bewohnten 10.000 qkm großen Gebiet. Es kam zu einer raschen Zunahme der bäuerlichen Bevölkerung (bis 1846 hatte sich die Bevölkerung auf 370.000 versechsfacht), aber auch zu einem starken Ausbau der Landeshaupstadt Czernowitz (rum. Cernauti, ukr. Cernivce), in der 1875 die deutschsprachige Franz-Josephs-Universität gegründet wurde. Deutsche/Österreicher stellten vor dem Ersten Weltkrieg ein Viertel der Bevölkerung von Czernowitz.

1910 lebten 73.000 Deutsche (9,2 % der Bevölkerung) mit Ukrainern (38,4), Rumänen (34,4), Juden (12,0) und anderen Sprachgemeinschaften in der Bukowina zusammen. Die Menschen sprachen unabhängig von ihrer Nationalität zwangsläufig fast alle mehrere Sprachen.

1919 kam die Bukowina durch den Vertrag von St. Germain an Rumänien, bevor ihr nördlicher Teil mit Czernowitz ebenso wie Bessarabien im Juni 1940 von den Sowjets annektiert und der Sowjet-Ukraine zugeschlagen wurde. Aufgrund des deutsch-sowjetischen Umsiedlungsabkommen vom 5. September 1940 und einer deutsch-rumänischen Vereinbarung vom 22. Oktober 1940 verließen September/Dezember 1940 insgesamt rund 93.000 Deutsche nicht nur den an die UdSSR gefallenen Teil, sondern auch den bei Rumänien gebliebenen Teil der Bukowina. 55.000 von ihnen wurden in Ost-Oberschlesien und im Wartheland untergebracht, von wo sie Anfang 1945 fliehen mussten oder vertrieben wurden. Wenn – was wahrscheinlich ist – die Verluste der Buchenlanddeutschen dem der anderen Rumäniendeutschen entsprechen, sind etwa 15.000 bei Krieg und Vertreibung umgekommen.

Die Landsmannschaft der deutschen Umsiedler aus der Bukowina (seit 1951 LM der Buchenlanddeutschen) wurde im Oktober 1949 in München gegründet, ihr erster Sprecher war Dr. Rudolf Wagner, der stellvertretend auch für die anderen südostdeutschen Landsmannschaften 1950 die Charta der deutschen Heimatvertriebenen mitunterzeichnete. Die Patenschaft übernahm der bayerische Regierungsbezirk Schwaben. Rudolf Wagner ist der Zeitzeuge im Film „Bukowina" (siehe Verzeichnis der Zeitzeugenfilme hier im Buch).

Weichsel-Warthe

In der Landmannschaft Weichsel-Warthe sind die Deutschen aus den 1815 an Russland bzw. Österreich gefallenen polnischen Gebieten sowie die der ehemaligen preußischen Provinz Posen zusammengeschlossen, mithin die Deutschen der II. Polnischen Republik (1919-39) außer den Westpreußen und den (Ost-)Oberschlesiern. Sie entstammen den vier sehr unterschiedlichen Siedlungsgruppen der Deutschen aus der ehemaligen Provinz Posen, aus Mittelpolen um Lodz, aus Galizien mit dem Zentrum Lemberg und aus Wolhynien.

Schon seit dem 12., in größerer Zahl seit dem 13. Jahrhundert kamen auf Ruf der polnischen Landesherren nach den Mönchen deutsche Siedler und Kaufleute in das Gebiet der späteren I. Polnischen (Adels)Republik, die seit dem 16. Jahrhundert ein Wahlkönigtum war, und bestimmten lange Zeit das Bild der Städte. Sie bildeten als erste eine bürgerliche, städtische Mittelschicht in dem sonst fast nur agrarischen Land. Anreger der deutschrechtlichen, mit Verleihung zahlreicher Privilegien verbundenen Kolonisation waren die ansässigen Grund- und Landesherren, die polnischen „Magnaten", die sich technische Innovation und ökonomischen Fortschritt versprachen. In Städten wie Gnesen (1253 deutsches Stadtrecht), Posen (1253), selbst in der – damaligen – Hauptstadt Krakau (1257) usw. stellten Deutsche im 13./14. Jahrhundert oft die Hälfte der Bevölkerung.

Für die bäuerliche deutsche Siedlung wurden – wie etwa auch in Schlesien und Pommern – Prämonstratenser-Klöster wie Lekno (1143) oder Strelno (1193) bald zu Kristallisationspunkten. Wie dort kam die Siedlungsbewegung im 14. Jahrhundert zum Erliegen; eine weitgehende Assimilation der kaum irgendwo geschlossen siedelnden Deutschen folgte in Stadt und Land. Dennoch waren noch im 16. Jahrhundert etwa je ein Drittel der Bevölkerung Krakaus oder Lembergs deutsch. Zu dieser Zeit war das konfessionell noch tolerante Polen, insbesondere das sogenannte Großpolen (um Posen und Gnesen) Zufluchtsort vieler deutscher Protestanten, die Schlesien unter dem Druck der Gegenreformation verlassen mussten.

In den 1793/95 durch die 2. und 3. Teilung Polens nur vorübergehend (bis 1807) an Preußen gekommenen Gebieten (dem sogenannten „Südpreußen") wurde in wenigen Jahren ein umfangreiches staatliches Landerschließungswerk umgesetzt, das zur Gründung etlicher neuer deutscher Siedlungen führte. Das Gebiet um Posen, von 1815-48 Großherzogtum innerhalb Preußens, danach nur noch Provinz, aber bis in die 1870er Jahre offiziell deutsch/polnisch zweisprachig, hatte um 1900 etwa 40 % deutsche Bevölkerung. Doch schon seit der Mitte des 19. Jahrhunderts war Posen Zentrum der nationalpolnischen Bewegung in Preußen: Die überwiegend ländlichen Posener Wahlkreise Buk, Kröben, Schrimm, Wreschen, Krotoschin und Adelnau sowie die Bromberger Wahlkreise Inowrazlaw (dt. 1905 Hohensalza) und Gnesen wählten zwischen 1867 und 1912 ausnahmslos, die Wahlkreise Posen-Stadt, Posen-Samter und Bromberg-Wirsitz fast immer polnische – zumeist adlige Abgeordnete in den Deutschen Reichstag.

Im österreichischen Galizien lebten um 1900 fast 80.000 Deutsche (1,1 % der Bevölkerung). 1918/19 kam das im Osten mehrheitlich ukrainisch bevölkerte Land an Polen.

Im russischen Mittelpolen entstanden noch in der ersten Hälfte des 19. Jahrhunderts deutsche Kolonien in und um Lodz (Industrie) und bäuerliche Siedlungen im Gebiet von Cholm. Insgesamt wurden im russischen sogenannten Kongresspolen 1897 über 400.000 Deutsche gezählt, die zu über 90 % evangelisch waren. In Wolhynien, wo Deutsche – insbesondere Mennoniten – verstärkt seit 1820 siedelten, lebten 1897 170.000 Deutsche. Zehntausende wurden 1915/16 ins Innere Russlands verschleppt. Der westliche Teil Wolhyniens um Luck fiel 1921 an Polen.

In den 1918/21 von der II. Polnischen Republik einverleibten früheren Teilungsgebieten – ohne Ost-Oberschlesien und Westpreußen – lebten 1939 insgesamt noch fast 700.000 Deutsche: 360.000 in Mittelpolen (davon 155.000 in der Woiwodschaft Lodz) über 190.000 in den Woiwodschaften Bromberg/Bydgoszcz und Posen/Ponan, 70.000 in Galizien, 65.000 in (West)Wolhynien. In den vorangegangenen Jahren hatte eine massive legislative und administrative Verdrängung Deutscher aus den an Polen gefallenen Gebieten stattgefunden, die allein in Westpreußen (siehe dort) und dem Warthegebiet um Posen über 700.000 Menschen betroffen hatte. Im Gebiet der Woiwodschaft Posen sank die Zahl der deutschen Bevölkerung von 1910 noch 363.000 (28,5 %) auf 1931 97.000 (7,1 %). 1922 und 1928 stammten jeweils neun der 17 bzw. 20 deutschen Abgeordneten zum polnischen Sejm aus Polen. 1939 wurde das Posener Land als „Reichsgau Wartheland" annektiert und nahm 1939/40 rund 250.000 deutsche Umsiedler aus den von der UdSSR annektierten ost- und südosteuropäischen Gebieten auf: fast 100.000 aus Wolhynien, 70.000 Deutsche aus Rumänien, 50.000 Deutschbalten usw. Etwa 450.000 Polen wurden in das „Generalgouvernement" vertrieben.

Geht man davon aus, dass die Deutschen aus Posen und Polen ebenso hohe Kriegs- und Nachkriegsverluste hatten wie die volksdeutsche Bevölkerung der II. Republik insgesamt, ist anzunehmen, dass etwa 50.000 im Krieg als deutsche – zum geringen Teil 1939 auch als polnische – Soldaten gefallen und etwa 100.000 durch Exzesstaten, Mord, Totschlag, in Lagern, während oder nach der Deportation in die Sowjetunion (insgesamt aus Vorkriegs-Polen über 100.000) oder bei der Vertreibung gewaltsam ums Leben gekommen sind.

In Westdeutschland wurde im Mai 1949 die Landsmannschaft Weichsel-Warthe gegründet, in der sich ein Teil der rund 400.000 Deutschen aus der II. Polnischen Republik organisierte, während die Westpreußen und Ost-Oberschlesier eigene Verbände gründeten (siehe jeweils dort). Etliche zweisprachige Deutsche wurden als „Autochthone" zurückgehalten und verließen das Kommunistische Polen in den folgenden Jahrzehnten nach und nach als Aussiedler. Pate der Deutschen aus dem Lodzer Industriegebiet ist Mönchengladbach.

Die Bessarabiendeutschen

Bessarabien ist gebietlich im wesentlichen identisch mit der seit 1991 unabhängigen ehemaligen Sowjetrepublik Moldawien (Moldova) zwischen den Flüssen Dnjestr und Pruth. Nachdem das Land 1812 von den Osmanen an Russland abgetreten worden war, wurde es bald unter Zar Alexander I. wie andere Grenzregionen des Zarenreichs zum Zielgebiet einer systematischen Neubesiedlungspolitik. Zwischen 1814 und 1818 entstanden vor allem durch Ansiedler aus Kongresspolen 13 deutsche Kolonien mit Namen wie Leipzig, Wittenberg oder Paris. 1821-1842 kamen elf weitere Kolonien hinzu. Aus diesen entwickelten sich bis zum Vorabend des Ersten Weltkrieges Dutzende weitere Tochterkolonien. Die Zahl der fast ausschließlich bäuerlichen deutschen Bevölkerung in Bessarabien stieg zwischen 1861 und 1919 auf 79.000 (3 % der Bevölkerung; 64 % Rumänen). Im Kreis Akkerman stellten Deutsche Endes des 19. Jahrhunderts 16,3 % der Bevölkerung. Siedlungsgeschichtlich gehören die Bessarabiendeutschen nicht zu den Rumänien-, sondern zu den Russlanddeutschen.

Im Februar 1918 konnte sich das Land während der Wirren des russischen Bürgerkrieges für „unabhängig" erklären und zwei Monate später Rumänien anschließen, bevor es im Juni 1940 nunmehr von der Sowjetunion annektiert wurde. Aufgrund deutsch-sowjetischer Absprachen wurden die inzwischen rund 86.000 Bessarabiendeutschen im September/November 1940 je zur Hälfte nach Westpreußen und in den „Warthegau" umgesiedelt, wo sie

Anfang 1945 das Schicksal der übrigen Deutschen teilten. Einige Tausend wurden nach Sibirien verschleppt bzw. nach sowjetischen Verständnis „repatriiert", da man alle Menschen aus den 1939/1940 annektierten Gebieten Rumäniens, Polens und des Baltikums für sich reklamierte. Etwa 10 % haben Krieg, Vertreibung und Verschleppung nicht überlebt.

Aus einem schon im Herbst 1945 gebildeten „Hilfswerk für ev. Umsiedler" ging die Landsmannschaft der Bessarabiendeutschen hervor, die von Anfang an in Stuttgart ihren Sitz hat. Stuttgart übernahm die Patenschaft über die Volksgruppe.

Die Donauschwaben

Den deutschen Stamm, der sich beiderseits der mittleren Donau im pannonischen Zentralraum nach der Befreiung Ungarns von der Türkenherrschaft im 18. Jahrhundert aus Einwanderungen der südwestdeutschen, aber auch böhmischen und österreichischen Stammlandschaften entwickelte, bezeichnet die Völkerkunde seit den 1920er Jahren als Donauschwaben. Die im selben Raume lebenden slawischen und madjarischen Nachbarn hatten diese Deutschen seit ihrer Ansiedlung „Schwaben" genannt.

Nach einer seit 1526 rund 150 Jahre währenden Herrschaft über den Großteils Ungarn scheiterten die Türken an der Belagerung Wiens und erlitten 1683 in der Schlacht am Kahlenberg jene Niederlage, die sich als eine politisch-kulturelle „Wende" für ganz Südosteuropa erweisen sollte.

1686 setzte bereits die Besiedlung Ofens (ung. Buda) und des Ofener Berglandes durch deutsche Bauern und Handwerker ein, und 1689 erließ Kaiser Leopold I. das erste Ansiedlungspatent zur Wiederbevölkerung des Erbkönigreichs Ungarn. Nach dem Sieg Prinz Eugens bei Zenta 1697 über die Türken griffen diese in den Spanischen Erbfolgekrieg (1701-1714), eine krisenhafte Zeit für Österreich, nicht ein. Als jedoch das neugestärkte Osmanische Reich erfolgreich die Republik Venedig angriff, sah sich Österreich gefährdet und begann 1716 jenen siegreichen Türkenkrieg, der nach Eroberung von Temeswar und Belgrad 1718 mit dem Frieden von Passarowitz (srbkr. Pazarevac) endete. Durch ihn wurde die Herrschaft der habsburgischen Kaiser über Westungarn, das Banat, die Batschka, Syrmien und Teile Bosniens abgesichert. In der Folge forderten die ungarischen Stände auf dem Landtag von Preßburg 1722/23 Kaiser Karl VI. auf, „freie Personen jeder Art" in das Land zu rufen und in seinen Erblanden und im Reich zu werben.

Fortab bemühten sich Kaiser Karl VI. (1711-1740) seine Tochter Maria Theresia (1740-1780) und deren Sohn Josef II. (1780-1790), das verödete und schwach besiedelte Land wieder zu bevölkern und eine wirtschaftlich sich selbst erhaltene „Vormauer der Christenheit" zu errichten. Sie riefen zwischen 1722 und 1787 Kolonisten ins Land. So kamen in drei „Großen Schwabenzügen" (1723-1726; 1763-1771; 1784-1787) und in einer Reihe kleinerer etwa 150.000 Deutsche in die nördlich des Plattensees gelegenen Gebiete des ungarischen Mittelgebirges, in die südlich des Plattensees gelegene „Schwäbische Türkei" (Komitate Baranya/ Braunau, Somogy/Shomodel und Tolna/Tolnah), in das Banat, die Batschka, Syrmien und Slawonien.

Die südliche Grenze der Kolonisation bildeten die Flüsse Sawe und ab Belgrad in östlicher Richtung die Donau. Die Kolonisten stammten aus Südwestdeutschland und den habsburgischen Ländern. Zudem wurden neben den Deutschen auch ungarische, ruthenische und slowakische Bauern angesiedelt und, besonders im Banat, Serben und Rumänen aus dem türkisch dominierten Grenzland aufgenommen sowie Italiener, Franzosen und Spanier als Spezialarbeiter.

Das 19. Jahrhundert war gekennzeichnet von einer wirtschaftlichen Aufwärtsentwicklung der donauschwäbischen Dorfgemeinschaften, aber auch einer starken Tendenz des städtischen deutschen Bürgertums, sich madjarisieren zu lassen. Der Madjarisierungsdruck verstärkte sich nach der staatsrechtlichen Gleichstellung Ungarn mit der österreichischen Reichshälfte im sog. 1867. Diese Umstände verwehrten den Donauschwaben die Heranbildung einer eigenständigen Führungsschicht und die Ausbildung eines starken politischen Bewusstseins. Erst 1906 gelang die Gründung der „Ungarländischen Deutschen Volkspartei".

Obwohl von etwa 1880 bis 1910 rund 200.000 Donauschwaben aus wirtschaftlichen Gründen nach Übersee ausgewandert waren, lebten 1910 beispielsweise rund 390.000 Deutsche in 130 Gemeinden des – ungeteilten – Banat (23 % der Bevölkerung), 190.000 in 44 Dörfern der Batschka (24,5 %), 150.000 in der Schwäbischen Türkei (35 %), 126.000 in Slawonien und Syrmien (11 %) sowie 80.000 in Budapest (9 %).

Die nach dem 1. Weltkrieg im Vertrag von Trianon (4. Juni 1920) erzwungene Reduzierung Ungarns auf 31 % seines Kernlandes ergab auch eine Dreiteilung des Siedlungsgebietes der rund 1,5 Millionen Donauschwaben auf die Nachfolgestaaten der Donaumonarchie. Das Ostbanat und Sathmar fielen an Rumänien (siehe Banater Schwaben), das Westbanat, die Batschka, das südliche Baranya-Dreieck, Syrmien und Slawonien an das neuentstandene Königreich der Serben, Kroaten und Slowenen (SHS-Staat, ab Oktober 1929: Jugoslawien, die restlichen Siedlungsgebiete blieben bei Rumpfungarn (siehe Ungarndeutsche).

Die Donauschwaben und andere Deutsche des vormaligen Jugoslawien

Neben den etwa 510.000 in der heutigen serbischen Wojwodina und im heute zu Kroatien gehörenden Slawonien lebenden Donauschwaben gerieten etwa 70.000 Altösterreicher aus der nunmehr annektierten Untersteiermark und aus Oberkrain sowie etwa 20.000 Gottscheer unter das südslawische Regime. Erfahrungen mit andersnationalen politischen Bewegungen sowie ein wachsender Überfremdungsdruck zeitigten ein erwachendes Selbstbehauptungsstreben und führten 1920 zur Gründung des „Schwäbisch-Deutschen Kulturbundes", der dreimals zeitweilig verboten wurde. Bei den Wahlen zum jugoslawischen Parlament, der Skupstina, gewann die 1922 gegründete „Partei der Deutschen" 1923, 1925 und 1927 je acht, fünf und sechs Mandate. Sie wurde aber wie alle anderen national orientierten Parteien 1929 bei der Errichtung der „Königsdiktatur" durch König Alexander I. verboten.

Im Rahmen der Bodenreform wurde Grundbesitz nur an Slawen, nicht aber an ebenso bedürftige Donauschwaben zugeteilt. Das vergebliche Ankämpfen der Führung des „Schwäbisch-Deutschen Kulturbundes" und der donauschwäbischen Politiker gegen diese und andere Diskriminierungen führte zum Aufkommen einer unter nationalsozialistischen Einfluss stehenden Erneuerungsbewegung, deren gemäßigte Kräfte 1939 auf Druck aus Berlin die Führung des Kulturbundes übernahmen.

Nach dem Zerfall Jugoslawiens im April 1941 wurden die Donauschwaben nochmals dreigeteilt und zudem von Staats wegen verpflichtet, in den Wehrverbänden Deutschlands und/oder seiner Verbündeten zu dienen. In der Folge projizierten die im jugoslawischen Raum ab Mitte 1941 tätigen kommunistischen Partisanen wie auch die königstreuen serbischen „Tschetniks" ihren Hass auch auf die Donauschwaben, und der kommunistische „Antifaschistischer Rat der nationalen Befreiung Jugoslawiens" (AVNOJ) beschloss 1943 und 1944 deren völlige Enteignung und Eliminierung.

Von den 510.000 Donauschwaben, die bei Kriegsbeginn in Jugoslawien lebten, konnten Ende 1944 vor dem Einmarsch der Sowjets und der Machtübernahme der Partisanen etwas über die Hälfte der Zivilpersonen flüchten, bzw. evakuiert werden. Aus Syrmien und Slawonien über 90 %, aus der

Batschka und dem Baranja-Dreieck rund die Hälfte und aus dem westlichen Banat nur etwa 15 %. Rund 195.000 Zivilpersonen kamen unter das Tito-Regime.

12.000 Donauschwaben, darunter 8.000 Frauen, wurden 1944/1945 in die UdSSR zur Zwangsarbeit deportiert. 2.000 von ihnen gingen bis 1949 zugrunde. Über 7.000 Zivilpersonen wurden 1944 ermordet. Fast alle anderen 170.000 Zurückgebliebenen wurden enteignet, entrechtet und in Arbeits- sowie acht Konzentrationslager interniert. 50.000 von ihnen sind innerhalb von drei Jahren durch Hunger, Seuchen und Erschießungen umgekommen, während 35.000 unter Lebensgefahr aus den Lagern über die nahen Grenzen nach Ungarn und Rumänien entkommen konnten. Ab 1946 wurden Tausende Kinder aus den Lagern in Kinderheime verbracht und assimiliert.

60.000 Deutsche, d.h. fast jeder/jede dritte der in der Heimat Verbliebenen wurde Opfer des kommunistischen Regimes. 1948 wurden die Lager aufgelöst. Von den 425.000 Geflüchteten und Überlebenden haben 290.000 in Deutschland, Österreich und 35.000 in Übersee eine neue Heimat gefunden. Sie besitzen in Deutschland, Österreich, den USA und Kanada landsmannschaftliche Dachorganisationen.

1954 übernahm das Land Baden-Württemberg die Patenschaft über die Donauschwaben in Deutschland.

Die Banater Schwaben

Das Banat wird begrenzt durch mittlere Donau, Theiß, Marosch und die Westgrenze Siebenbürgens. Durch den Frieden von Passarowitz (1718) ging es von den Osmanen an die Habsburger über, bis 1778 blieb es Krondomäne unter eigener Verwaltung, dann fiel es an Ungarn.

Die Banater Schwaben kamen wie die anderen donauschwäbischen Siedler (siehe Donauschwaben) im Zuge der planmäßigen Kolonisierung des Donauraums durch die Habsburger nach dem Ende der Türkenherrschaft in den 1720er Jahren. Um 1900 wanderten etwa 90.000 Schwaben nach Übersee aus. 1910 stellten 388.000 Deutsche 24,5 % der Bevölkerung des ungeteilten Banat.

Nach dem Ersten Weltkrieg musste Ungarn 1920 im Frieden von Trianon den größten Teil des Banats (19.000 qkm) an Rumänien abtreten (9.000 qkm fielen an das „Königreich der Serben, Kroaten und Slowenen", ab 1929: Jugoslawien, nur 270 qkm verblieben bei Ungarn). Ein „Schwäbischer Nationalrat", der sich im Dezember 1918 gebildet und zu den Friedensverhandlungen nach Paris eine eigene Delegation entsandt hatte, konnte die Teilung des Banat nicht verhindern.

Obwohl in den Jahren 1921-30 42.000 Schwaben aus wirtschaftlichen Gründen aus dem rumänischen Banat nach Übersee ausgewandert waren, lebten 1930 275.000 Deutsche dort, stellten ein Fünftel der Banater Bevölkerung und waren damit noch vor den Siebenbürger Sachsen (237.000) die größte Gruppe unter den insgesamt damals 745.000 in Rumänien gezählten Deutschen. Sie wurden im allgemeinen nicht diskriminiert, weil man in ihnen innere Verbündete gegen die separatistischen Ungarn sah.

Nach dem Übergang Rumäniens in das Lager der Alliierten im August 1944 und vor dem Einmarsch der sowjetischen und jetzt mit diesen verbündeten rumänischen Truppen konnten etwa 70.000 Banater Schwaben evakuiert werden oder flüchteten nach Österreich und Deutschland. Im Januar 1945 wurden 40.000 zur Zwangsarbeit in die Sowjetunion verschleppt, von denen wenig mehr als die Hälfte zurückkehrte. Bezogen auf die Gesamtzahl der Rumäniendeutschen ist davon auszugehen, dass im Krieg als rumänische oder deutsche Soldaten, bei der Flucht, dem Einmarsch sowjetischer oder zum Teil jugoslawischer Einheiten und den folgenden Repressionen fast 50.000 Schwaben umgekommen sind.

1948 wurden im rumänischen Banat 170.000 Deutsche gezählt, 1951 wurden 10.000 von ihnen zusammen mit anderen Volksgruppen und rumänischen „Klassenfeinden" aus den unmittelbar an Tito-Jugoslawien grenzenden Gebieten in die Baragan-Steppe in Südostrumänien deportiert.

In den folgenden Jahrzehnten sind in Folge der bis 1989 schweren und schikanösen Lebensbedingungen Zehntausende nach Deutschland ausgesiedelt. Nach dem Ende der Ceausescu-Diktatur verließen von 1989 bis 1991 über 160.000 Deutsche Rumänien, etwa die Hälfte dürfte aus dem rumänischen Banat stammen. Heute leben nur noch wenige 20-30.000 – zumeist ältere – Deutsche im Banat. Sie sind seit Anfang 1990 organisiert im „Demokratischen Forum der Banater Deutschen".

Im Mai 1950 gründete man die Landsmannschaft der Banater Schwaben (bis 1989:... aus Rumänien) in München, wo sie heute noch ihren Sitz hat. Pate der Banater Schwaben aus Rumänien war von 1967 bis 1998 das Saarland. Seit 1998 ist es das Bundesland Baden-Württemberg.

Die Deutschen in Ungarn

Im Mittelalter riefen die ungarischen Könige deutsche und andere west-europäische Siedler ins Land (siehe Karpatendeutsche, Siebenbürger Sachsen usw.), auf dem heutigen ungarischen Staatsgebiet in den seit 1920 beste-henden Grenzen leben Deutsche jedoch schon seit dem 9. Jahrhundert als Ergebnis der bairischen Ostkolonisation in Westungarn um Ödenburg (ung. Sopron), Wieselburg (ung. Moson) und Steinamanger (ung. Szombathely), das anders als das restliche Burgenland 1920 nicht von Ungarn an die Republik Österreich abgetreten werden musste.

Die mittelalterliche deutsche Binnensiedlung ging – vor allem in den Städten – bald im politisch dominierenden madjarischen Umfeld auf. Sozialer Aufstieg ging im ungarischen Kernland regelmäßig mit Assimi-lation zusammen – anders als etwa im mehr abgelegenen Siebenbürgen. Das sollte sich in der späteren Neuzeit, insbesondere im 19./20. Jahrhundert bei der städtischen Bevölkerung und der Intelligenz fortsetzen.

Erst im Zuge der neuzeitlichen, durch die Habsburger staatlich gelenkten Kolonisation im von den Türken seit den 1720er Jahren befreiten und zu der Zeit fast entvölkerten Land entstanden größere zusammenhängende deutsche Siedlungsgebiete wie im Ofner Bergland im Nordwesten, der Schwäbischen Türkei (ungarische Komitate Baranya/Branau, Somogy/Schomodei, Tolna/Tolnau) zwischen Donau und Drau (siehe Donauschwaben) um Fünfkirchen (ung. Pecs), aber auch um Ofen (ung. Buda) und Pest (beide erst 1872 mit Obuda vereinigt zu Budapest) entstanden einzelne deutsche Dörfer.

Die Besiedlung erfolgte im ungarischen Kernland stetig, griff auch über den bäuerlichen Bereich hinaus und führte zur Bildung eines gewerblichen Mittelstands. Das stand aber weiterhin im Schatten andauernder Madjari-sierung, was sich nach dem Ausgleich von 1867, also nach der staatsrecht-lichen Gleichstellung (Alt-)Ungarns mit der österreichischen „Reichshälfte" massiv verstärkte. Man geht davon aus, dass in den Jahren 1880-1910 durch Assimilation zwei Millionen neue Ungarn bzw. Madjaren „entstanden", dar-unter 600.000 Deutsche, 700.000 Juden, 200.000 Slowaken usw. Die zum Madjarentum übergetretenen assimilierten Deutschen wurden von den hierzu nicht bereiten ungarländischen Deutschen abfällig „Madjaronen" genannt.

Zudem wanderten allein in den Jahren 1899-1913 über 200.000 Deutsche aus dem Königreich Ungarn zumeist nach Amerika aus, davon über 90.000 Banater Schwaben, 50.000 aus dem späteren „Trianon-Ungarn" (siehe unten), also aus dem Kernland, 25.000 aus der Batschka usw.

Die im Ergebnis des Ersten Weltkrieges durch den Vertrag von Trianon (4. Juni 1920) erzwungene Reduzierung des Königreichs Ungarn – „Königreich" blieb es auch ohne König bis 1944 unter dem „Reichsverweser" Admiral Miklos Horthy – auf die 30 % Gebiet des Kernlands führte zur Zersplitterung der bisher ungarländischen Deutschen auf fünf Staaten: Jugoslawien (West-Banat, Slawonien, Süd-Batschka (siehe Donauschwaben), Rumänien (Ost-Banat, Siebenbürgen mit Sathmar (siehe jeweils dort), Ungarn selbst und auch Österreich (Burgenland ohne Ödenburg/Sopron).

Im durch diese vielfältigen Gebietsverluste des multinationalen Königreich von 327.000 auf 93.000 qkm geschrumpften relativ homogenen Ungarn lebte gleichwohl immer noch eine Vielzahl nationaler Minderheiten, darunter als größte die deutsche, deren Zahl 1920 mit rund 550.000 (6,9 % der Bevölkerung), 1930 mit 480.000 (5,5 %) angegeben wurde. Alle anderen Minderheiten – ohne Roma – stellten zusammen nur 3,5 % der Bevölkerung. Die Volksgruppe selber zählte in einer eigenen Erhebung im Jahr 1930 rund 650.000, worunter sich aber etliche „Madjaronen" befunden haben dürften.

Einer der maßgeblichen Sprecher der Deutschen in Trianon-Ungarn, Jakob Bleyer, war 1919/20 Nationalitätenminister. Doch auch unter dem autoritären Horthy-Regime wurde weiter eine massive Assimilierungspolitik mit Abdrängung der deutschen Sprache aus Bildungseinrichtungen und öffentlichem Leben überhaupt, wirtschaftlicher Ausgrenzung getrieben, bezeichnenderweise mit am krassesten unter dem radikalnationalistischen und gute Beziehungen zu NS-Deutschland pflegenden Madjaronen Gyula Gömbös (eigentlich Julius Knöpfle); Ministerpräsident 1932-36). Wie andere Auslandsdeutsche gerieten unter dem Druck der inneren Verhältnisse auch die ungarländischen und ihre Organisationen in den 30er Jahren teilweise unter Einfluss der NS-Auslandsarbeit.

Von den Deutschen Ungarns fielen 32.000 als Wehrmachts- oder Honved-Soldaten im Krieg. Während 1944/45 noch 50.000 Ungarndeutsche vor dem Einmarsch der Sowjets evakuiert werden konnten, wurden danach 60-65.000 zur Zwangsarbeit in die Sowjetunion deportiert, wo tausende umkamen. Im Sommer 1945 wirkte die neue und schon teilweise kommunistische ungarische Regierung auf die in Potsdam konferierenden Haupt-Alliierten ein, sie zur Zwangsausweisung der Deutschen aus Ungarn zu bevollmächtigen. Die Vertreibung begann im Januar 1946 und betraf nur etwa die Hälfte der noch Anwesenden: 200-220.000 – ein einzigartiger Vorgang im Gesamtkomplex der Vertreibungen dieser Zeit. Verursacht wurde das Ende der Ausweisungen durch die US-Amerikaner wegen völliger Überlastung ihrer

Besatzungszone. Etwa 6.000 haben die Strapazen der Transporte und vereinzelte Übergriffe nicht überlebt.

Mehrere bereits seit 1949 bestehenden Landesorganisationen schlossen sich im März 1951 zur Landmannschaft der Deutschen aus Ungarn zusammen. Die Patenschaft über sie nehmen die Städte Backnang und Gerlingen wahr.

Die Sathmarer Schwaben

Im Nordwesten Siebenbürgens um die Stadt Sathmar (rum. Satu Mare. ung. Szatmar) und im gleichnamigen Komitat (Grafschaft) gab es wie in der nicht weit entfernten östlichen Slowakei (siehe Karpatendeutsche) schon während des Hochmittelalters im 12/13. Jahrhundert von den ungarischen Königen ins Land gerufene deutsche Siedler, die aber anders als dort bald madjarisiert wurden. Im Frieden von Sathmar verzichteten die Habsburger auf Siebenbürgen und anerkannten nach 40-jährigen Wirren die osmanische Oberhoheit über Siebenbürgen – bis auf weiteres.

Erst nach den Türkenkriegen, ungarischen Aufständen gegen Habsburg, Pest (1709-11) und Entvölkerung begann zu Beginn des 18. Jahrhunderts eine neuerliche planmäßige Ansiedlung deutscher Kolonisten aus Oberschwaben, aber nicht wie sonst staatlich gelenkt, sondern durch die örtliche Magnaten-Dynastie der Karolyis. Nach dem durch den Frieden von Sathmar 1711 beendeten ungarischen Kuruzzen-Aufstand (1703-11) begannen 1712 Werbung und Ansiedlung deutscher – und grundsätzlich katholischer – Bauern im verwüsteten Gebiet, denen vor allem in den 1720/30er Jahren immer weitere folgten. Bis 1838 kamen insgesamt 8.000 Schwaben in die Karolyschen Ländereien. Im Gegensatz zu den aus verschiedensten Reichsteilen stammenden anderen Donau-Schwaben sind die Sathmarer in ganz überwiegender Zahl tatsächlich schwabischer Herkunft.

Um 1800 lebten etwa 10.000 Schwaben neben Madjaren, Rumänen und Ukrainern im Komitat. Der massiven Madjarisierungspolitik mit Verdrängung der deutschen Sprache seit der zweiten Hälfte des 19. Jahrhunderts entkam die Volksgruppe bis heute nicht, obwohl 1919 der größte Teil Sathmars mit den meisten Schwaben durch den Vertrag von Trianon an Rumänien fiel. Der rumänische Staat unterstützte die nationale Selbstfindung der Sathmarer und anderer in seinen Grenzen lebenden Donau-Schwaben als Gegengewicht zum ungarischen Separatismus in Siebenbürgen. Im nun rumänischen Gebiet Sathmar/Marmarosch wurden 1930 47.000 Deutsche gezählt (4 % der Bevölkerung). Doch die maßgeblich von der katholischen Kirche getragene

Madjarisierung führte dazu, dass sich 1930 nur noch 31.000 Personen als Deutsche bekannten, nur 22.000 davon waren deutschsprachig.

Nachdem das Gebiet 1940-45 mit ganz Nord-Siebenbürgen vorübergehend wieder zu Ungarn gehört hatte, waren die Sathmarer Schwaben nach Ende des Weltkrieges wie auch die anderen Rumäniendeutschen nicht allgemeinen Vertreibungsmaßnahmen unterworfen, doch etwa 3.000 flüchteten schon 1944, etwa 6.000 wurden in die Sowjetunion zur Zwangsarbeit verschleppt, um nur zum geringen Teil nach Jahren lebend zurückzukehren.

Im September 1947 wurde in Kempten die Landsmannschaft der Sathmarer Schwaben gegründet, die heute (2002) ihren Sitz in Stuttgart hat.

In den 80er Jahren wurde die deutsche Bevölkerung des Gebiets um die Städte Sathmar und Großkarol auf etwa 40.000 geschätzt. 1989/90 schlossen sie sich zum größten Teil der Massenauswanderung der anderen Rumäniendeutschen nach Deutschland an. Pate der Sathmarer Schwaben ist seit 1962 der schwäbische Landkreis Biberach a.d.Riß.

Die Siebenbürger Sachsen

In Siebenbürgen (ca. 60.000 qkm), dem mit Unterbrechung durch die 150-jährige Türkenherrschaft im 16./17. Jahrhundert 1000 Jahre zu Ungarn gehörenden Transsilvanien (ung. Erdely, rum. Ardeal) im Karpatenbogen, leben Deutsche seit über 850 Jahren. Im Jahr 1141 kamen auf Einladung der herrschenden Arpaden-Könige Ungarns zuerst einige tausend nordwestdeutsche und flämische Kolonisten ins Land. Nur wenige dürften wirklich aus Ober- und Niedersachsen gekommen sein. Der ungarische König Andreas II. dekretierte 1224 in seinem „Goldenen Freibrief" „unseren getreuen Gastsiedlern, den Deutschen jenseits des Waldes", dass ihnen die bei der Ansiedlung gewährten Privilegien für immer erhalten bleiben: Grundbesitz, Steuer- und Zollfreiheit, Freizügigkeit, freie Richter- und Pfarrerwahl usw. Sogenannte Lokatoren (Anwerber) sorgten für stetigen Zuzug aus dem Reich nach (Alt-)Ungarn. Vorübergehend (1211-25) trieb auch der Deutsche Orden die Kolonisation insbesondere im Burzenland (ung. Baczasag, rum. Tara Barsei) im Südosten Siebenbürgens um Kronstadt (ung. Brasso, rum. Brasow) voran, bevor er den Ungarn zu eigenwillig wurde und seine Tätigkeit nach Ostpreußen (siehe dort) verlegte.

Die „Sachsen" waren als Handwerker, Händler, Bauern und Bergleute tätig und erschlossen das nur dünn besiedelte Land. Der Einfall der Mongolen 1241 warf das Kolonisationswerk zurück, führte aber auch dazu,

146

dass die (Neu-) Besiedlung stärker städtisch ausgerichtet wurde. Es entstanden neben oder anstatt bäuerlicher Siedlungen befestigte deutsche Städte wie Hermanstadt (ung. Nagyszeben, rum. Sibiu), Kronstadt, Bistritz (ung. Beszterce, rum. Bistrita), Klausenburg (ung. Kolozsvar, rum. Cluj), Schäßburg (ung. Segesvar, rum. Sighisoara) und andere. Dies blieb auch immer einzigartiges Merkmal der Siebenbürger Sachsen gegenüber den teilweise erst ein halbes Jahrtausend später nach (Alt-)Ungarn in den Donau-Raum kommenden deutschen Siedlern: Die starke Urbanität wie auch später in den 1540er Jahren die sich rasch und vollständig für immer durchsetzende Reformation, repräsentiert vom eigenen „Sachsenbischof".

1486 wurde die „Sächsische Nationsuniversität", wie man die Gesamtheit der „Sachsen" Siebenbürgens nannte, neben ungarischem Adel und dem leibfreien ungarischen Völkchen der Szekler endgültig vom ungarischen König Matthias Corvinus als dritte Staatsnation Siebenbürgens bestätigt – die Rumänen und die mit der Zeit sehr zahlreichen Zigeuner blieben aus den Staatsangelegenheiten ausgeschlossen.

Die schon gegen Ende des 15. Jahrhunderts immer zahlreicheren und aggressiven türkischen Vorstöße und Raubzüge mündeten schließlich ab 1526 in die faktische Loslösung Siebenbürgens aus Ungarn und in den Vasallenstatus gegenüber den osmanischen Sultanen (1529). Die drei „nationes" des Adels, der Sachsen und der Szekler wählten den Fürsten, den Woiwoden (bis 1688). Der unklare Zustand Siebenbürgens zwischen dem jetzt habsburgischen (Rest)-Ungarn und den Türken führte in den folgenden eineinhalb Jahrhunderten immer wieder zu Kriegen, Aufständen, Verwüstungen und auch zu einem Rückgang des Siedlungswerkes: Teile des im Mittelalter von den Sachsen kolonisierten Gebiets gingen wieder verloren. 1695 zählte man in den 228 sächsischen Ortschaften 6.000 wüste, aufgegebene Höfe. Die Deutschen lebten nun in vier teilweise unverbundenen Landesteilen: dem größten Teil des „Königsbodens" (ung. Kiralyföld, rum. Pamantul Craiesc) um Hermannstadt, dem Nösnerland um Bistritz, dem Burzenland um Kronstadt und im sogenannten Kokelgebiet um Schäßburg und Mediasch (ung. Medgyes, rum. Medias).

In den 1680er Jahren wurde das Land von den Österreichern erobert, die sich nur in langen Kämpfen gegen den Widerstand der Ungarn, zeit- und teilweise auch der Sachsen durchsetzten und die Autonomie des Landes schrittweise zerstörten. Der zentralistische Absolutismus und Katholisierungsdruck der Österreicher machte auch den Sachsen zu schaffen, die sich jetzt – wie auch im 19. Jahrhundert, vor allem seit dem österreichisch-ungarischen Ausgleich von 1867 – gegen Madjarisierungsdruck behaupteten, obwohl

1876 die Nationsuniversität als Körperschaft und der Königsboden als Selbstverwaltungseinheit aufgelöst wurden. Wichtigster Integrationsfaktor der Sachsen blieb die evangelische Kirche.

Erst 1918/20, mit dem Übergang Siebenbürgens an Rumänien, setzte wieder eine ungestörte politische und Selbstverwaltungstätigkeit ein. 235.000 Deutsche lebten zu der Zeit in Transsilvanien (8,5 % der Bevölkerung) neben Rumänen (56,5 %), Ungarn und Szeklern (31,4 %) sowie kleineren anderen Gruppen. Nach den Banater Schwaben waren die Sachsen die zweitgrößte deutsche Volksgruppe im neuen Groß-Rumänien. Wie andere Auslandsdeutsche gerieten auch die Siebenbürger Sachsen und ihre Organisationen in den 30er Jahren teilweise unter Einfluss der NS-Auslandsarbeit, vollends nach Übernahme der „Volksgruppenführung" durch den Himmler-Vertrauten Andreas Schmidt (1912-48) 1940.

Als der Norden Siebenbürgens mit dem Nösnerland, Klausenburg und Sathmar 1940-45 von Rumänien an Ungarn abgetreten werden musste, waren hiervon – neben den Sathmarer Schwaben (siehe dort) – auch rund 35.000 Sachsen betroffen. Im rumänisch gebliebenen Süd-Siebenbürgen lebten 1941 213.000 Deutsche.

Von den aufgrund deutsch-rumänischer Absprachen etwa 54.000 zur Wehrmacht oder zur Waffen-SS zwangsverpflichteten Sachsen sind 8-9.000 im Krieg gefallen. Rund 50.000 konnten Ende 1944 noch vor dem Einmarsch der Sowjets aus Siebenbürgen in den Westen evakuiert werden, rund 35.000 Sachsen wurden danach bis 1949/50 zur Zwangsarbeit in die UdSSR verschleppt, wo Tausende umkamen.

1948 wurden im nun wieder ungeteilt rumänischen Siebenbürgen noch knapp 160.000 Deutsche gezählt. In den folgenden Jahrzehnten, vor allem in den 70/80 Jahren siedelten Zehntausende nach Westdeutschland aus, nach dem Zusammenbruch des kommunistischen Regimes 1989/90 der Großteil der noch im Lande lebenden (60-70.000 Aussiedler). Heute (2002) leben noch etwas 17.000 zumeist ältere Deutsche in Siebenbürgen, die im siebenbürgischen Regionalforum des Demokratischen Forum der Deutschen Rumäniens (DFDR) organisiert sind. Seit Mai 1990 sind sie im Bukarester Parlament mit einem Abgeordneten vertreten. Das Regionalforum Siebenbürgen des DFDR trat 1992 der seit 1983 bestehenden internationalen „Föderation der Siebenbürger Sachsen" bei.

Die Patenschaft über den seit Januar 1949 bestehenden Verband (seit 1950: Landsmannschaft) der Siebenbürger Sachsen in Deutschland übt das Land Nordrhein-Westfalen aus.

Die Dobrudscha- und Bulgariendeutschen

In der – zwischen dem Unterlauf der Donau und dem Schwarzen Meer gelegenen – Dobrudscha (rum. Dobrogea) siedelten Deutsche seit den 1840er Jahren, als das Gebiet noch unter osmanischer Oberhoheit stand. Sie zogen aus dem nördlich benachbarten Bessarabien und aus der Ukraine zu. Noch in den 1920 Jahren entstanden Tochtersiedlungen. Es war eine ganz überwiegend bäuerliche Bevölkerung, doch lebten Deutsche auch in der Schwarzmeerstadt Konstanza (rum. Constanta). Neben Rumänien (um 1930 40 % der Bevölkerung) und Bulgaren (um 1930 25 %) stellten sie (mit 1,5 %) eine der vielen kleineren Volksgruppen, die in dem etwa 23.000 qkm großen Gebiet lebten: Türken, Tataren, Russen, Griechen, Tscherkessen, Juden usw. Die Menschen der Dobrudscha waren unabhängig von ihrer Volkszugehörigkeit regelmäßig zwei-, drei- oder viersprachig. Nach dem russisch-türkischen Krieg von 1877/78 kam die Dobrudscha an Rumänien, die Süddobrudscha, wo aber nur einige hundert Deutsche lebten, gehörte 1878-1913,1918/19 und seit 1940 zu Bulgarien. Nach dem Eintritt Rumäniens in den Ersten Weltkrieg wurden viele Deutsche 1916/17 interniert.

Nach Vereinbarungen des Deutschen Reichs mit Rumänien vom 22. Oktober 1940 und mit Bulgarien vom 21. November 1941 wurden insgesamt ca. 16.000 Deutsche aus dem Gebiet umgesiedelt, davon je knapp 6.000 ins „Reichsprotektorat Böhmen und Mähren" und in den Warthegau, von wo sie 1945 wie die dort ansässigen Deutschen flüchteten oder vertrieben wurden.

Im Mai 1950 wurde die Landmannschaft der Dobrudschadeutschen (seit 1955: ...Dobrudscha- und Bulgariendeutschen) in der Stadt Heilbronn gegründet, die 1954 auch die Patenschaft über die vertriebene Volksgruppe übernahm.

Die Russlanddeutschen

Schon seit dem 16. Jahrhundert lebten Deutsche als Händler, Offiziere, Ärzte und Beamte in Russland. Namentlich Deutschbalten (siehe dort) nahmen auch am Hof in St. Petersburg führende Stellungen ein. Vor allem das gehobene städtische Deutschtum in Moskau oder später St. Petersburg russifizierte sich jedoch in der Regel allmählich. Im folgenden sollen unter den Russlanddeutschen nur jene Siedler und ihre Nachkommen verstanden werden, die seit der Zeit Zarin Katharinas II., seit den 1760er Jahren also ins russische Zarenreich kamen.

Vor allem die südrussischen und ukrainischen Landesteile waren seit der Verdrängung der Tataren und Türken durch Russen und Kosaken nur spärlich besiedelt und blieben weit hinter ihren Entwicklungsmöglichkeiten zurück. Auch die Immobilität der russischen Leibeigenschaftsordnung wirkte einer nachhaltigen Kolonisation aus eigenen Ressourcen entgegen. 1762 und 1763 wandte sich die Zarin mit zwei Manifesten an mittel- und westeuropäische Siedlungswillige – ausgenommen: Juden -, denen umfangreiche Privilegien zugesichert wurden: Freie Religionsausübung, Gewerbefreiheit, Steuerbefreiung auf bis zu zehn Jahren, Gemeindeselbstverwaltung, Bewegungsfreiheit usw.

Vor allem in Württemberg, Hessen, Franken, Baden, dem Elsass, der Pfalz, der Schweiz, aber auch in Westpreußen reizte der Appel an Unternehmer- und Freiheitsgeist viele, den Weg ins Zarenreich zu nehmen. In zwei Siedlungswellen kamen rund 100.000 Deutsche 1763-69 in das weithin menschenleere Gebiet an der mittleren Wolga um Saratow und Samara, nach Woronesch und in das Gebiet von St. Petersburg, 1787-1823 in die den Türken abgenommene südliche Ukraine, auf die Krim, nach Bessarabien (siehe dort) und in den Kaukasus. Die Kolonisten gründeten – streng nach Konfessionen (Evangelische, Katholiken, Mennoniten, Herrnhuter usw.) getrennt – geschlossene und autonom verwaltete Siedlungen, denen sie oft die Namen ihrer Herkunftsorte gaben, so an der Wolga Neu Weimar, Mannheim, Braunschweig, Marienburg oder Zürich und Basel. In der Ukraine wurden Kolonien wie Karlsruhe, Darmstadt und Landau gegründet. Katastrophen wie der Große Kosakenaufstand Pugatschows in den 1770er Jahren warfen das Siedlungswerk nur vorübergehend zurück. Ende des 19. Jahrhundert griff die Bildung von russlanddeutschen Tochtersiedlungen bis nach Westsibirien aus.

Die Aufhebung der Wehrdienstfreiheit 1874 und die in den 1880er Jahren unter Zar Alexander III. beginnende aggressive Russifizierungspolitik mit Aushöhlung der Kulturautonomie und Abdrängung der deutschen Sprache veranlasste vor allem unter den streng pazifistischen deutschen Mennoniten eine erhebliche Auswanderungsbewegung, insbesondere nach Nordamerika.

Zu Beginn des Ersten Weltkriegs lebten gleichwohl rund 2,4 Millionen Deutsche im zaristischen Russland in etwa 3.500 Siedlungen und bewirtschaften 134.000 qkm Land. Abzüglich der Deutschen im Baltikum, in Kongresspolen, Wolhynien und Bessarabien (siehe Deutschbalten, Weichsel-Warthe) lebten davon rund 1,4 Millionen Deutsche im europäischen Teil Russlands und in der Ukraine, über 200.000 in Sibirien und im Kaukasus.

Während des Ersten Weltkriegs waren sie vielfachen Repressionen und Verschleppungen (siehe Weichsel-Warthe) ausgesetzt, nach dem bolschewistischen Oktoberputsch 1917 waren sie als überwiegend gut bemittelte Bauern („Kulaken") Ziel konfiskatorischer und nationalistischer Begehrlichkeiten. Etwa 200.000 Deutsche verließen in den 1920er Jahren die UdSSR. Gleichwohl kam es schon im Oktober 1918 im Rahmen der vordergründig-emanzipatorischen leninschen Nationalitätenpolitik zur Bildung der autonomen wolgadeutschen „Arbeitskommune", aus der im Januar 1924 die Autonome Sozialistische Sowjetrepublik der Wolgadeutschen (ASSRdWD) hervorging. Erster Regierungschef der „Arbeitskommune" war kein Russlanddeutscher, sondern bis 1920 ein bolschewistischer deutscher Kriegsgefangener, der nach seiner Rückkehr nach Deutschland alsbald mit dem Kommunismus brach und schließlich 1947-53 in schwerster Zeit Ober- bzw. Regierender Bürgermeister von (West-)Berlin war: Ernst Reuter. Aber nur etwa ein Drittel der Deutschen in der Sowjetunion lebte in dieser so genannten Wolga-Republik, in der sie zwei Drittel der Bevölkerung stellten. Größere Städte wie Pokrowsk und Katharinenstadt wurden in „Engels" und „Marxstadt" umbenannt. Im Bürgerkrieg 1918/21 kamen zehntausende durch Gewalt und Hunger um.

Die verschärfte Kollektivierung der sowjetischen Landwirtschaft zu Beginn der 1930er Jahre forderte durch Hungertod, Zwangsenteignung, Verschleppung der „Kulaken" und willkürliche Massaker auch unter den Russlanddeutschen hunderttausende Todesopfer, vor allem im ukrainischen Schwarzmeergebiet, wo insgesamt etwa sechs Millionen Menschen durch den kommunistischen Staatsterror umkamen. 1938/39 wurden alle Selbstverwaltungskörperschaften (National-Rayons) und Schulen der Russlanddeutschen außerhalb der ASSRdWD aufgelöst. Am Vorabend des Zweiten Weltkrieges lebten noch insgesamt rund 1,4 Millionen Deutsche auf sowjetischen Territorium.

Der Beginn des deutsch-sowjetischen Kriegs im Juni 1941 löste für den Großteil der Russlanddeutschen endgültig die Katastrophe aus: Am 28. August 1941 verfügte das „Präsidium des Obersten Sowjets der UdSSR" die Deportation der Wolgadeutschen nach Sibirien und Mittelasien, da Stalin und Berija ohne Angabe von Gründen unter ihnen „tausende und zehntausende Diversanten und Spione" mutmaßten, obwohl die meisten seit Jahrzehnten kaum Kontakt zur deutschen oder überhaupt zur nicht-sowjetischen Außenwelt gehabt hatten. Innerhalb weniger Wochen wurden über 700.000 Deutsche nicht nur aus der alsbald für immer aufgelösten

ASSRdWD, sondern auch aus der Ukraine und dem Kaukasus von Truppen des KGB-Vorläufers NKWD deportiert; etwa ein Drittel der Betroffenen hat die Exzesse bei der Internierung, den wochenlangen Eisenbahntransport oder die erste Zeit in den unwirtlichen Ankunftsgebieten nicht überlebt. Sie starben binnen Wochen an Durst, Hunger, Erschöpfung, Seuchen und nur zu oft an den berüchtigten „acht Gramm Blei ins Genick" (Solschenizyn). Zehntausende russlanddeutsche Soldaten der Roten Armee wurden 1941 aus der Truppe entfernt und ebenfalls deportiert oder einfach erschossen.

280.000 Russlanddeutsche, denen 1941 in den westlichen Randregionen der Ukraine wegen des raschen Vormarsches der Wehrmacht die Deportation erspart geblieben war und die sich 1943/44 mit der Deutschen Wehrmacht nach Westen bewegten, wurden 1945/46 von den westlichen Alliierten den Sowjets ausgeliefert und in die asiatischen Teile der UdSSR deportiert. Auch zehntausende Vertrags-Umsiedler, die 1939/40 den Westen der Ukraine und Weißrusslands verlassen hatten und niemals Sowjetbürger gewesen waren, wurden „repatriiert". Kaum zwei von drei überlebten. Bis 1955 lebten die meisten Deutschen unter der Kommandantur der sogenannten Trud-Armija (Arbeits-Armee) als Zwangsarbeiter unter Haftbedingungen. Auch nach ihrer teilweisen „Rehabilitierung" 1964 durften sie nicht in ihre Heimat an der Wolga oder Schwarzem Meer zurückkehren – im Gegensatz zu anderen 1943/44 deportierten Völkern wie Tschetschenen, Kalmücken oder Inguschen. Die deutsche Sprache wurde von den Sowjets radikal unterdrückt; erst 1957 erschien in Moskau – wo kaum Deutsche lebten – eine erste (kommunistische) deutschsprachige Zeitung.

Trotz der gewaltigen und notabene völlig unverschuldeten Menschenverluste wurden bei der ersten zuverlässigen Volkszählung nach dem Zweiten Weltkrieg 1959 1.620.000 Deutsche in der UdSSR gezählt, die Hälfte davon in den asiatischen Teilen der Russischen SFSR, die meisten anderen in Kasachstan und anderen mittelasiatischen Sowjetrepubliken. Im Jahr der letzten sowjetischen Volkszählung 1989 lebten 2.040.000 in der UdSSR: die meisten 960.000 – in Kasachstan, 840.000 in Russland – davon nur 35.000 an der Wolga um Saratow und Wolgograd –, über 100.000 in Kirgisien, 40.000 in Usbekistan usw. Nur 38.000 lebten inzwischen doch wieder in der Ukraine.

Nachdem Ende der 80er Jahre unter dem Zeichen der „Perestroika" Hoffnungen auf eine Wiederherstellung der Wolga-Republik aufgekommen und sich schon bald als Illusion herausgestellt hatten, kam es zu einer enormen Aussiedlungsbewegung nach Deutschland. Auch hatte das 1986 verabschiedete neue Gesetz über Ein- und Ausreise faktisch Freizügigkeit geschaffen: Waren in den 70er und frühen 80er Jahren jährlich nur wenige tausend oder sogar nur hunderte Deutsche im Rahmen der Familienzusammenführung ausgesiedelt (1986: 1.349), kamen in den Jahren 1988-1996 über 1,4 Millionen, 1997-2002 (1. Hj.) weitere 560.000 Russlanddeutsche und Familienangehörige nach Deutschland, die Mehrzahl aus Kasachstan. In den einzelnen ehemaligen Sowjetrepubliken insbesondere in Russland (2000 geschätzt: noch 800.000 Deutsche; 0,6 % der Bevölkerung), Kasachstan (400-500.000) und der Ukraine organisierten sich seit Ende der 80er Jahre die Deutschen in Vereinen und bemühen sich um Restaurierung ihrer 50 Jahre lang unterdrückten Kultur und Sprache. In der Bundesrepublik wurden im Herbst 1950 von der Minderheit derjenigen Russlanddeutschen, die nicht von Engländern und US-Amerikanern den Sowjets ausgeliefert worden waren, da sie inzwischen deutsche Bürger waren und ihre Personalpapiere Geburtsorte wie „Karlsruhe", „Landau" oder dergleichen nannten (etwa 50.000), auf Initiative konfessioneller Vereinigungen – Lutheraner, Mennoniten, Freikirchen, Katholiken – die Arbeitsgemeinschaft der Ostumsiedler gegründet, aus der 1955 die Landsmannschaft der Deutschen aus Russland hervorging. Seit Ende der 90er Jahre ist sie die wichtigste Anlaufstelle für die millionenfach nach Deutschland kommenden Landsleute, die nicht ihre angestammte Heimat verlassen, sondern die Zielgebiete ihrer Deportation 1941 bzw. 1944/45.

Pate der Russlanddeutschen insgesamt ist das Land Baden-Württemberg, Patenland der Wolgadeutschen Hessen.

Zeitzeugenfilme des Autors über die Vertreibungsgebiete

Kassette 1
Kurz- und Langversion

OSTPREUSSEN

Flucht, Vertreibung, Integration

kurz: 1 Stunde 13 Minuten
lang: 2 Stunden 51 Minuten

1. Die Situation 1945
2. Heimat Ostpreußen
3. Sommer und Herbst 1944
4. Fanal: Nemmersdorf
5. Fluchtvorbereitung
6. Flucht mit dem Zug
7. Aufbruch zum Treck
8. Auf dem Treck
9. Flucht über das Frische Haff
10. Flucht mit dem Schiff
11. Untergang der Gustloff
12. Unter den Russen
13. Festung Königsberg
14. Königsberg nach Kriegsende
15. Verschleppung
16. Spätere Ausreise aus der besetzten Heimat
17. Im Westen
18. Hoffnung der Vertriebenen auf Rückkehr in ihre Heimat
19. Die Integration der Vertriebenen
20. Vertriebene über ihr Schicksal
21. Die Ostpreußen und Ostpreußen heute

Kassette 2
Kurz- und Langversion

POMMERN

Flucht, Vertreibung, Integration

kurz: 1 Stunde 11 Minuten
lang: 2 Stunden 35 Minuten

1. Die Situation 1945
2. Heimat Pommern
3. Sommer und Herbst 1944
4. Auf dem Treck
5. Die Russen kommen
6. Die schwere Entscheidung: Flucht oder Dableiben
7. Festung Kolberg / Flucht mit dem Schiff
8. Swinemünde 12.März 1945
9. Unter den Russen
10. Selbstmorde
11. Verschleppung
12. Unter Russen und Polen
13. Vertreibung
14. Ausreise auf eigene Initiative
15. Urteil über Vertreibung
16. Im Westen
17. Hoffnung der Vertriebenen auf Rückkehr in die Heimat
18. Die Integration der Vertriebenen
19. Leistung der Frauen und Mütter – Verhältnis von Mann und Frau
20. Heimat und Versöhnung

Kassette 3
Kurz- und Langversion

SCHLESIEN

Flucht, Vertreibung, Integration

kurz: 1 Stunde 18 Minuten
lang: 4 Stunden 5 Minuten

1. Die Situation 1945
2. Heimat Schlesien
3. Die Front kommt näher
4. Vorbereitung zur Flucht
5. Aufbruch zur Flucht -Abschied von der Heimat
6. Auf dem Treck
7. Breslau wird Festung
8. Der Breslauer Todesmarsch
9. In der Festung Breslau I
10. Das Inferno von Dresden
11. In der Festung Breslau II
12. Das Ende der Festung Breslau
13. Breslauer Apokalypse – der Autor Horst G.W. Gleiss zu seinem Werk
14. Übergriffe von Russen
15. Verschleppung
16. Wilde Vertreibung aus der Heimat
17. Die Situation in Görlitz und in Kohlfurt
18. Die Leistung der Frauen und Mütter
19. Zusammenleben in der Heimat mit den Polen
20. Geregelte Vertreibung aus der Heimat
21. Urteile zur Vertreibung
22. Ankunft der Vertriebenen im Westen
23. Die Lage der Vertriebenen im Westen
24. Hoffnung der Vertriebenen auf Rückkehr in die Heimat
25. Die Integration der Vertriebenen
26. Die Schlesier und Schlesien heute

Kassette 4
Kurz- und Langversion

SUDETENLAND

Flucht, Vertreibung, Integration

kurz: 59 Minuten
lang: 1 Stunde 55 Minuten

1. Die Situation 1945
2. Heimat Sudetenland
3. Zusammenleben von Deutschen und Tschechen vor 1938
4. Das Münchner Abkommen 29. September 1938 (Anschluss des Sudetenlands)
5. Einmarsch der deutschen Truppen in Prag 15. März 1939
6. Attentat auf Heydrich 4. Juni 1942
7 Leben in Duppau vor Kriegsende
8. Prager Aufstand 5.-9. Mai 1945
9. Gewalttaten von Tschechen in Duppau nach dem 8. Mai 1945
10. Wilde Vertreibung z.B.der Brünner Todesmarsch 31.Mai 1945
11. Das Leben in Duppau nach Kriegsende
12. Geregelte Vertreibung
13. Neuanfang im Westen, bzw. in der sowjetischen Besatzungszone (SBZ)
14 Hoffnung der Vertriebenen auf Rückkehr in die Heimat
15. Die Integration der Vertriebenen
16. Heimat und Versöhnung

Kassette 5

DANZIG

Flucht, Vertreibung/Verschleppung Heimkehr

35 Minuten

1. Die Situation 1945
2. Leben in NS-Danzig
3. Kriegsende
4. Verschleppung in den Kaukasus
5. Heimkehr

DEUTSCHBALTEN

Leben/Heimat/Umsiedlung/ Flucht/Integration

35 Minuten

1. Die Situation 1945
2. Leben/Heimat
3. Umsiedlung
4. Flucht
5. Kriegsende
6. Im Westen
7. Heimat heute/ Integration

WESTPREUSSEN

Flucht, Leben in Polen, Auswanderung nach Israel, Heimkehr nach Deutschland

35 Minuten

1. Die Situation 1945
2. Kindheit in Westpreußen
3. Flucht
4. Unter den Russen
5. Arbeit für Polen
6. Hochzeit mit einem Juden
7. Auswanderung nach Israel
8. Leben in Israel
9. Heimweh nach Deutschland
10. Ausreise nach Deutschland
11. Leben der Familie in Deutschland
12. Heimat Deutschland

WOLFSKINDER in Litauen

Leben/Hunger/Hilfe

20 Minuten

1. Situation Kriegsende
2. Flucht aus Ostpreußen
3. Hunger
4. Rettung in Litauen?
5. Ein Mädchen aus Ostpreußen
6. Hilfe in einer Familie
7. Suche nach der Mutter

Kassette 6

KARPATENDEUTSCHE
in der Slowakei

ZIPS
Leben, Flucht/Vertreibung,
Integration

30 Minuten

1. Die Situation 1945
2. Heimat Zips
3. Während des Zweiten Weltkriegs
4. Nach Kriegsende
5. Im Westen
6. Heimat heute

HAUERLAND

32 Minuten

1. Die Situation 1945
2. Heimat Hauerland
3. Kriegsende
4. Vertreibung
5. Im Westen
6. Beziehungen der Karpatendeutschen zur Heimat Slowakei

BUKOWINA

Leben, Umsiedlung, Entstehung
der Charta der deutschen Hei-
matvertriebenen

30 Minuten

1. Die Situation 1945
2. Heimat Bukowina (Buchenland)
3. Herkunft der Buchenlanddeutschen
4. Zusammenleben in der Bukowina
5. Auswirkungen des Hitler-Stalin-
   Paktes auf die Bukowina
6. Umsiedlung der Buchenlanddeutschen
7. Entstehung der Charta der deutschen Heimatvertriebenen

Kassette 6

WOLHYNIEN

**Umsiedlung/Flucht
Vertreibung
Neubeginn**

27 Minuten

1. Die Situation 1945
2. Heimat Wolhynien
3. Kriegsbeginn
4. Umsiedlung nach Westen
5. Ansiedlung im Osten
6. Kriegssende
7. Aussiedlung aus Polen
8. Neubeginn im Westen
9. Schmerzhafter Verlust der Heimat

BESSARABIEN

**Flucht/Verschleppung/
Integration**

37 Minuten

1. Die Situation 1945
2. Heimat Bessarabien
3. Aufbruch zur Flucht
4. Verschleppung nach Sibirien
5. Versuche zur Ausreise
6. Die Ausreise
7. Ankunft im Grenzdurchgangslager
   Friedland
8. Besuche in der Heimat

Kassette 7

**DONAUSCHWABEN:
SLAWONIEN
Flucht/Vertreibung/Integration**

41 Minuten

1. Die Situation 1945
2. Heimat Slawonien
3. In der Heimat nach der deutschen
   Besetzung Jugoslawiens –
   vor der Flucht
4. Partisanenzeit – Gewalttaten
5. Vorbereitung zur Flucht
6. Aufbruch zur Flucht
7. Auf dem Treck
8. Ankunft und Aufenthalt in Österreich
9. Besuch in der Heimat –
   Heimat heute

**DONAUSCHWABEN:
BANAT in Jugoslawien
Kriegsende/Internierung/
Integration**

34 Minuten

1. Die Situation 1945
2. Heimat Banat in Jugoslawien
3. Einmarsch der Sowjets –
   serbische Politik
4. Lager Rudolfsgnad
5. Umerziehungslager in Mazedonien
   – Skopje und Kumanovo
6. Ankunft in Österreich
7. Integration
8. Fazit

Kassette 7

**DONAUSCHWABEN:
„SCHWÄBISCHE TÜRKEI"**

Leben/Vertreibung/Integration

1 Stunde 2 Minuten

1. Die Situation 1945
2. Heimat „Schwäbische Türkei"
3. Herkunft der Vorfahren aus Deutschland
4. Zusammenleben mit den Ungarn
5. Die Deutschungarn im Zweiten Weltkrieg
6. Verschleppung von Deutschungarn in die Sowjetunion
7. Vertreibung von Deutschen aus Ungarn
8. Die Vertreibung von Irene und ihrem Großvater
9. Die Trennung der Familie
10. Mit dem Schlepper über die grüne Grenze nach Westen
11. Ankunft im Rheingau
12. Vertriebene und Einheimische – der schwere Anfang
13. Glaube an Rückkehr?
14. Verbindung der Vertriebenen untereinander
15. Verbindung zur Heimat in Ungarn
16. Haltung der Regierung in Ungarn zur Vertreibung
17. Bleibende Spuren der Deutschen in Ungarn
18. Vermächtnis

**DONAUSCHWABEN:
BANAT
in Rumänien**

Leben/Aussiedlung/Integration

28 Minuten

1. Heimat Banat
2. Auswirkungen des Zweiten Weltkrieges
3. Gründe für die Aussiedlung
4. Der Traum vom Westen
5. Der Sog zur Aussiedlung
6. Versuche zur Aussiedlung
7. In Deutschland
8. Der Bezug zur alten Heimat

Kassette 8

SIEBENBÜRGER SACHSEN:
Mittelsiebenbürgen

Leben/Ausreise/Integration

30 Minuten

1. Die Situation 1945
2. Heimat Siebenbürgen
3. Leben unter Russen und Rumänen
4. Diskriminierung der Deutschen
5. Enteignung
6. Hoffnung auf Ausreise
7. Festhalten im Land
8. Freikauf
9. Neue Heimat – Bundesrepublik
10. Neue Chance zur Ausreise
11. Hilfe für die Heimat

SIEBENBÜRGER SACHSEN:
Nordsiebenbürgen

Flucht/Vertreibung/Integration

41 Minuten

1. Die Situation 1945
2. Heimat Nordsiebenbürgen
3. Die Russen kommen
4. Auf der Flucht
5. In Österreich
6. In Deutschland
7. Als Rentnerin aktiv
8. Vorsorge für Landsleute

Kassette 9
Kurz- und Langversion

RUSSLANDDEUTSCHE:

Leben
Aussiedlung nach Deutschland
Integration

Kurz: 47 Minuten
Lang: 1 Stunde 35 Minuten

1. Die Situation 1945
2. Herkunft
3. Leben als Deutschstämmige
4. Deutsche Sprache
5. Warum Aussiedlung nach Deutschland?
6. Bemühungen zur Ausreise
7. Vor der Ausreise
8. Ausreise
9. Ankunft in Deutschland
10. Grenzdurchgangslager Friedland
11. Im Westen / Integration
12. Heimat heute

ZENTRUM GEGEN VERTREIBUNGEN (ZgV)

aus der Eigendarstellung im Internet:

Seit dem 6. September 2000 gibt es die Stiftung ZENTRUM GEGEN VER-TREIBUNGEN. Sie wurde geboren aus der Erkenntnis des Bundes der Vertriebenen, dass es nötig ist, nicht im eigenen Leide, in persönlichen traumatischen Erinnerungen zu verharren, sondern ein Instrument zu schaffen, das dazu beiträgt, Vertreibung und Genozid grundsätzlich als Mittel von Politik zu ächten. So wurde eine eigenständige Stiftung errichtet. Ihr Ziel ist es Völkervertreibungen weltweit entgegenzuwirken, sie zu ächten und zu verhindern und dadurch der Völkerverständigung, der Versöhnung und der friedlichen Nachbarschaft der Völker zu dienen.

Aus dem Geist der Versöhnung mit allen Nachbarvölkern steht das ZEN-TRUM GEGEN VERTREIBUNGEN in Solidarität zu allen Opfern von Vertreibung und Genozid. Dabei haben wir viel erreicht. Das Schicksal der deutschen Heimatvertriebenen ist in der Mitte unserer Gesellschaft angekommen. Viele Menschen, darunter zahlreiche bekannte Persönlichkeiten, stehen hinter unserem Anliegen und unterstützen uns. Dazu haben auch unsere Ausstellungen, die überall im Lande unterwegs sind, beigetragen. "Erzwungene Wege. Flucht und Vertreibung im Europa des 20. Jahrhunderts, „Die Gerufenen. Deutsches Leben in Mittel- und Osteuropa" und „Angekommen. Die Integration der Vertriebenen in Deutschland" haben zehntausende Mitbürger erreicht. Wir freuen uns besonders, dass alle drei Ausstellungen als Trilogie „Heimatweh" ebenfalls landauf landab gezeigt wird.

Aufgaben und Ziele:

Aus dem Geist der Versöhnung mit allen Nachbarvölkern wurde die Stiftung ZENTRUM GEGEN VERTREIBUNGEN gegründet. Sie steht in Solidarität zu allen Opfern von Vertreibungen und Genozid.Der Stiftung sind vier gleichrangige Aufgaben gestellt, deren Kern immer die Menschenrechte sind:

Erstens:

In einem Gesamtüberblick soll in Berlin das Schicksal der mehr als 15 Millionen deutschen Deportations- und Vertreibungsopfer aus ganz Mittel-, Ostund Südosteuropa mit ihrer Kultur und ihrer Siedlungsgeschichte genauso erfahrbar werden, wie das Schicksal der 4 Millionen deutschen Spätaussiedler, die seit den 50er, vor allem seit Ende der 80er Jahre in die Bundesrepublik Deutschland oder die frühere DDR kamen. Diese Vertriebenen und Deportierten hatten ihre Heimat in ganz Mittel-, Ost- und Südosteuropa. Dort siedelten sie seit Jahrhunderten. Viele Tausende davon durchlitten Jahre von Zwangsarbeit und Lagerhaft. Fast 2,5 Millionen Kinder, Frauen und Männer haben die Torturen von Vertreibung, Folter, Zwangsarbeit oder monatelanger Vergewaltigung nicht überlebt. Mit diesen Schicksal dürfen die Menschen nicht allein gelassen werden. Es ist gesamtdeutsche Aufgabe.

Zweitens:

Wir wollen die Veränderungen Deutschlands durch die Integration Millionen entwurzelter Landsleute mit den Auswirkungen auf alle Lebensbereiche ausleuchten. Der Soziologe Eugen Lemberg hat schon 1950 von der „Entstehung eines neuen Volkes aus Binnendeutschen und Ostvertriebenen" gesprochen. Tatsächlich blieb z.B. von der konfessionellen Struktur in Deutschland nichts mehr so, wie es weithin seit dem Augsburger Religionsfrieden von 1555 gewesen war.
Das „unsichtbare Fluchtgepäck", wie es die Dichterin Gertrud Fussenegger nannte, war auch technisches, handwerkliches, landwirtschaftliches oder akademisches know how. Hinzu kam sieben-, achthundertjährige eigenständige kulturelle Identität und Erfahrungen im Neben- und Miteinander mit slawischen, madjarischen, baltischen oder rumänischen Nachbarn. Die deutschen Heimatvertriebenen haben interkulturelle Kompetenz hierher mitgebracht. Mit ihrem frühen Bekenntnis zu einem Europa, in dem die Völker in Frieden miteinander leben, waren sie den meisten Menschen in Deutschland voraus. Warum? Sie wissen intensiver als viele andere, dass Europa nicht an Oder und Neiße oder am Bayerischen Wald endet. Der französische Politikwissenschaftler Alfred Grosser hat die Integration der Vertriebenen als die größte sozial- und wirtschaftspolitische Aufgabe bezeichnet, die von Deutschland gemeistert worden sei. Dennoch ist diese grandiose Leistung hier im Lande praktisch unverarbeitet und weithin unbekannt.

Drittens:

gehören unverzichtbar zum ZENTRUM GEGEN VERTREIBUNGEN auch Vertreibung und Genozid an anderen Völkern, insbesondere in Europa. Allein in Europa waren bzw. sind mehr als 30 Volksgruppen von solchen Menschenrechtsverletzungen betroffen. Von den Albanern, Armeniern, Azeris über die Esten, Georgier, Inguschen, Krim-Tataren, Polen, Tschetschenen, Ukrainern bis zu den Weißrussen und griechischen Zyprioten und die singuläre Verfolgung und Massenvernichtung der Juden Europas durch den Nationalsozialismus.

Über den Genozid 1914/15 am armenischen Volk durch das Osmanische Reich hat die Völkergemeinschaft indolent hinweggesehen. Ethnische „Flurbereinigung" durch Zwangsumsiedlungen wurden 1922 vom Völkerbund nicht nur geduldet, sondern selbst beschlossen, und Hitler kalkulierte mit dem Desinteresse der Völkergemeinschaft bei seinen horriblen Vernichtungsplänen. Er setzte Schritt um Schritt sein grausames Werk an unseren jüdischen Mitbürgern und an den europäischen Juden fort.

Er öffnete die Büchse der Pandora vollständig. Und so gab es auch nach ihm kein Halten. Neben der Vertreibung der Deutschen liefen die Vertreibung der Ostpolen durch Stalin und auch die der Ungarn durch Benesch im Nachkriegszeitraum ab.

Auf dem Balkan und in Tschetschenien sehen wir bis heute Bilder der Gewalt, getrieben von Rache und Vergeltung in einem Teufelskreis. Von anderen Kontinenten gar nicht zu sprechen. Gründe der Rechtfertigung dafür werden immer wieder gesucht. Sie sind immer ein Verbrechen, sie widersprechen den Menschenrechten und sie verharren im archaischen Denken von Blutrache. Das will die Stiftung nicht hinnehmen sondern immer wieder mahnen und die Menschen bewegen, mitzufühlen und Anteil zu nehmen. Alle Opfer von Genozid und Vertreibung brauchen einen Platz in unserem Herzen und im historischen Gedächtnis. Einen solchen Platz will die Stiftung ZENTRUM GEGEN VERTREIBUNGEN geben. Wir wollen deutlich machen, dass Menschenrechte unteilbar sind. Unverzichtbar gehört der Dialog mit unseren Nachbarvölkern dazu.

Viertens:

gehört zu den Stiftungsaufgaben die Verleihung eines Preises, mit dem Menschen ausgezeichnet werden, die durch ihr Handeln das Verantwortungsbewusstsein schärfen. Der Preis kann an Einzelpersonen, aber auch an Initiativen oder Gruppen verliehen werden, die sich gegen die Verletzung von Menschenrechten durch Völkermord, Vertreibung und die bewusste Zerstörung nationaler, ethischer oder religiöser Gruppen gewandt haben.

Die Preisverleihung erfolgt auf der Grundlage des IV. Haager Abkommens von 1907, das ausdrücklich die Zivilbevölkerung während und nach kriegerischen Handlungen unter Schutz stellte. Sie erfolgt auf der Grundlage der Allgemeinen Erklärung der Menschenrechte von 1948, des Internationen Paktes von 1966, der Entschließung der Menschenrechtskommission der Vereinten Nationen von 1998, aber auch der Kopenhagener Kriterien des Europäischen Rates von 1993.

Wer in diesem Sinne beispielgebend politisch, künstlerisch, philosophisch oder durch praktische Leistungen gewirkt hat, kann durch diesen Preis ausgezeichnet werden.

Auszug aus der Chronik des ZENTRUMS GEGEN VERTREIBUNGEN:

6. September 2000

Errichtung der gemeinnützigen Stiftung mit Sitz in Wiesbaden
Vorsitzende: Erika Steinbach MdB, Prof. Dr. Peter Glotz

Sommer 2001

Schreiben an alle Gemeinden in Deutschland mit einem Groschen pro Einwohner Pate der Stiftung ZENTRUM GEGEN VERTREIBUNGEN zu werden

4. Juli 2002

Beschluss des Deutschen Bundestages „Für ein europäisch ausgerichtetes Zentrum gegen Vertreibungen"

Sommer 2003

Schreiben an alle Gemeinden in Deutschland mit 5 Cent pro Einwohner Pate der Stiftung zu werden

10. August 2006

Eröffnung der Ausstellung „Erzwungene Wege – Flucht und Vertreibung im Europa des 20. Jahrhunderts" im Kronprinzenpalais in Berlin durch Bundestagspräsident Dr. Norbert Lammert. Redner: Erika Steinbach MdB, György Konrad, Dr. Joachim Gauck
11. August bis 29. Oktober 2006
Präsentation der Ausstellung mit 60.000 Besuchern

17. Juni 2007

Eröffnung der Wanderausstellung
„Erzwungene Wege – Flucht und Vertreibung im Europa des 20. Jahrhunderts" in der Paulskirche zu Frankfurt am Main
18. Juni bis 14. Juli 2007
Präsentation der Wanderausstellung in der Paulskirche

5. Juli 2009

Eröffnung der Ausstellung
„Die Gerufenen – Deutsches Leben in Mittel- und Osteuropa" im Kronprinzenpalais, Berlin durch Staatsminister und Beauftragter der Bundesregierung für Kultur und Medien Bernd Neumann MdB
16. Juli bis 30. August 2009
Präsentation der Ausstellung im Kronprinzenpalais

25. Oktober bis 25. November 2011

Präsentation der Wanderausstellung „Angekommen – Integration der Vertriebenen in Deutschland" in Berlin, Paul-Löbe-Haus

20. März 2012

Eröffnung der Ausstellung „Heimatweh – Eine Trilogie" in Berlin, Kronprinzenpalais durch Bundeskanzlerin Dr. Angela Merkel MdB
Bundesinnenminister Dr. Hans-Peter Friedrich MdB
Grußwort: Erika Steinbach MdB
21. März bis 24. Juni 2012 Präsentation der Ausstellung in Berlin

Jahresempfang des Bundes der Vertriebenen (BdV) am 5. Mai 2015 in Berlin

Beim Bund der Vertriebenen gab es am 7. November 2014 einen Wechsel an der Spitze. Bernd Fabritius wurde Nachfolger von Erika Steinbach, die 16 Jahre dem 1,3 Millionen Mitglieder zählenden Verband als Präsidentin vorstand. Beim Jahresempfang des BdV am 5. Mai 2015 im Atrium der Bundespressekonferenz in Berlin begrüßte der neue Präsident Mitglieder und Gäste, darunter auch die Bundeskanzlerin und seine Vorgängerin Erika Steinbach:

„Nicht neu, sondern fast schon Tradition ist die Anwesenheit unserer Bundeskanzlerin im Kreis unserer Gäste. Sehr geehrte Frau Bundeskanzlerin, liebe Angela Merkel, ich begrüße Sie herzlich in unserer Mitte und freue mich außerordentlich, dass Sie uns die Ehre erweisen, auch am diesjährigen Empfang unseres Verbandes teilzunehmen und – was ebenfalls Tradition hat – ein paar Worte an uns zu richten. Durch ihr wiederholt geäußertes klares und unmissverständliches Bekenntnis zu den Anliegen der deutschen Vertriebenen und Spätaussiedler sind Sie eine verlässliche Partnerin an der Seite des BdV. Das wissen wir – und da spreche ich auch im Namen aller unserer Mitgliedsverbände – sehr hoch zu schätzen. Mit meiner Amtsvorgängerin Erika Steinbach haben Sie stets ein sehr gutes, ergebnisorientiertes und vertrauensvolles Verhältnis gepflegt. Dieses möchten wir, das neue Team, gerne mit Ihnen fortsetzen, das versichere ich Ihnen.

Liebe Erika Steinbach, wir alle fühlen uns geehrt, dass Du heute hier bist. Auch – aber nicht nur! – als Vorsitzende unserer BdV-Stiftung „Zentrum gegen Vertreibungen" wird Dein Platz immer in unserer Mitte bleiben. Das Zentrum gegen Vertreibungen ist eine ureigene Stiftung des BdV – ein Instrument unseres Verbandes, das dazu beiträgt, Vertreibung und Völkermord als Mittel von Politik zu ächten. Ich begrüße Dich im Namen des gesamten Präsidiums ganz, ganz herzlich.

Unser Verband ist auf sachliche und dialogbereite Gesprächspartner in Politik und Gesellschaft angewiesen. Das gilt für die Bundesebene genauso wie in den einzelnen Ländern. Vor allem der guten Zusammenarbeit zwischen Ihnen, geehrte Frau Bundeskanzlerin, und Dir, liebe Erika Steinbach, ist es zu verdanken, dass wir in diesem Jahr zum ersten Mal den nationalen Gedenktag für die Opfer von Flucht und Vertreibung begehen können. Wir freuen uns, dass damit ein jahrzehntelanges Anliegen des BdV umgesetzt wird und bedanken uns in aller Form."

In der Rede von Bundeskanzlerin Angela Merkel hieß es unter anderem: „70 Jahre nach Ende des Zweiten Weltkriegs ist die Zahl derer, die als Vertriebene und Flüchtlinge bittere Zeiten durchlebten und überlebten, geringer geworden. Es lichtet sich der Kreis derer, die sich an Krieg und Vertreibung noch persönlich erinnern. Aber eines ist gewiss: Ihre Geschichte wird auch über Generationen hinweg unvergessen bleiben.

Es ist wichtig, dass die gesellschaftliche Anerkennung von Vertreibungsschicksalen nun auch regelmäßig in einem Gedenktag Ausdruck finden wird, den wir am 20. Juni zum ersten Mal begehen werden. Damit stärken wir die öffentliche und politische Wahrnehmung der Themen Flucht und Vertreibung. Wir rufen das Leid durch den Verlust der Heimat und von Angehörigen in Erinnerung, das auf dem Weg ins Ungewisse millionenfach durchlebt wurde. Und wir würdigen, was Vertriebene für den Wiederaufbau Deutschlands in den Nachkriegsjahren geleistet haben...

Das Verständnis, für eine gute Zukunft zu sorgen, indem wir uns der Verantwortung für die Vergangenheit bewusst sind – das ist von Generation zu Generation immer wieder aufs Neue zu pflegen, mögen sich auch die jeweiligen Perspektiven ändern. Dafür stehen auch die Wechsel an der Spitze des Bundes der Vertriebenen...

Liebe Frau Steinbach, 16 Jahre lang waren Sie als Präsidentin des BdV tätig und haben ihm Gesicht und Stimme verliehen. Selbstbewusst und mit klaren Worten haben Sie sich für die Rechte und Belange der Vertriebenen eingesetzt. Das hat Ihnen Anerkennung, aber auch Kritik und sogar Anfeindungen eingebracht. Davon haben Sie sich aber nicht beirren lassen. Sie sind dem Anliegen treu geblieben, das Wissen über das Schicksal der Heimatvertriebenen lebendig zu halten. Viele Projekte zeugen davon. Deshalb noch einmal ganz herzlichen Dank dafür...“

20. Juni 2015:
Ein nationaler Gedenktag für die Opfer
von Flucht und Vertreibung

Am 20. Juni 2015 wurde in der Bundesrepublik zum ersten Mal ein Gedenktag für die Opfer von Flucht und Vertreibung begangen, der vom Bund der Vertriebenen lange gefordert wurde. In seiner Rede im Innenhof des Deutschen Historischen Museums sagte Bundespräsident Joachim Gauck:

„Zum ersten Mal gedenkt Deutschland an einem offiziellen bundesweiten Gedenktag jener Millionen von Deutschen, die am Ende des Zweiten Weltkriegs zwangsweise ihre Heimat verloren. Zum ersten Mal begeht Deutschland damit auch regierungsamtlich den internationalen Weltflüchtlingstag, wie er vor fünfzehn Jahren von der Generalversammlung der Vereinten Nationen beschlossen wurde. Auf eine ganz existenzielle Weise gehören sie zusammen – die Schicksale von damals und die Schicksale von heute, die Trauer und die Erwartungen von damals und die Ängste und Zukunftshoffnungen von heute...

Die Erinnerung an Flucht und Vertreibung der Deutschen war in unserer Gesellschaft fast immer schwierig und fast immer emotional. Denn unsere Haltung zum Leid der Deutschen war und blieb verknüpft mit unserer Haltung gegenüber der Schuld der Deutschen. Es hat Jahrzehnte gedauert, bis wir – wieder – an das Leid der Deutschen erinnern konnten, weil wir die Schuld der Deutschen nicht länger ausblendeten...

Heute gibt es auch viele Nachgeborene, Söhne und Töchter, die, inzwischen selbst ins Alter gekommen, dieselbe Frage wieder zulassen, wie sie einst Christa Wolf stellte: Wie sind wir geworden, wie wir heute sind?" Und so erleben wir Jahrzehnte nach den Ereignissen etwas Wunderbares: die Wiedergewinnung der uns möglichen Empathie. Endlich ein tieferes Verständnis der Nachgeborenen für das Trauma ihrer vertriebenen Mütter und Väter, endlich ein tieferes Verständnis von Einheimischen für ihre Nachbarn und Freunde, die einst als Flüchtlinge und Vertriebene gekommen sind. Und endlich eine umfassende Erinnerung an Krieg und Nachkrieg, in der Platz ist für Trauer, Schuld und Scham. Die Gründung der Stiftung Flucht, Vertreibung, Versöhnung im Jahre 2008 ist für mich ein wichtiges Zeichen dieser Entwicklung: Flucht und Vertreibung der Deutschen gehen ein in das Geschichtsbewusstsein der ganzen Nation, eingeordnet in einen Kontext, der uns nicht mehr von unseren Nachbarn trennt, den Kriegsgegnern von einst, sondern eine neue Verständigung ermöglicht...“

Vermächtnis:
Aus dem Buch von Peter Glotz:
„Die Vertreibung – Böhmen als Lehrstück"

Im Jahr 2003 hat Peter Glotz, der gemeinsam mit Erika Steinbach den Vorsitz der Stiftung Zentrum gegen Vertreibungen innehatte, ein Buch veröffentlicht, das man als Vermächtnis des so früh verstorbenen Publizisten und Politikers bezeichnen kann: „Die Vertreibung – Böhmen als Lehrstück".

In ihm beschreibt er – Sohn einer tschechischen Mutter und eines deutschen Vaters – die Geschichte seiner böhmischen Heimat, in der früher Tschechen, Deutsche und Juden friedlich zusammen lebten, um am Ende grausam übereinander herzufallen. Die Juden wurden vernichtet. Die Sudetendeutschen aus ihren jahrhundertelangen Siedlungsgebieten vertrieben. „Die Vertreibung" veranschaulicht am Modelfall Böhmen einen Mechanismus der Verfeindung. Schuld an diesem Schicksal hat ein übersteigerter Nationalismus, der nur seine eigenen Landsleute und keine vermeintlichen Fremden duldet und sie aus dem früher gemeinsamen Land gewaltsam vertreibt. Vor dem Wiederauferstehen von aggressiven Nationalismus warnt Glotz eindringlich in seinem Schlusskapitel des Buches.

„Wie definierte Hans Ulrich Wehler? „Nationalismus soll heißen: Das Ideen-System, die Doktrin, das Weltbild, das der Schaffung, Mobilisierung und Integration eines größeren Solidarverbandes, Nation genannt, vor allem aber der Legitimation neuzeitlicher politischer Herrschaft dient. Daher wird der Nationalstaat mit einer möglichst homogenen Nation zum Kardinalproblem des Nationalismus."

Dieser Nationalismus ist heute kaum weniger gefährlich als zwischen den beiden Weltkriegen. Das gilt insbesondere seit 1989. In diesem Jahr sind viele schlafende (oder unterdrückte) Nationalismen wieder erwacht. Nichts hat das brutaler gezeigt als die jugoslawischen Nachfolgekriege.

Böhmen ist ein Lehrstück. Was dort geschah, kann auch heute in vielen (wenn auch nicht allen) Ländern Europas wieder geschehen. Ich fasse die „Lehren" aus diesem Stück in zwölf Thesen zusammen:

1. Ein „Erstgeburtsrecht", wie es die Tschechen für sich reklamiert haben, gibt es nicht. Natürlich können Völker die Einwanderung in ihr Territorium unter bestimmte Bestimmungen stellen. Menschen, die sich einmal einge-

nistet haben, kann man aber nicht als „Immigranten" oder „Kolonisten" abwerten. In einer Denkschrift während des Krieges erzählte die tschechische Exilregierung den Alliierten die Geschichte, dass die Deutschen ja „erst" seit der Schlacht am Weißen Berg in Böhmen lebten. Die früheren deutschen Einwanderer hätten die Hussiten alle getötet oder vertrieben. Am Tag, an dem diese Denkschrift formuliert wurde, waren aber selbst nach dieser (völlig unbeweisbaren) Theorie die Deutschen seit mehr als dreihundert Jahren in Böhmen ansässig.

Die NATO hat auf Serbien Bomben geworfen, weil Slobodan Milosevic Albaner aus dem Kosovo vertreiben wollte, die dort erst seit einigen Jahrzehnten lebten. Man kann sich fragen, ob Bomben das richtige Mittel waren. Aber es war richtig, die Vertreibung der albanischen Bevölkerung des Kosovo zu unterbinden.

2. Die Formel vom „Selbstbestimmungsrecht der Völker" ist fragwürdig, auch wenn sie in allen möglichen feierlich beschlossenen internationalen Dokumenten vorkommt. Hier hatte Masaryk gegen die Deutschen Recht: Selbstbestimmung ist nicht einfach Lostrennung. Selbstbestimmung heißt Abwägung; eine Abwägung, an der nicht nur das Volk beteiligt werden kann, das unabhängig werden will, sondern die betroffene Völkergemeinschaft. Bleibt ein Staat durch die Lostrennung eines Volkes oder einer Volksgruppe lebensfähig? Erhöht die Lostrennung die Gewaltanwendung in der Region oder senkt sie sie ab? Wer sich solchen Fragen nicht zu stellen wagt, missbraucht diese feierliche Formel zu sinnloser Demagogie.

3. Vertreibungen – also im 20. und 21. Jahrhundert vorwiegend ethnische Säuberungen – sind Kriegsverbrechen und Verbrechen gegen die Menschlichkeit. Das ist keine Entwicklung des Völkerrechts aus den allerletzten Jahren. Schon das Internationale Militärtribunal von Nürnberg hatte so entschieden, genau zu der Zeit, als die Tschechen die Sudetendeutschen vertrieben. Diese Entscheidung wurde von der UNO-Generalversammlung mit Resolution Nr. 95 (1) vom 11. November 1946 bestätigt. Im Jahr 1950 wurden die Nürnberger Prinzipien von der Völkerrechtskommission der Vereinten Nationen kodifiziert. Inzwischen kann es überhaupt keine Zweifel mehr geben. Seit dem *Code of crimes against the Peace and Security of Mankind* von 1996 werden Vertreibungen (Art. 18) als „Verbrechen gegen die Menschlichkeit" geführt. Massendeportationen (Art. 20) sind besonders schwere Kriegsverbrechen.

4. Vertreibungen können auch Völkermord sein. Das gilt ohne Zweifel für die Vertreibung und Vernichtung der Juden durch die Nationalsozialisten, es

gilt aber auch für die Deportation und Auslöschung der Armenier durch die Jungtürken im Jahr 1915 oder den Feldzug Sadam Husseins gegen die irakischen Kurden in seiner berüchtigten „Anfal-Operation" im Jahr 1988. Das Ziel dieser Operation war eindeutig, die Kurden als Nation auszulöschen. Im Lauf der „Anfal-Operation" wurden über 150.000 Frauen, Männer und Kinder systematisch ermordet und mehrere hunderttausend nach Süden in die Wüste verschleppt. Mehr als 5.000 Menschen starben allein durch den Einsatz chemischer Waffen in der kleinen Stadt Halabja.

5. Die völkerrechtliche Definition von Völkermord – es gibt dazu eine UNO-Konvention von 1948 – ist breit. Folgende Handlungen werden als Völkermord gewertet:

a) Tötung der Mitglieder von Gruppen;

b) Verursachung von schweren körperlichen oder seelischen Schäden bei Mitgliedern von Gruppen;

c) vorsätzliche Auferlegung von Lebensbedingungen für die Gruppen, die geeignet sind, ihre körperliche Zerstörung ganz oder teilweise herbeizuführen. Nach dieser Definition könnte man mit einigen Zweifeln auch die Vertreibung der Sudetendeutschen als Genozid bezeichnen. Ich benutze den Begriff Genozid dafür nicht, und zwar nicht aus dem formaljuristischen Grund, dass die Völkermord-Konvention erst 1948 beschlossen wurde. Benesch wollte die Deutschen aus den böhmischen Ländern vertreiben und nahm dabei die Tötung von vielen Deutschen in Kauf. Die tschechische Regierung verschlechterte ihre Lebensbedingungen auch derart, dass „ihre körperliche Zerstörung" in zigtausend Fällen herbeigeführt wurde. Aber es gab – im Unterschied zu den Armeniern oder Kurden – ein Land von „Konnationalen", das die Sudetendeutschen aufnehmen konnte.

Der Unterschied wird am deutlichsten, wenn man die Vertreibung der Deutschen aus den böhmischen Ländern mit dem Holocaust vergleicht. Das sind eindeutig „unterschiedliche Stufen mörderischer Gewaltentfaltung" (Karl Schlögel). Hitler wollte die Juden töten, wo immer sie lebten und wo immer er sie antraf. Benesch wollte die Deutschen vor allem loswerden, wie auch immer. Man sollte für unterschiedliche Formen von Gewalt unterschiedliche Begriffe benutzen.

6. Es gibt immer wieder Leute, die Vertreibungen als das „kleinere Übel" rechtfertigen wollen... Demokratie wäre auch mit starken Minderheiten möglich gewesen; allerdings nur mit ausgebauten Rechten der jeweiligen Minderheit, zum Beispiel nach dem Vorbild des „mährischen Ausgleichs". Eine solche Lösung brachten Tschechen, Slowaken und Deutsche nicht

zustande. Richtig ist der Hinweis, dass der homogene Nationalstaat Tschechoslowakei stabiler ist als der kleine Vielvölkerstaat Tschechoslowakei zu Zeiten der Ersten Republik. Aber war es gerechtfertigt, die Serben aus der Krajina, einem wichtigen Stück Territorium Kroatiens, zu vertreiben? Dürften die Deutschen die türkische und kurdische Minderheit aussiedeln, weil Berlin oder irgendeine andere Region dann „stabiler" würde? Nein.

7. Oft hört man das Argument, die deutsche Minderheit in der Tschechoslowakei habe vor ihrer Ausrottung durch Vertreibung geschützt werden müssen. Das ist die These vom „spontanen Volkszorn". Natürlich gab es nach den Verbrechen der Deutschen in der Protektoratszeit vor allem in Böhmen – teilweise auch in Mähren – eine harte antideutsche Stimmung. Das gilt besonders für Prag nach den Gewalttaten der Deutschen in letzter Minute. Ein großer Teil der folgenden Exzesse war aber inszeniert. Die Morde in Aussig sind das beste Beispiel; die ansässige tschechische Bevölkerung der Stadt beteiligte sich daran kaum. Eine vorsichtige, auf ein künftiges Zusammenleben von Tschechen, Slowaken, Deutschen und Juden und so fort ausgerichtete Politik hätte zwar keineswegs alle Gewalttaten verhindern können. Es kann aber keine Rede davon sein, dass die Vertreibung ohne Alternative war. Richtig ist lediglich: Die politisch entscheidende Weichenstellung erfolgte 1918, nicht 1945. Noch bis 1930 hätten Autonomiekonzepte, wie Benesch sie unter Hitlers Druck 1938 anbot, die Katastrophe verhindern können. Im Jahr 1945 hätte bestenfalls ein Mann vom Format De Gaulles eine menschlichere Lösung durchsetzen können. Dies Format hatte Benesch nicht.

8. Nach den Erfahrungen des 20. Jahrhunderts sollte man die Hoffnung fahren lassen, dass ein Bevölkerungsaustausch „human und geordnet" vor sich gehen könnte. Niemand sollte sich mehr auf das Lausanner Abkommen von 1923 berufen. Es produzierte unendliches Leid. Die Humanität, die irgendwelche Diplomaten in eleganten Verhandlungszimmern in Papiere schreiben, ist im Prozess der Trennung von Völkern und bei den gewaltigen logistischen Herausforderungen einer solchen Umsiedlung gar nicht durchzuhalten.

9. Zynisch und dumm ist die Argumentationsfigur: „Die anderen haben angefangen." Das böhmische Lehrstück zeigt besonders deutlich, wie schwierig es ist festzulegen, welche „erste Gewalt" die Ursache aller anderen ist. Oft tragen übrigens die Vordenker genauso viel Schuld wie die Täter. Man kann zwar Georg von Schönerer nicht für Lidice und Julius Gregr nicht für Postselberg verantwortlich machen. Aber man muss den ganzen Prozess schauen, nicht nur die Morde ganz am Ende, wenn man aufklären und nicht

aufrechnen will. Die Rechtfertigung von Gewalttaten durch vorangegangene Gewalttaten ist die Übertragung des Blutracheprinzips auf moderne Gesellschaften. Es handelt sich um eine unmenschliche Argumentationsfigur, übrigens auch wenn sie gegen Deutsche gerichtet ist.

10. Die Kapazitäten und Kompetenzen, Krisen frühzeitig zu erkennen, müssen weiter gestärkt werden. Diese Aufgaben werden von internationalen Organisationen wie den Vereinten Nationen oder der OSZE wahrgenommen, aber auch von privaten Nichtregierungsorganisationen, die sich um die systematische Beobachtung krisenhafter Entwicklungen kümmern. In Europa ist die wichtigste Organisation dieser Art die Europäische Union. Sie versucht, das zu leisten, was früher die übernationalen Reiche zustande gebracht haben – gelegentlich besser als wir heute. Hätten wir in Deutschland das Sprachreglement des alten Österreich, gäbe es längst eine türkische Universität in Berlin. Bedeutende Vordenker Europas waren Richard Coudenhove-Kalergi mit seinen Paneuopa-Gedanken und Jean Monnet, der einen Werkzeugkasten zur Weiterentwicklung Europas entwickelte. Sollte sich die EU an allzu vielen Erweiterungen verschlucken, wird der Nationalismus auch in Europa wieder fürchterlich sein Haupt erheben.

11. Lieber komplizierte Minderheitsabkommen (Beispiel: Mährischer Ausgleich) als brutale Entflechtungen. Lieber teure Krisenprävention als Kriege, die mit Sicherheit noch viel teurer werden.

12. Loyalitäts- und Zugehörigkeitsgefühle, Selbstwertbewusstsein und Identitätsgefühl gab und gibt es in allen Gesellschaften, sie sind „anthropologische Konstanten". Aber man sollte es mit der Identität nicht übertreiben. Man sollte auf die Menschen einwirken, mit ein bisschen weniger Identität auszukommen, und ihnen dafür in Aussicht stellen, dass ihre Säuglingen nicht mit dem Gewehrkolben erschlagen oder über eine Brücke ins Wasser geworfen werden.

Ich weiß, diese Schlussfolgerungen sind leichter formuliert als durchgesetzt. Die Mahnung, es mit der Identität nicht zu übertreiben, wirkt auf „aufsteigende Nationen" (was für ein Unheil stiftender Hegelianismus!) gerade zu lächerlich. Aber wenn wir böhmische Lehrstücke nicht immer wieder erleben wollen, dürfen wir das „Lächerliche" nicht scheuen. Lächerlich mag Premysl Pitter gewirkt haben, als er in Theresienstadt seine Landsleute angezeigt hatte, weil sie Margarine, die den Häftlingen zustand, gestohlen hatten. Lächerlich wirkte der sozialdemokratische Emigrant Wenzel Jaksch, als er vor einer Konferenz der Labour Party im Dezember 1944 eigenhändig Flugblätter mit den Titeln *Mass-Transfer of Minorities und Sudeten Problem in*

War and Peace verteilte. „Lächerlich" machte sich Lew Kopelew, als er als junger Offizier Soldaten der Roten Armee am Plündern eines Trecks hindern wollte. Einer fuhr ihn an: „Was fällt dir ein, hier Moral zu predigen? Hast du es noch immer nicht satt, die Fritzen (die Deutschen, Anmerkung des Autors) zu bedauern? Es ist Krieg, verstehst du, du Intelligenzler mit Schulterstücken. Krieg nämlich und keine Vorlesung an der Universität. Wozu quakst du hier herum? Wir saufen ihren Cognac, fressen ihren Schinken, nehmen ihre Uhren, ihre Weiber, ihren ganzen Kram. Das ist Krieg, verstehst du, du bärtiger Säugling." Bärtige Säuglinge sind lächerlich. Kopelew fragte seinen zornigen Kameraden: „Aha, und du merkst wohl gar nicht, dass du wie ein Faschist redest?" Die Antwort: „Leck mich doch am Arsch mit deiner Philosophie, mit deinem liberalen Gesäusel."

In der Regel halten „Lächerliche" den Gang der Geschichte nicht auf. Sie sind nicht „realistisch" genug. Aber oft retten sie Menschenleben. Die wichtigste Lehre des böhmischen Lehrstücks ist, dass wir nicht nur Analytiker und Meisterdiplomaten brauchen, sondern Leute, die den Mut haben, gegen den Strom zu schwimmen."

Mit dieser Aufforderung an die Courage der Leute endet das Buch von Peter Glotz. Er war mit seiner Teilnahme am Vorsitz des viel gescholtenen und diffamierten Zentrums gegen Vertreibungen selber ein Beispiel für einen Menschen mit Mut gegen den Strom zu schwimmen. Er hat das Zentrum gegen Vertreibungen und seine Vorsitzende Erika Steinbach gegen alle Anfeindungen vor allem aus dem Ausland aber auch von seinen eigenen Genossen aus der SPD unbeirrt verteidigt. Er war von der Sache und dem Vorhaben des Zentrums fest überzeugt. Es ist tragisch und ein unersetzbarer Verlust, dass dieser kluge und tapfere Mann so früh gestorben ist.

Nachwort und Ausblick

Wie sehr Peter Glotz mit seiner Warnung vor einem schnell wachsenden Mechanismus der Verfeindung Recht hat, beweist der inzwischen mit Waffen ausgetragene Konflikt in der Ost-Ukraine. Hier hat die Politik der Mehrheit der Ukrainer gegenüber einer Minderheit, der es zunächst nur um den Gebrauch der russischen Sprache ging, äußerst unsensibel und falsch reagiert. Jede Unterdrückung, die den Stolz, das Selbstbewusstsein und die Würde zahlenmäßig unterlegener Gruppen verletzt, ruft unweigerlich Gegenreaktionen hervor. Eine Spirale der Verfeindung wurde in Gang gesetzt und nicht mehr gestoppt.

Der deutsche Philosoph Immanuel Kant aus Königsberg in Ostpreußen hat schon im 18. Jahrhundert mit seinem „Kategorischen Imparativ" die Richtschnur für das friedliche Zusammenleben der Menschen gewiesen: „Handle so, dass die Maxime deines Willens jederzeit zugleich als Prinzip einer allgemeinen Gesetzgebung gelten könne." Hätten die Menschen, die Völker, die Staaten in Europa dieses weise Prinzip befolgt, so wären ihnen Kriege mit ihrem unermesslichen Leid erspart geblieben. Im Namen von Religionsauffassungen und Ideologien wie Marxismus-Leninismus, Faschismus und Stalinismus sind Millionen Menschen zu Tod und Elend gekommen. Heute wüten Al Kaida und der „Islamische Staat". Die Überwindung aller Ideologien und die Verhinderung von aggressiven Nationalismus ist das Ziel der Zukunft, die Chance der Menschheit zu überleben. Bei allem Handeln ist das Wohl des vermeintlichen Gegners mit zu bedenken, damit aus Zwietracht und Misstrauen Verständnis und Eintracht entstehen kann. Im Verhältnis zu den wirklichen Herausforderungen der Menschheit – Klimawandel und Überbevölkerung – erscheinen gewaltsame Auseinandersetzungen und Kriege mit ihren Folgeerscheinungen von Flucht und Vertreibung sinnlos und völlig abwegig.

Die Bundesrepublik Deutschland – seit 3. Oktober 1990 mit dem Segen der Großmächte und aller Nachbarstaaten wiedervereinigt – ist heute der freiheitlichste und reichste Staat, den es jemals auf deutschen Boden gab. Während dies den Älteren, die noch Diktatur und Entbehrungen kannten, bewusst ist, wird dieser erfreuliche Tatbestand von einem Teil der mittleren und jüngeren Generation nicht mehr im richtigen Zusammenhang gewürdigt. Das schwere Schicksal der Vertriebenen und ihre Leistungen, die gerade sie für den Wiederaufbau des Staates erbracht haben, sind heute der breiten Öffentlichkeit kaum noch bewusst.

Die Vertriebenen hatten vor allem in der Zeit, als um die Ostverträge gerungen wurde, stark unter einem leichtfertigen Journalismus zu leiden. Die ablehnende Haltung vieler Vertriebener den Verträgen gegenüber wurde als „Kalte-Krieger"-Mentalität verteufelt. Der Gedanke, dass etwa ein Schwabe, ein Niedersachse, ein Bayer hier leichteren Herzens würde zustimmen können als ein Ostpreuße, wurde gar nicht erst bedacht. Durch einen Journalismus, der sich dem Zeitgeist, der political correctnes, verpflichtet fühlte, wurde der Begriff „Vertriebener" geradezu anrüchig, das Wort negativ besetzt, fast zu einem Schimpfwort, obwohl dem Schicksal eines Vertriebenen – egal wo in der Welt – immer Mitgefühl entgegengebracht werden sollte.

Dabei waren es doch die so verteufelten Vertriebenenfunktionäre, die die großartige Haltung der Vertriebenen wesentlich beeinflusst haben. Hätte nur einer von ihnen zu Hass und Gewalt aufgerufen, wäre vielleicht alles anders gekommen. Aber kein einziger deutscher Vertriebener hat zu Gewalt gegriffen, es gab keine einzige terroristische Aktion. Kein Flugzeug wurde entführt, keine Geisel genommen. Die Bekundung des Willens der Vertriebenen geschah ausschließlich mit Worten.

Heute ist die Haltung gegenüber den Vertriebenen wesentlich gelöster, wenn es auch noch immer ungerechtfertigte Vorbehalte gegenüber dem von Erika Steinbach und Peter Glotz ins Leben gerufenen Zentrum gegen Vertreibungen im Ausland und im Inland gibt. Ihre Initiative hat aber letztendlich den Anstoß für die Bundesstiftung Flucht, Vertreibung, Versöhnung mit den gleichen Zielen gegeben. Ein Erfolg ihrer beharrlichen Arbeit, den alle verantwortungsbewussten Deutschen dankbar zu schätzen wissen.

Durch den Auftrag der Vorsitzenden des Zentrums gegen Vertreibungen Erika Steinbach konnte ich in den letzten 14 Monaten Zeitzeugenfilme von fast allen Gebieten erstellen, aus denen Deutsche nach dem Zweiten Welt krieg vertrieben wurden. Darüber bin ich froh und dankbar. Als Fernsehfilmemacher, der seinen ersten großen Erfolg mit dem Film „Das deutsche Nachkriegswunder – Leid und Leistung der Vertriebenen" 1985 hatte, ist es mir zum Ende meines beruflichen Wirkens eine besondere Genugtuung, den Menschen, die so viel unter ihrem Schicksal gelitten hatten, ein bleibendes Denkmal mit digitalen Filmen zu setzen. Sie werden in ihrer Kurzfassung auf Stelen in den Wanderausstellungen des Zentrums gegen Vertreibungen zu sehen sein.

Mein Kollege Ronald Urbanczyk, der mit mir die Filme aus dem großen Materialangebot von Zeitzeugeninterviews aus dem Bestand des ZDF, des

Vereins „Gedächtnis der Nation" und des „Bundes der Vertriebenen" zusammengestellt, geschnitten und technisch bearbeitet hat, bemerkte während unserer Arbeit sehr oft Sätze wie ‚was doch diese Menschen damals gelitten haben', ‚was für ein schweres Schicksal sie hatten' und ‚wie gut, dass wir das jetzt mit unserer Arbeit vor dem Vergessen retten können'.

Fest steht, dass es für ein solches Unterfangen höchste Zeit war. Die Zahl der Menschen, die von ihrem eigenen Schicksal noch erzählen können, schrumpft rapide. Im Nachwort zu seinem herausragenden Buch „Kalte Heimat – Die Geschichte der deutschen Vertriebenen" sagt Andreas Kossert zu dieser Situation: „Wir alle stehen vor der großen Herausforderung, wie wir Erinnerung und Erbe des historischen deutschen Osten bewahren wollen, wenn diejenigen nicht mehr leben, die berichten können über ihre alte Heimat im Riesengebirge oder im Böhmerwald."

Die Zeit eilt, auch in technischer Hinsicht. Die Aufnahmen, die vor Jahren noch analog gemacht wurden, weisen zunehmend Mängel auf. Die Filme, die wir jetzt fertiggestellt haben, sind digital. Sie werden auf mehreren digitalen Festplatten an verschiedenen Stellen aufbewahrt. Mit ihrer richtigen Behandlung können sie über Jahrzehnte hinweg Kunde vom Schicksal der dann nicht mehr lebenden Generationen geben. Dank der heutigen Technik ist dies erstmals möglich.

Schilderungen von Menschen, die ihre Erlebnisse in Worte fassen, mit der ihnen eigenen Stimme und Mimik, sind glaubhafter und eindrucksvoller als Zeugnisse auf dem Papier. So habe ich bewusst in diesem Buch auf Zitate von Zeitzeugen verzichtet. Dafür gibt es ihre Erzählungen in unseren Filmen. Ich hoffe, dass die Deutschen, die jetzt hier leben, und auch künftige Generationen von ihnen regen Gebrauch machen werden. Sie sind ein beklemmendes Zeugnis wie furchtbar Kriege sind und wie viel Leid sie den Menschen bringen. Ihr Fazit und die Botschaft der Geschichte heißt: Nie wieder Gewalt, nie wieder Krieg, nie wieder Flucht und Vertreibung.

Die vielen heutigen Kriege mit hundert Tausenden Toten und Millionen von Vertriebenen zeigen leider, dass dies noch immer ein Wunsch bleibt. So gilt das Vermächtnis der Opfer weiter, die Hoffnung auf eine Besserung der Menschen darf nie aufgegeben werden.

Anhang

Zeittafel

1914	28. Juni: Ermordung des österreichischen Thronfolgers Franz Ferdinand in Sarajewo./Julikrise.

1914 28. Juni: Ermordung des österreichischen Thronfolgers
Franz Ferdinand in Sarajewo./Julikrise.
1. August: Beginn des Ersten Weltkrieges. Deutschland,
Österreich-Ungarn und die Türkei stehen im Krieg gegen
England, Frankreich, Russland, Serbien, Japan, Italien
(1915) und die USA (1917).

1917 Februar- und Oktoberrevolution in Russland. Sieg der Bolsche-
wiken unter Lenin. Russland scheidet aus dem Krieg aus.

1918 4. Oktober: Waffenstillstandsangebot von Deutschland und Österreich-Ungarn.
Novemberrevolution in mehreren deutschen Städten.
7. Oktober: Proklamierung eines „Vereinigten unabhängigen Polens".
9. November: Ausrufung der Republik in Berlin durch Philipp
Scheidemann. Abdankung des Kaisers Wilhelm II.

1919 Januar: Beginn des polnisch-tschechischen Krieges um das Gebiet
von Teschen.
28. Juni: Bedingungslose Unterzeichnung des Versailler
Vertrages durch Deutschland. Anerkennung der Alleinschuld-
These am Krieg, hohe Reparationen, Abtrennung von bislang
deutschen Gebieten, die insgesamt ein Achtel der Gesamtfläche
ausmachen.
31. Juli. Verabschiedung der Weimarer Reichsverfassung.
10. September: Unterzeichnung des Vertrages von St. Germain
durch Deutsch-Österreich. Auflösung des Habsburgerreiches.
Österreich verliert Böhmen und Mähren an die neugegründete
Tschechoslowakei. Verbot des Anschlusses an Deutschland.

1920 Deutscher Abstimmungserfolg in Ost- und Westpreußen:
97 % bzw. 92 % der Stimmen für ein Verbleiben bei Deutschland.

1920-21 Polnisch-Russischer Krieg um die Ostgrenze Polens.
18. März: Friede von Riga. Litauen und Weißruthenien müssen an
Polen große Gebiete abtreten.

1921 20. März: Volksabstimmung in Oberschlesien. 59 % für das

1921	Verbleiben bei Deutschland, 40 % für den Anschluss an Polen.
	2. Mai: Beginn des polnischen Aufstandes für ein polnisches Oberschlesien aus Enttäuschung über das Abstimmungsergebnis.
	20. Oktober: Der Völkerbundsrat gibt die Teilung Oberschlesiens bekannt, wodurch der größte Teil des Industriegebiets an Polen fällt.
1923	Das Memelgebiet wird Litauen zugesprochen.
1929	24. Oktober: „Schwarzer Freitag" an der New Yorker Börse. Beginn der Weltwirtschaftskrise.
1932	Bei den Reichstagswahlen erhält die NSDAP Hitlers 37,4 % der Stimmen. In Deutschland sechs Millionen Arbeitslose.
1933	30. Januar: Hitler wird Reichskanzler.
	27. Februar: Reichstagsbrand in Berlin.
	28. Februar: Notverordnung „zum Schutz von Volk und Staat". Aufhebung von Grundrechten.
	24. März: Ermächtigungsgesetz, die Regierung kann in den nächsten vier Jahren Gesetze erlassen, ohne vom Reichstag die Zustimmung einholen zu müssen.
1938	12. März: Einmarsch deutscher Truppen in Österreich.
	13. März: Gesetz über die „Wiedervereinigung Österreichs mit dem Deutschen Reich" („Anschluss").
	29. September: Münchner Abkommen. Chamberlain für Großbritannien, Daladier für Frankreich, Mussolini für Italien und Hitler vereinbaren die Abtretung der sudetendeutschen Gebiete von der Tschechoslowakei und ihren Anschluss an das Deutsche Reich.
1939	15. März: Einmarsch deutscher Truppen in die Tschechslowakei. Der „Griff nach Prag" stellte den Bruch des Münchner Abkommens dar. Hitler errichtet das Reichsprotektorat Böhmen und Mähren.
1939	23.August: Hitler-Stalin-Pakt. Deutsch-sowjetischer Nichtangriffspakt.
	Geheimes Zusatzprotokoll über die Teilung Polens.
	1. September: Deutscher Angriff auf Polen. Wiedervereinigung Danzigs mit dem Deutschen Reich.
	3. September: Großbritannien und Frankreich erklären dem Deutschen Reich den Krieg aufgrund ihrer Beistandsverpflichtungen gegenüber Polen.
	Oktober und November: Verträge über die Umsiedlung von Deutschen zwischen dem Deutschen Reich und den Regierungen von

Estland, Lettland, Italien und der Sowjetunion.

1940 5. September: Deutsch-sowjetischer Vertrag über die Umsiedlung der Deutschen aus Bessarabien und aus der Nord-Bukowina in das Deutsche Reich.

1941 22. Juni: Einmarsch deutscher Truppen in die Sowjetunion.
18. August: Beginn der Deportationen der Wolga-Deutschen nach Sibirien und Zentral-Asien, Auflösung der Republik der Wolga-Deutschen in der Sowjetunion.
September: Exil-Präsident Benesch fordert Ausweisung der Sudetendeutschen.
8. Dezember: Deutschland erklärt den Vereinigten Staaten von Amerika den Krieg.

1942 September: Die britische Regierung teilt der tschechoslowakischen Exilregierung in London mit, dass sie im Prinzip nichts gegen eine Ausweisung der Sudetendeutschen einzuwenden habe.
Deutsch-kroatische und deutsch-serbische Verträge über die Umsiedlung der Volksdeutschen in das Deutsche Reich.

1943 5. Dezember: Der amerikanische Präsident Roosevelt stimmt in einem Gespräch der Absicht des tschechischen Exilpolitikers Benesch zu, die Sudetendeutschen aus einem wiedererrichteten tschechischen Staat auszuweisen.
28. November bis 1. Dezember: Konferenz von Teheran.
Stalin, Churchill und Roosevelt sprechen u.a. über eine zukünftige polnische Westgrenze.

1944 August: Die Rote Armee stößt über die Grenze von Ostpreußen vor.
21. Oktober: Massaker der Roten Armee im ostpreußischen Nemmersdorf.
15. Dezember: Vor dem britischen Unterhaus erklärt Churchill, dass er eine Vertreibung der Deutschen aus den Gebieten billige, die an Polen fallen sollen.
Dezember 1944 bis Januar 1945: Volksdeutsche Einwohner werden von der Roten Armee in Rumänien, Ungarn und in Jugoslawien zur Zwangsarbeit in die Sowjetunion verschleppt.

1945 Januar: Beginn der Massenflucht der ostpreußischen Bevölkerung.
3.-12. Februar: Konferenz von Jalta. Roosevelt, Churchill und Stalin kommen überein, dass Polen durch Gebiete im Westen und Norden für Abtretungen im Osten entschädigt werden solle. Die endgültige Festlegung der Westgrenze Polens wird bis zu einer

1945 Friedenskonferenz zurückgestellt.

Februar bis April 1945: Aus den von der Roten Armee besetzten Gebieten werden mehrere hunderttausend deutsche Frauen und Männer zur Zwangsarbeit in die Sowjetunion verschleppt.

Winter und Frühjahr: Flucht des größten Teils der Bevölkerung in Ost- und Westpreußen, Pommern, Ostbandenburg und Schlesien.

14. März: Noch vor dem Ende des Krieges errichtet die polnische Regierung auf dem Gebiet der deutschen Ostprovinzen ihre eigenen Verwaltungsbezirke, die Woiwodschaft Masuren, Pommern, Nieder- und Oberschlesien.

20. März: Errichtung der Woiwodschaft Danzig.

9. April: Kapitulation der ostpreußischen Hauptstadt Königsberg vor der Roten Armee nach langer Belagerung.

30. April: Selbstmord von Adolf Hitler.

5. Mai: Beginn des tschechischen Aufstands in Prag und in anderen Orten. Beginn des Terrors gegen Deutsche.

7. Mai: Kapitulation der schlesischen Hauptstadt Breslau vor der Roten Armee nach langer Belagerung.

8. Mai: Bedingungslose Kapitulation der deutschen Wehrmacht.

Mai bis Juni: Polnische Miliz treibt Hunderttausende von Deutschen aus den Ostprovinzen über Oder und Neiße nach Westen. Gleichzeitig versuchen geflohene Ostdeutsche wieder in ihre Heimat zurückzukehren, vor allem aus der Tschechoslowakei und der sowjetischen Besatzungszone.

Juni: Vertreibung von Polen aus den an die Sowjetunion gefallenen Gebieten in die Gebiete östlich von Oder und Neiße.

14. Juni: Beginn der Vertreibung der Sudetendeutschen auf Anweisung örtlicher tschechischer Militärkommandanten.

26. Juni: In San Francisco wird die Charta der Vereinten Nationen verabschiedet. Sie schließt die deutschen Vertriebenen ausdrücklich aus der internationalen Flüchtlingsfürsorge aus.

17. Juli bis 2. August: Potsdamer Konferenz zwischen Stalin, Churchill/Attlee und Truman.

2. August: Verabschiedung der Potsdamer Erklärung. In Artikel IX heißt es: „Die drei Regierungschefs bekräftigen ihre Ausfassung, dass die endgültige Festlegung der Westgrenze Polens bis zu der Friedenkonferenz zurückgestellt werden soll."

Die folgenreichste Passage in Artikel XIII lautet: Die drei Regie-

rungen erkennen an, dass die Überführung der deutschen Bevölkerung oder Bestandteile derselben, die in Polen, der Tschechoslowakei und Ungarn zurückgeblieben sind, nach Deutschland
durchgeführt werden muss."
7. August: Schreiben von Propst Heinrich Grüber, Berlin an den
Lordbischof von Chichester, England: „Gott schenke den Christen
in aller Welt offene Ohren, die Notschreie der deutschen Menschen zu hören, die auf den Landstraßen sterben und verkommen...
Tausende und Zehntausende sterben auf den Landstraßen vor
Hunger und Entkräftung...Kinder irren umher, die Eltern
erschossen, gestorben, abhanden gekommen."
16. August: Churchill beklagt im britischen Unterhaus die Ausweisung der Deutschen als eine „Tragödie ungeheuren Ausmaßes"
und fordert Auskunft von der britischen Regierung.
Herbst und Winter: Polen setzt die ungeordnete Vertreibung der
Deutschen fort.
August: Bildung von Hilfsstellen der Sudetendeutschen, Schlesier und
der Volksdeutschen aus Südosteuropa in Bayern und Württemberg.
25. Oktober: Errichtung des Staatskommissariat für das Flüchtlingswesen in Hessen.
2. November: Errichtung des Staatskommissariat für das Flüchtlingswesen in Bayern.
10. November: Errichtung des Staatskommissariat für das Flüchtlingswesen in Württemberg-Baden.
11. November: In Stuttgart wird beim Länderrat, in dem die drei
Länder der amerikanischen Zone Groß-Hessen, Württemberg-
Baden und Bayern zusammenarbeiten, der „Länderausschuss
Flüchtlingsfürsorge" gegründet.

1946   19. Januar: Die Tschechoslowakei beginnt ihre sogenannte geregelte Ausweisung der Sudetendeutschen mit Bahntransporten, die
bis Herbst 1947 laufen.
Februar: In Hamburg bildet sich die Arbeitsgemeinschaft deutscher
Flüchtlinge, in Württemberg-Baden die Interessengemeinschaft der
ausgesiedelten Deutschen, in Hessen die Arbeitsgemeinschaft der
Ostvertriebenen, in Bayern der Hauptausschuss für Ostflüchtlinge.
3. April: Die Flüchtlingskommissare von Bayern, Hessen und
Württemberg-Baden rufen im Stuttgarter Länderrat erstmals internationale Hilfe zu Lösung des Vertriebenenproblems an.

1946   April: Die weitere Tätigkeit der im August 1945 errichteten Hilfsstellen der Sudetendeutschen, Schlesier und der Volksdeutschen
aus Südosteuropa in Bayern wird auf Betreiben der Ausweisungsländer durch den Alliierten Kontrollrat verboten.
Mai: Britische Kontrollkommission untersagt Bildung von Vereinigungen der Vertriebenen in der britischen Zone und fordert die
Auflösung der schon bestehenden Vereinigungen.
10. September: Bildung einer Landesflüchtlingsverwaltung in
Nordrhein-Westfalen.
11. Oktober: Erste Interzonenkonferenz aller für die Vertriebenenfrage zuständigen deutschen Verwaltungsstellen in Stuttgart.
29. Oktober: Volkszählung in allen vier Besatzungszonen Deutschlands. Erstmals werden hier auch alle Vertriebenen und Zugewanderten erfasst.

Es leben in der

	Vertriebene	Zugewanderte
amerikanische Zone	2.785.000	398.000
britischen Zone	3.082.000	579.000
französischen Zone	95.000	45.000
russischen Zone	3.602.000	–
Berlin	20.000	–
	9.683.000	1.022.000

23. November: Einsetzung eines „Niedersächsischen Staatskommissars für das Flüchtlingswesen".

1947   1. Januar: Zusammenschluss der amerikanischen und der britischen Besatzungszone zu einer wirtschaftlichen Einheit (sogenannte „Bi-Zone").
10. März: Die amerikanische Militärregierung entscheidet:
„Den Flüchtlingen wird die Bildung nichtpolitischer Organisationen in der amerikanischen Besatzungszone gestattet". Jede
weitere Betätigung bleibt untersagt.
11. August: Die Länderflüchtlingsverwaltungen der britischen
und amerikanischen Zone schließen sich zur „Arbeitsgemein

schaft der deutschen Flüchtlingsverwaltungen (ADFV)" mit Sitz in Stuttgart zusammen. Generalsekretär der Arbeitsgemeinschaft ist Werner Middelmann.

1948   20. Juni: Durchführung der Währungsreform in den drei westlichen Besatzungszonen.

1949   9. April: Zusammenschluss der bestehenden Landesverbände der Vertriebenen zum „Zentralverband der vertriebenen Deutschen"(ZvD). Vorsitzender Dr. Hans Lukaschek, später Dr. Linus Kather.

23. Mai: Das Grundgesetz der Bundesrepublik Deutschland wird in Bonn verkündet und in Kraft gesetzt. Gründung mehrerer Landsmannschaften.

8. August: „Gesetz zur Milderung dringender sozialer Notstände" (Soforthilfegesetz). Danach werden bis 1952 ca. 4,2 Milliarden an finanzieller Hilfe gewährt.

24. August: In Bad Homburg schließen sich die Landsmannschaften zu den „Vereinigten Ostdeutschen Landsmannschaften" (VOL) zusammen. Vorsitzender Axel de Vries, später der Sprecher der Pommern von Bismarck.

20. November: Treffen in Göttingen zwischen Vertretern von ZvD und VOL. Festlegung, dass der Zentralverband der vertriebenen Deutschen die sozial- und wirtschaftlichen Aufgaben betreut, die Landsmannschaften sich den heimatpolitischen und kulturellen Aufgaben widmen. Beschluss, gemeinsam eine „Charta der Heimatvertriebenen" zu erarbeiten.

27. November: „Eichstätter Erklärung sudetendeutscher Wissenschaftler und Politiker". Unter anderem „Nicht Vergeltung sondern Gerechtigkeit..."

1950   Weitere Gründung von Landsmannschaften.

Januar: Gründung des BHE (Bund für Heimatvertriebene und Entrechtete) in Rendsburg.

5. August: Erste gemeinsame Kundgebung der Vertriebenenorganisationen in Stuttgart. Verkündung der CHARTA DER HEIMATVERTRIEBENEN. In ihr bekennen sich die deutschen Heimatvertriebenen zum Geist der Völkerversöhnung und zu einem neuen Europa. Sie verkünden feierlich den Verzicht auf Rache und Vergeltung für das ihnen angetane Unrecht. Gefordert wird das Recht auf Heimat als ein Grundrecht der Menschen.

1951	Weitere Gründungen von Landsmannschaften. 22. Mai: Die Bundesregierung verkündet das „Gesetz zur Umsiedlung von weiteren 300.000 Heimatvertriebenen aus den Ländern Bayern, Niedersachsen und Schleswig-Holstein". Die Durchführung dieses Gesetzes bringt Erleichterungen für die am meisten belasteten Länder und fördert die Eingliederung. 18. November: Gründung des „Bundes der vertriebenen Deutschen (BvD)" durch vier Landsmannschaften und den Zentralverband vertriebener Deutscher (ZvD).
1952	10. März: Stalin-Note an die Regierungen der drei Westmächte mit dem Vorschlag gesamtdeutscher Wahlen und dem Abschluss eines Friedensvertrages mit Deutschland. Beginn von Kontroversen über die Ernsthaftigkeit dieses Vorschlages. 14. August: Verkündung des Lastenausgleichsgesetzes, das 14 Tage später in Kraft tritt. Regelung eines teilweisen finanziellen Ausgleichs zwischen Vertriebenen und Vermögenden. 18. August: Gründung des „Verbandes der Landsmannschaften" (VdL) in Bad Kissingen (vorher VOL)
1953	19. Mai: Das Gesetz über die Angelegenheiten der Vertriebenen und Flüchtlinge (Bundesvertriebenengesetz) tritt in Kraft. Es regelt Rechtsstellungs- und Eingliederungsfragen. 17. Juni: Volksaufstand in Ost-Berlin und anderen Städten in der DDR gegen das kommunistische Regime.
1954	14. Juni: Konstituierung des „Kuratorium Unteilbares Deutschland, Volksbewegung für die Wiedervereinigung" aus 128 Vertretern aller Gebiete des öffentlichen Lebens. August: 915.000 Menschen sind in der Bundesrepublik bisher durch behördliche Maßnahmen umgesiedelt worden. 19. bis 23. Oktober: 15-Mächte-Konferenz in Paris. Pariser Verträge: Deutschlandvertrag, Aufnahme der Bundesrepublik in die NATO und den Brüsseler Pakt.
1955	5. Mai: Inkrafttreten der Pariser Verträge: Volle Souveränität der Bundesrepublik Deutschland. 14. Mai: Unterzeichnung des „Warschauer Paktes" durch die Sowjetunion, die DDR, Polen, Bulgarien, Rumänien, die Tschechoslowakei und Albanien. 18. bis 23. Juli: Genfer Gipfelkonferenz der drei Westmächte und der Sowjetunion. In der „Genfer Direktive" bekennen sich die vier Mächte zu ihrer gemeinsamen Verpflichtung, die Einheit Deutsch-

lands wiederherzustellen. Sie erweckt große Hoffnungen bei den Deutschen.

1957   25. März: „Römische Verträge": Schaffung einer Europäischen Wirtschaftsgemeinschaft.

1958   14. Dezember: Konstituierung des „Bundes der Vertriebenen. Vereinigte Landsmannschaften und Landesverbände" in Berlin (BdV).

1961   13. August: Bau der Berliner Mauer. Abriegelung der Grenze zu den Berliner Westsektoren durch die DDR.

1965   Denkschrift der Evangelischen Kirche: „Die Lage der Vertriebenen und das Verhältnis des deutschen Volkes zu seinen östlichen Nachbarn".

1966   1. Dezember: Bildung einer Großen Koalition unter Kurt Georg Kiesinger (CDU) als Bundeskanzler und Willy Brandt (SPD) als Außenminister.

1968   20. und 21. August: Einmarsch von Truppen der Warschauer-Pakt-Staaten in die Tschechoslowakei. Ende des „Prager Frühlings".

1969   21. Oktober: Erstmals Verzicht auf einen Minister für Vertriebene, Flüchtlinge und Kriegsgeschädigte im ersten Kabinett von Bundeskanzler Willy Brandt.

1970   12. August: Unterzeichnung des Moskauer Vertrages durch Brandt/ Scheel und Kossygin/Gromyko. Erstmals stellt eine Bundesregierung die territorialen Veränderungen des Zweiten Weltkrieges nicht mehr in Frage. Doch der von der Bundesregierung übergebene „Brief zur deutschen Einheit" stellt fest, dass der Vertrag nicht dem Ziel widerspreche, „auf einen Zustand des Friedens in Europa hinzuwirken, in dem das deutsche Volk in freier Selbstbestimmung seine Einheit wiedererlangt".
7. Dezember: Unterzeichnung des Warschauer Vertrages zwischen der Bundesrepublik und der Volksrepublik Polen durch Brandt/ Scheel und Cyrankiewicz/Jendrichowski. In ihm wird die Unverletzlichkeit der bestehenden Grenzen bekräftig und erklärt, gegeneinander keinerlei Gebietsansprüche zu erheben.

1972   Billigung des Moskauer und Warschauer Vertrages durch den Bundestag nach leidenschaftlicher parteipolitischer Auseinandersetzung. Die meisten CDU/CSU-Abgeordneten enthalten sich der Stimme. Der gemeinsame Entschließungsantrag aller Fraktionen wird fast einstimmig verabschiedet. Danach nehmen die Verträge eine frie-

densvertragliche Regelung für Deutschland nicht vorweg und
schaffen keine Rechtsgrundlag für die heute bestehenden Grenzen.
21. Dezember: Abschluss des Grundlagenvertrags zwischen der
Bundesrepublik Deutschland und der DDR. In Artikel 3 wird die
Unverletzlichkeit der Grenzen bekräftigt. Die Bundesregierung
übergibt den „Brief zur deutschen Einheit".

1973   11. Mai: Zustimmung des Bundestages zum Grundlagenvertrag
und Verabschiedung des Gesetzes über den Beitritt der Bundesrepublik zur UNO.
31. Juli: Urteil des Bundesverfassungsgericht in Karlsruhe zum
Grundlagenvertrag (es war von der Bayerischen Staatsregierung
angerufen worden):
Der Grundvertrag ist mit dem Grundgesetz vereinbar. Doch das
Deutsche Reich besteht völkerrechtlich fort und ist mit der Bundesrepublik (teil)identisch. Die DDR zählt als Teil Deutschlands nicht
zum Ausland, sondern zum Inland.
11. Dezember: Prager Vertrag über die gegenseitigen Beziehungen
zwischen der Bundesrepublik und der CSSR. Beide Seiten
betrachten das Münchner Abkommen vom 29. September 1938
„als nichtig".
Zum Vertragswerk gehört ein Briefwechsel.

1975   1. August: Unterzeichnung der Schlussakte der KSZE-Konferenz
(Konferenz für Sicherheit und Zusammenarbeit in Europa) durch
35 Staaten Europas (außer Albanien), die USA und Kanada in Hel-
sinki.
7. Juli: Beschluss des Ersten Senats des Bundesverfassungsgerichts
zu der Verfassungsbeschwerde gegen die Ostverträge. Ablehnung
der Verfassungsbeschwerde. Fortbestand des Rechtssubjektes
„Deutschland in den Grenzen vom 31. Dezember 1937".

1982   1. Oktober: Der Bundestag stürzt Bundeskanzler Helmut Schmidt
durch konstruktives Misstrauensvotum und wählt Helmut Kohl
zum Nachfolger.

1983   29. Januar: Rede des für die Vertriebenen und Flüchtlinge zuständigen Bundesinnenminister Friedrich Zimmermann in München.
Darin unter anderem: „Tendenzen, die deutsche Frage auf die
Bundesrepublik Deutschland und die DDR zu beschränken und
die ostdeutschen Gebiete jenseits von Oder und Neiße nicht einzu-
beziehen, wird es bei der neuen Bundesregierung nicht geben.

Wir werden auch keinen Zweifel daran aufkommen lassen, dass die Vertreibung von Deutschen und die entschädigungslose Enteignung ihres Grundeigentums sowie anderer Entschädigungswerte völkerrechtswidrig ist."

1984 10. November: V. Kongress der Ostdeutschen Landsmannschaften und Landesvertretungen in Bonn. Teilnehmer für die Parteien: Bundeskanzler Helmut Kohl für die CDU, Ministerpräsident Franz-Josef Strauß für die CSU, Uwe Ronneburger für die FDP, Günter Herterich für die SPD. Entschließung der Ostdeutschen Landsmannschaften und Landesvertretungen: „Die deutsche Frage ist offen".

1985 11. März: Das Zentralkomitee der Kommunistischen Partei der Sowjetunion wählt Michail Gorbatschow zum Generalsekretär.
14.-16. Juni: Auf dem Deutschlandtreffen der Schlesier in Hannover spricht zum ersten Mal seit 20 Jahren mit Helmut Kohl wieder ein Bundeskanzler auf einem Vertriebenentreffen.

1986 Bundeskanzler Helmut Kohl spricht auf dem 37. Sudetendeutschen Tag in München.
Der Sprecher der Sudetendeutschen Landsmannschaft Franz Neubauer erinnert an den in der Charta erklärten Verzicht auf Rache und Vergeltung mit der Feststellung: „Damit haben wir uns als die erste, als die größte und seither am längsten bestehende Friedensbewegung auf deutschem Boden erwiesen, und zwar als Friedensbewegung, die diesen Namen ohne Wenn und Aber verdient."

1989 2. Mai: Beginn des Abbaus von Sperranlagen durch Ungarn an der Grenze zu Österreich.
6.-7. Oktober: Gorbatschow ist zur Feier des 40. Jahrestages der DDR in Ostberlin. „Wer zu spät kommt, den bestraft das Leben".
9. Oktober: Die Montagsdemonstration von 70.000 Bürgern in Leipzig geht ohne den Einsatz der Staatsmacht friedlich zu Ende. Das ist „der Tag der Entscheidung".
9. November: Öffnung der Berliner Mauer.
19. Dezember: Treffen von Bundeskanzler Kohl und Ministerpräsident Modrow in Dresden. Die Bürger fordern die Einheit.

1990 10. Februar: Bundeskanzler Kohl in Moskau. Gorbatschow bestätigt sein „Ja" zur deutschen Einheit: „Es ist Sache der Deutschen, den Zeitpunkt und den Weg der Einigung selbst zu bestimmen.".
18. März: Die ersten freien Wahlen in der DDR bringen den Sieg der „Allianz für Deutschland" von CDU, DSU und DA.

1990   18. Mai: Paraphierung des deutsch-deutschen Staatsvertrages.
1. Juli: Die Währungs-, Wirtschafts- und Sozialunion zwischen
der Bundesrepublik Deutschland und der DDR tritt in Kraft.
14. bis 16. Juli: Treffen von Bundeskanzler Kohl und Präsident
Gorbatschow in Moskau und im Kaukasus. Gorbatschow sagt „Ja"
zur NATO-Mitgliedschaft.
31. August: Unterzeichnung des Einigungsvertrages zwischen der
Bundesrepublik Deutschland und der DDR in Berlin.
12. September: Unterzeichnung des „Zwei-plus-vier-Vertrages" in
Moskau.
3. Oktober: Tag der deutschen Einheit. Beitritt der DDR zur Bundesrepublik Deutschland; die vier Siegermächte des Zweiten Weltkrieges treten ihre Rechte ab; Deutschland ist ein freier, souve-
räner Staat.

1998   29. Mai: Der Deutsche Bundestag fordert auf zu einer verstärkten
Förderung der Deutschen in den osteuropäischen Staaten und zu
einer intensiveren Integration der Spätaussiedler, insbesondere der
Jugendlichen in der Bundesrepublik Deutschland.

2004   1. Mai: Zehn europäische Staaten treten der Europäische Union
bei: Estland, Lettland, Litauen, Polen, Tschechische Republik,
Slowakei, Slowenien, Ungarn, Zypern und Malta.

2007   1. Januar: Bulgarien und Rumänien treten der Europäischen
Union bei.

2013   1. Juli: Kroatien tritt der Europäischen Union bei.

DEUTSCHLAND
und die Deutschen in Ostmittel-, Ost-, und Südosteuropa

WAPPEN OSTDEUTSCHER PROVINZEN, DANZIGS UND DES SUDET
POMMERN
NIEDER-SCHLESIEN
OBER-SCHLESIEN
WEST-PREUSSEN
OST-PREUSSEN
DANZIG

NORDSEE
OSTSEE
DÄNEMARK
Schleswig-Holstein
Mecklenburger B.
Pommersche Bucht
Mecklenburg-Vorpommern
Pommern
Westp.
NIEDERLANDE
GRONINGEN
Grenzmark
Posen-Westpr.
Niedersachsen
HANNOVER
BRAUNSCHWEIG
MAGDE-BURG
BERLIN
POTSDAM
Brandenburg
Ost-brandenburg
Posen
POSEN
Sachsen-Anhalt
NIMWEGEN
MÜNSTER (Westf.)
Nordrhein-
Westfalen
KÖLN
LEIPZIG
Sachsen
DRESDEN
Niederschlesien
LIEGNITZ
BRESLAU
Obers
Hessen
Thüringen
ERFURT
GERA
ZWICKAU
CHEMNITZ
FRANKFURT a. M.
WIESBADEN
MAINZ
Rheinland-
Pfalz
Sudetendeutsche
Böhmen
PRAG
PILSEN
TSCHECHO-
Mähren
OLMÜTZ
BRÜNN
Saar-
land
SAARBRÜCKEN
Bayern
NÜRNBERG
FÜRTH
ERLANGEN
WÜRZBURG
MÜNCHEN
REGENSBURG
INGOLSTADT
AUGSBURG
STUTT-GART
Baden-Württemberg
KARLSRUHE
HEIDELBERG
MANNHEIM
FREIBURG
im Breisgau
FRANKREICH
STRASSBURG
BASEL
SCHWEIZ
ZÜRICH
BERN
LIECHTENSTEIN
Vorarl-berg
Tirol
INNSBRUCK
Salzburg
Ober-
LINZ
Nieder-
WIEN
Österreich
Burgen-
land
Steier-
mark
GRAZ
SLOWE-NIEN
ZAGREB
KROATIEN
Bosnien
Slaw

WAPPEN DER LÄNDER DER BUNDESREPUBLIK DEUTSCHLAND
BERLIN
HAMBURG
BREMEN
SCHLESWIG-HOLSTEIN
MECKLENBURG-VORPOMMERN
NIEDER-SACHSEN
SACHSEN-ANHALT
BRANDEN-BURG
NORDRHEIN-WESTFALEN
HESSEN
THÜRINGEN
SACHSEN
RHEINLAND-PFALZ
SAARLAND
BADEN-WÜRTTEMBERG
BAYERN

Entwurf: Hartenstein-Kartographie, Bonn • Herstellung und Druck: Horst Ziethen Verlag, Köln • Alle Rechte vorbehalten: BdV-Landesverband NRW, Bismarckstr. 90, 40210 Düsseldorf, www.bdv-nrw.de

Deutsch-Baltische Landsmannschaft
IN TREUEN FEST
LITAUEN
MEMEL
Heydekrug
Tauroggen
Memel
KAUNAS
Memelland
Tilsit
Ragnit
Cranz
Labiau
KÖNIGSBERG (Pr.)
Wehlau
Insterburg
Gumbinnen
Ostpreußen
Pr. Eylau
Goldap
Braunsberg
Heiligenbeil
Bartenstein
Rastenburg
Lyck
Elbing
Heilsberg
Mohrungen
Rössel
ALLENSTEIN
Bischofsburg
Osterode i. Ostpr.
Dt. Krone
Deutsch Eylau
Soldau
Ortelsburg
Johannisburg
Neidenburg
WILNA
Landsmannschaft der Deutschen aus Litauen
GRODNO
WEISS-
Narew
BIALYSTOK
RUSSLAND
BREST
Bug
POLEN
LODSCH
PLOCK
WARSCHAU
Siedlce
RADOM
LUBLIN
Chelm
TSCHENSTOCHAU
KIELCE
Weichsel
Bug
RADAUTHEN
KÖNIGSHÜTTE
KATTOWITZ
KRAKAU
TARNOW
RZESZOW
Jaroslau
Przemysl
LEMBERG
Tarnopol
Schlesien
BIELITZ-BIALA
Neu Sandez
Galizien-Deutsche

Legende zur Karte "Deutschland und die Deutschen in Ostmittel-, Ost- und Südosteuropa"

Grenzen
Grenze der Bundesrepublik Deutschland gemäß dem Vertrag über die abschließende Regelung in Bezug auf Deutschland vom 12.9.1990 ("2+4-Vertrag")
sonstige Staatsgrenzen
Landes bzw. Republikgrenzen in Staaten mit föderalen Strukturen (außer Schweiz). Die Länder der Bundesrepublik Deutschland sind durch unterschiedliche Farbflächen hervorgehoben.
Ostgrenze des Deutschen Reiches sowie Grenze der Freien Stadt Danzig nach dem Stand vom 31.12.1937
Grenze des Sudentenlandes und des Memellandes nach dem Stand vom 31.8.1939
Provinzgrenzen in den Gebieten östlich von Oder und Neiße nach dem Stand von 1932 (im Falle Vorpommerns und Teilen Niederschlesiens auch ins heutige Bundesgebiet hineinreichend) sowie Provinzgrenzen der Gebiete außerhalb der Reichsgrenze von 1937, die nach dem 1. Weltkrieg an Polen bzw. die Tschechoslowakei abgetreten werden mußten (Westpreußen, Posen, Teile Schlesiens; Stand 1918)

Orte
über 1 000 000 Einwohner (Stand 1991)
500 000
100 000
unter 100 000

WIEN   Hauptstadt
DRESDEN   Landeshauptstadt in der Bundesrepublik Deutschland und in anderen Staaten mit föderalen Strukturen (außer Schweiz).
BRESLAU   Provinzhauptstadt in den Gebieten östlich von Oder und Neiße (Stand 1932)

Deutsche Siedlungsgebiete um 1930, aus denen Deutsche ab 1944 flüchteten, vertrieben oder ausgesiedelt wurden
Siedlungsgebiete innerhalb der Grenzen vom 31.12.1937
Siedlungsgebiete und Siedlungsinseln außerhalb der Grenzen vom 31.12.1937
Banater Schwaben   Namen deutscher Volksgruppen in Gebieten außerhalb der Grenzen vom 31.12.1937

UDSSR
Wolhynien - Deutsche
Luck
Nowograd-Wolynsk
ROWNO
SCHITOMIR
Ostrog
Brody
Galizien-Deutsche
Stryj
Stanislau
Dnjestr
UKRAINE
Landsmannschaft der Deutschen aus Rußland

deutsche
Käsmark
Göllnitz
Zipser Sachsen
Neusohl
Dobschau
KASCHAU
Kremnitz
Karpatendeutsche Landsmannschaft Slowakei
MISKOLC
Mukatschewo
Deutsch Mokra
Hotinen
TSCHERNOWITZ
Radautz
Bukowina-
W.
Deutsche
Kimpolung
Landsmannschaft der Buchenlanddeutschen (Bukowina)
BALTI
MOLDAU
SATHMAR
Carei (Groß-Karol)
Sathmarer Schwaben
DEBRECEN
Bistritz
JASSY
CHISINAU
TIRASPOL
BUDAPEST
GROSSWARDEIN
KLAUSENBURG
Sächs. Regen
Landsmannschaft der Siebenbürger Sachsen
BACAU
Landsmannschaft der Bessarabiendeutscher
Bessarabien-
UNGARN
Sieben-
Deutsche
Landsmannschaft der Deutschen aus Ungarn
Landsmannschaften der Banater Schwaben aus Rumänien in Deutschland, der Donauschwaben aus Jugoslawien, der Sathmarer Schwaben
Thorenburg
NEUMARKT
bürger
Schäßburg
Mediasch
Sachsen
Pruth
SZEGEDIN
ARAD
Maros
Karlsburg
HERMANNSTADT
KRONSTADT
GALATZ
Banater Schwaben
Hatzfeld
TEMESCHBURG
Lugosch
Groß Jetscha
Apatin
Betschkerek
Banat
Lugosch
Reschitza
Donau
Batschka
Donauschwaben
Donau
NEUSATZ
Maros-Radna
Alt
PLOIESTI
Dobrudscha-
PITESTI
Deutsche
RUMÄNIEN
Stanislauf-Anina
Bailsheim
Weißkirchen
Landsmannschaft der Dobrudschadeutschen
BUKAREST
KONSTANZA
SERBIEN
B. Semlin
Pantschowa
BELGRAD